KB166913

오십에 읽는 내 운명 이야기

오십에 읽는

내 운명 이야기

강상구 지음

흐름출판

정신과 의사가 사주를 보는 이유

정신과 의사라도 사람의 마음이 무엇인지 근거 없이 추측하지 않는다. 상담과 분석을 통해 어떤 마음의 상태인지, 어떤 사람인지를 탐색해 간다. 잘 알려진 프로이트의 심리 분석이 자기도 몰랐던 숨겨진 마음까지 알려주는 지도라면, 사주론은 타고난 성정과 기질을 알려주는 유용한 도구일 것이다. 이 책을 통해 '사주팔자'라는 것에 대한 사람들의 이해가 높아지고, 자신을 이해하는 또 하나의 유용한 도구로 사용되기를 바란다. 누구나 겪는 삶의 고뇌와 난관을, 자기가 가진 강점을 활용해 슬기롭게 대처할 수 있게 되기를 바란다.

개인적인 이야기지만, 나는 이유 없이 불행하고 우울한 시간을 많이 보냈었다. 후에 내 사주가 '水'의 기운으로 너무 많이 치우쳐 있다는 걸 알게 되면서 나는 더 움직이고, 사람을 많이 만나고, 밝고 바쁘게 살려고 노력하게 되었다. 사주를 통해 내 팔자를 탓하자는 것이 아니라, 조금 덜 힘들게 살 수 있게 활용하자는 운명 게 놈(genome) 프로젝트를 기획한 것이다.

가끔 친한 사람들에게 '사주타령'을 하면 의사가 과학적이지 못하다는 타박을 듣기 일쑤지만, 사주팔자에 대한 이해가 부족해서 하는 말이다. 명리학은 빅데이터를 토대로 한 인간의 성정(性情)과 기질(器質)에 대한 통계적 분석이다. 사람이 어떤 기운으로 태어나 어떤 삶을 살 가능성이 높은가에 대한 결과이므로, 과학적이지 않다라는 건 말이 되지 않는다. 필자가 책에서 기술한 것처럼 '특정 기후와 환경에서 태어난 사람이' 어떻게 행동하고 살아갈 확률이 높다는 분석에 대한 학문이다. 그럼에도 불구하고 사람들이 명리학을 '미신' 혹은 '신점'과 착각하고 오해하는 이유는 사주팔자를 정해진 운명이라는 식으로 단순히 받아들이기 때문인데, 이 책을 읽으면 누구라도 그 오해가 풀릴 것이라고 믿어 의심치 않는다. '왕이 될 사주'로 정해진 것이 아니라, 인생을 바꾸고 싶은 자신의 욕망과 선택의 결과라는 것을 강조한 필자의 의견에, 적극 동의한다. 그리고 그 부분에 내가 사주팔자를 소홀히 보지 않는 사주의 값진 의의가 숨어 있다.

사주는 심리학과도 많은 공통점이 있다. 일례로 긍정심리학에서는 사람의 강점과 약점을 각각 배의 돛과 배에 난 작은 구멍으로 비유한다. 바람을 타고 돛을 잘 펼치면, 배에 구멍이 있어도 앞으로 쾌차게 나아갈 수 있다. 강점을 활용하면, 약점이 있더라도 자기 역량을 활용해 순조롭게 살아갈 수 있다는 얘기다. 사주팔자를 활용하는 것도 마찬가지일 것이다. 사주를 보는 것은 '운명 적 성검사'를 하는 것과 비슷하다. 언어 능력이 뛰어나다고 어떤 직 업이 정해진 것이 아닌 것처럼, 팔자(八字)는 그 사람이 갖고 있는 타고난 특징일 뿐이다. '네비게이터가 있어도 결국 운전하는 사람 은 자기 자신이다'라는 본문의 말처럼, 팔자는 방향성을 제시할 뿐이며 그를 참고로 어떻게 사는 것이 현명할지 판단하는 주체는 자신인 셈이다.

또한 흥미롭게도, 정신분석상담을 하는 목적도 사주를 보는 목 적도 궁극적으로는 현실을 바꾸는 것이 아니라 나를 알고 바꿔나 가자는 데 있다. 그래서 나는 정신과전문의로 환자들이 팔자까지 도 잘 활용해 행복하기를 바란다. 나는 사람은 자신을 바꿀 수 있 으며, 변화는 마음먹는 순간 시작된다고 믿는 적극적 비운명론자 다. 그리고 누구보다도 과학적으로 환자의 행복을 진심으로 바란 다. 약도 먹고 상담도 받고 사주도 보고, 할 수 있는 것은 뭐든지 다 해서라도 한 번뿐인 인생을 가장 효율적으로 운영해 누리기를 바란다. 그리고 이 책이, 그 한 수단이 될 수 있기를 바라고 응원하 는 마음에 추천사를 썼다. 이 책을 읽으면서, 혼자 명리학을 공부 할 때 어렵게 느꼈던 부분이 더 깊이 이해되었다. 그만큼 잘 쓰인 책이라는 걸 강조하고 믿어 의심치 않는다.

— 나해란 정신건강의학과 전문의/의료윤리학박사

거울을 볼 때마다 하루하루 늙어가는 내 얼굴을 보며 한숨만 쉬던 시기였다. 내 인생에 있으리라 생각지 못했던 일을 겪었다. 인생의 낙오자가 된 기분이었다. 인생 최초의 좌절은 아니었다. 사회생활을 시작한 직후, 외환위기의 직격탄을 맞고 무급휴직을 겪은 적이 있다. 하지만 당시에는 20대 후반이었다. '까짓것, 이참에 회사 옮기지 뭐'라는 패기가 있었다. 좌절에 주눅 들지 않는 배짱이 있었고, 새 출발을 다짐하는 용기가 있었다. (결과적으로는 1년 놀다가 복직했다.)

나이 50에 맞는 인생의 위기는 차원이 달랐다. 회복 불가능한 타격이었다. '내 인생이 왜 이렇게 됐나' 싶었다. 궤도를 이탈한 내 인생이 다시 정상 궤도로 복귀하기란 불가능하게 느껴졌다. '운명'이라는 단어를 떠올렸다. 착하게 살지는 못했을지언정 열심히 살아왔다고 자부했는데 결국 이렇게 될 팔자였나 싶었다.

답답한 마음에 난생처음, 사주를 봤다. 내게 툭툭 던져지는 몇

마디가 마치 나를 잘 아는 사람의 말처럼 속마음을 꿰뚫었다. 솔직히 말하면 화가 났다. 사주가 뭐길래 내 속내를 들여다보나 싶었다. 점집에 발걸음 하는 자체를 우습게 생각하며 50년을 살아왔건만, 내가 만드는 내 운명이 미리 정해져 있을 수 없다고 믿고 살아왔건만, 태어난 날짜와 시간으로 운명이 결정된다니 말도 안 된다고 생각해왔건만, 나는 운명을 다시 생각할 수밖에 없었다. 사주를 공부한 계기였다.

'중년의 위기'라는 말들을 한다. 남자는 벗어지는 이마와 약해지는 체력에 고개를 숙이고, 여자는 폐경을 겪으며 힘든 시기를 보낸다. 사회에서의 경력도 대개 40대에 정점을 찍는다. 40대에는 후배들을 데리고 가서 술값, 밥값을 멋있게 계산해주는 선배였다면, 50대에는 술자리, 밥자리에 직접 참석하는 대신 카드만 쥐여 보내는 신세가 된다. 일부 선택받은 사람들은 50대에도 승승장구하지만, 대부분은 슬슬 자신이 받게 될 연금을 계산하며 인생 2막을 고민한다.

여전히 잘나가는 동료가 부럽지만 예전 같지 않은 의욕과 체력을 감안하면 제대로 승부를 펼쳐보고 싶은 욕심도 들지 않는다. 할 수 있는 일이라고는 또래끼리 모여 앉아 막걸리 잔을 기울이며 가는 세월을 한탄하는 것뿐이다. 간혹 마음 착한 후배를 앉혀 놓고 과거의 무용담이나 뽐내고. 어느덧 미래가 사라졌음을 확인하고 문득 초라해진다. '나 어쩌다 이렇게 됐지?' 그리고 두렵다. '나 이제 뭐 하고 살지?'

누구보다 열심히 살았지만 끝내 운명의 굴레를 벗어나지 못한 사람으로 오이디푸스가 있다. 오이디푸스는 아버지를 죽이고 어머니와 결혼할 운명이었다. 그 운명을 피하려고 집을 떠나지만, 오히려 그 때문에 예언이 이루어졌다. 운명을 피할 방법은 없어 보인다. 삶이 아무리 고달파도 그저 팔자려니 하고 버티는 수밖에 없어 보인다. 아무런 잘못도 없이, 태어나기도 전에 결정된 운명에 순응해야 하는 듯 보인다. 억울하고 분통 터지는 일이다.

우리는 모두 비극의 주인공이다. 오이디푸스처럼 순간순간 최선을 다하며 열심히 살아도 힘겨운 삶이 기다릴 뿐이다. 아무리 노력해도 인생살이 꼬이기만 할 때, 벗어나려 노력할수록 더 깊은 수렁으로 빠져들 때, 한때 잘나가다가 한바탕 좌절을 겪을 때, 진심을 다한 결과가 배신과 외로움일 때, 남들은 쉽게 잘하는 일이 내게만 유독 어렵고 힘들 때, 우리는 운명을 떠올리고 팔자를 탓한다.

과연 운명의 굴레에서 벗어나는 길은 없을까? 옛사람들은 '없다'고 단언하곤 했다. "운명은 아무도 피할 수 없는 법, 지혜로도 운명은 막을 수 없다네. 운명을 피하려다간 평생 헛수고만 할 뿐이라네."(에우리피데스, 〈헤라클레스의 자녀들〉에서) 하지만 어차피 닥칠 운명이라면 손 놓고 기다리지는 않는다. "사람이 대비할 수 없는 일은 아무것도 없으며, 아무 대비 없이 사람의 미래사를 맞이하는 법은 결코 없다네."(소포클레스, 〈안티고네〉에서) 언뜻 상반돼 보이는 말이다. 운명을 피하려는 노력은 소용없지만, 운명에 대비할 필요는 있다는 뜻이 아닌가. 하지만 전혀 모순된 말이 아니다. 비가 올 줄 안다고, 비가 오지 않게 할 수는 없다. 하지만 우산 정도는 준비할 수 있지 않은가.

매 순간 최선을 다하며 분투했을 뿐인 오이디푸스가 스스로 눈을 찌르고 파멸을 맞이하는 이유를 맹인 예언자 테이레시아스가 알려준다. "그대는 눈이 있어도 보지 못하고 있소. 그대가 어떤 불행에 빠졌는지, 어디서 사는지, 누구와 사는지 말이오."(소포클레스, 〈오이디푸스〉에서) 오이디푸스는 그저 '아버지를 죽일 운명'이라는 말만 듣고 무작정 집을 나섰다. 함께 있다가 혹시라도 정말로 아버지를 죽이면 어쩌나 하는 걱정 때문이었다. 아버지를 죽이지 않기 위해서였다. 그러나 그 길은 양아버지를 떠나 친아버지를 찾아 떠나는 길이 됐다. 괴물 스핑크스를 죽여 테바이의 영웅이 되고 왕비와 결혼했지만, 그 왕비는 자신의 어머니였다. 뒤늦게 아버지의 살인범을 잡겠다며 저주를 쏟아내지만, 그 살인범은 바로 자기 자신이었다. 오이디푸스가 불행해진 이유는 자신이 누구인지 모르기 때문이다. 자신이 누구인지 모르고 내린 오이디푸스의 모든 선택은 자충수였다.

오이디푸스뿐만이 아니라 우리 대부분은 자기 자신을 잘 모른다. 거울을 볼 때도 '있는 그대로의' 자기 자신을 보는 대신, '되고 싶은' 또는 '보고 싶은' 자기 자신을 보곤 한다. 자신을 향한 세상의 바람을 자신의 욕망으로 곧잘 오해하고, 혹은 장점만 보거나 단점만 부각해서 보느라고 자신의 진면목을 놓치고 만다. 그래서 우리는 자신도 깨닫지 못하고 있던 속마음을 가까운 친구가 정확하게 간파하고 지적할 때 깜짝 놀라곤 한다. 그리고 속으로 생각한다. '어떻게 알았지?' 사실은 내가 사주를 보러 가서 느낀 마음이 꼭 그랬다. '날 처음 보는 사람이 어떻게 나를 이토록 잘 알지?'

'내 마음, 나도 모른다'고 한다. 심리 검사지 문항을 받아 들고 보기 문항을 쳐다보고 있으면 내 마음이 어디에 해당하는지 헷갈리는 문항이 대부분이다. 바로 그 마음 알기가 사주풀이다. 나도 모르게 하는 내 행동의 이유를 파악하는 작업이 명리학 공부다. 우리는 살면서 많은 사람을 속이지만 가장 많이 속이는 사람은 자기 자신이다. 멋진 척하느라고 힘들어도 안 힘든 척, 안 괜찮으면서 괜찮은 척한다. 자신을 속이지 않기 위해 사주를 들여다본다. 사주를 통해 자신의 내면을 직시한다. '나는 누구인가'라는 질문에 답을 찾는다.

태어난 날짜와 시간으로 정해지는 사주팔자는 태어난 순간의 자연의 기운이 신체에 각인된 결과라고 한다. 이 무슨 뜬구름 잡는 소리인가 싶다. 하지만 와인 빈티지를 떠올려보자. 똑같은 농장에서 생산된 와인인데도 어떤 해에는 더 달고, 어떤 해에는 떫은

맛이 강하다. 어떤 해에는 일조량이 더 많았고, 어떤 해에는 강수량이 더 많은 탓이다. '○○학번 애들은 말이야~'라면서 사람을 두고서도 특정 연도 출생자들이 바로 앞뒤의 1년과 확연히 구별되는 특징을 거론하고는 한다.

사람이 하늘의 기운을 타고난다는 말이 허무맹랑하게 들릴지 모른다. 하지만 '하늘의 기운'이라는 어딘가 무속스러운 표현을 '기후'라는 과학적인 단어로 바꾸면 느낌이 사뭇 달라진다. 인간은 환경의 영향을 받는다. 태어난 환경을 여덟 자의 기호로 표시한 결과물이 사주팔자다. 인간이 환경의 영향을 받는다면, 사주의 영향을 받는 것도 당연하다.

사주는 말 그대로 팔자, 즉 여덟 자로 구성돼 있지만, 그 자신의 본질을 뜻하는 일간(日干)을 제외하고는 태어난 계절을 뜻하는 월지(月支)가 가장 중요하다. 계절의 기운이 사람의 성격에 크게 반영되는 탓이다. 뜨거운 여름에 태어난 사람 중에 다혈질이 많고, 추운 겨울에 태어난 사람 중에 차분한 사람이 많다. 태양이 작열하는 지중해의 이탈리아 사람들은 예술에 특장을 갖고, 춥고 긴 겨울을 나는 독일 사람들은 철학에서 두각을 나타냈다. 이탈리아에서 르네상스가, 독일에서 종교개혁이 일어난 이유다. 태어난 계절, 태어난 시간이 성격에 반영된다.

사주는 오행(五行)을 상징하는 기호로 구성된다. 나무(木), 불(火), 쇠(金), 물(水)은 각각 봄, 여름, 가을, 겨울의 사계절을 뜻한다. 여기에 간절기를 흙(土)으로 표시해 오행이 된다. 봄, 여름, 가을, 겨울 중 더 좋은 계절은 없다. 우월함이나 열등함 없이 각각의 매력이 있고, 각각의 아쉬움이 있다. 그럼에도 우리 각자가 좋아하는 계절은 있다. 누구는 여름이 좋다 하고 누구는 겨울이 좋다 한다. 그 좋아하는 성향이 팔자다. 여름을 좋아하면 좋은 팔자고 겨울을 좋아하면 나쁜 팔자가 되지 않는다. 팔자 자체는 좋은 팔자도 나쁜 팔자도 없다.

돈 많이 벌고 권력을 누리는 팔자기 좋은 팔자 아니냐고 반문할 수 있겠다. '돈 많이 버는 팔자'란 '돈 욕심이 많은 팔자'이거나 '일복이 많은 팔자'일 가능성이 많다. 재주도 없으면서 돈 욕심만 많으면 사고 치기 딱 십상이다. 일에만 미쳐 살면 건강을 해쳐 그 좋아하는 일도 못하고 살 수도 있다. 이런 상황을 두고 명리학은 '집은 번듯한데 사람은 가난한 꼴(富屋貧人[부옥빈인])'이라고 말한다. '권력을 누리는 팔자'는 더욱 치명적인 유혹이다. 속칭 관운(官運)이라고 부르는데, 잘 풀리면 승진이고 출세지만, 종이 한 장 차이로 관재수(官災數)에 유치장 신세를 질 수도 있다. 검사와 조폭의 팔자는 종이 한 장 차이다. 감당할 수 없는 돈과 권력은 독이다.

팔자를 공부해 운명을 받아들인다는 행위는 체념이 아니라 수용이다. 자신의 행동을 이해하고 다른 선택의 가능성을 모색하는 일이다. 나는 대단하지 않은 놈이 대단함을 입증하려 평생을 분투했다. 모든 걸 잃고 배운 교훈은 내가 하나도 대단하지 않다는 자각이었고 자인이었다. 그릇된 자기 인식을 내려놓는 일이었다.

나 자신도 그렇지만 명리학 따위와는 거리가 멀 법한데 뜻밖에 사주풀이를 공부한 사람이 주변에 왕왕 있다. 한 가지 공통점은 나름대로 인생의 위기를 겪으며 운명이란 무엇인지 관심을 갖고 발을 들여놨다는 사실이다. (명리학 공부에 관심이 없다면, 딱히 굴곡 없는 인생을 살고 있다는 하나의 방증이 될 수 있을지도 모른다.) 언제까지 팔자타령만 하고 살지 않기 위해서 팔자를 공부한다. 팔자 공부의 결론은, 운명이란 결국 자신이 만든다는 사실이다.

———◈◈◈———

"성격이 운명이다(Ethos anthropo damon)." 고대 그리스의 철학자 헤라클레이토스가 한 말이다. 인생은 선택의 연속이라고 흔히들 말한다. 한순간의 선택이 인생을 갈랐다고? 천만의 말씀이다. 세 살 버릇 여든까지 간다는 속담이 괜히 나오지 않았다. 사람은 같은 행동을 한 번만 하지 않는다. 한 번 특정한 선택을 했다면, 그 다음에도 같은 선택을 되풀이한다. 그 사람이 그렇게 생겨먹었기 때문이다. 그게 습관이 되고, 성격이 되고, 운명이 된다. 그 '생겨먹음'이 바로 사주팔자다.

심사숙고해서 며칠 밤을 고민한 끝에 선택을 내리기도 하지만, 우리가 하는 대부분의 선택은 생각 없이 자동으로 이뤄진다. 숟가락을 들면서 왼손으로 들지 오른손으로 들지 고민하지 않는다. 현관문을 나서 지하철역까지 갈 때 어떤 길로 가야 할지 고민하지 않는다. 그렇게 자동으로 하는 결정이 많을수록, 우리는 생겨먹은 대로 산다. 생각 없이 살면, 팔자대로 산다.

오이디푸스는 부당한 일을 응징하고 화나면 주먹부터 뻗는 성격 때문에 아버지를 죽였다. 자신의 재능을 펼쳐 잘난 자신을 인정받고 싶은 욕망에 괴물 스핑크스를 죽이고 왕비인 어머니와 결혼했다. 바로 그 재능과 인정 욕구 때문에 아버지 살인범을 끝까지 찾아내지만, 자신이 살인범이라는 사실을 알았을 때는 앞뒤 가리지 않는 성격대로 자신의 눈을 스스로 찌르고 만다. 오이디푸스의 운명은 신탁으로 결정되지 않았다. 오이디푸스 자신의 성격이 결정했다. 명리학 고전에 '성공 속에 실패가 있고, 실패 속에 성공이 있다(成中有敗, 敗中有成[성중유패, 패중유성])'는 말이 있다. 누군가를 출세로 이끈 힘은 곧 그 사람을 파멸로 이끄는 힘이다. 즉, 성격이다.

사주는 미래를 결정하는 힘이 아니라 성격을 결정하는 요인이다. '대통령이 될 팔자' 따위는 없다. 그러나 '일복 많은 팔자', '먹을 복 있는 팔자'는 있다. 일복 많은 팔자는 일을 잘하니 남들이 일을 맡기고, 일이 없으면 스스로 찾아서 하는 부지런한 사람이다. 먹을 복 있는 팔자는 말 예쁘게 해서 떡 하나라도 더 챙겨주고 싶은 사람이고 배고프면 체면 생각하지 않고 밥 달라고 말할 줄 아는 사람이다.

명리학 책을 보면 '독수공방할 팔자', '결혼 두 번 할 팔자'도 등장한다. 일반 언어로 풀어보면 '남자 생각이 전혀 없는 여자', '이성에 대한 관심이 지대한 사람'이라는 뜻이 된다. 그러나 이 팔자에 해당한다고 해서 꼭 독신으로 산다거나 결혼을 여러 번 하지는 않는다. 팔자가 미래를 결정하지 않는다. 영화 〈마이너리티 리포트〉에서 주인공은 누구라도 살인을 저지를 법한 상황에 내몰린다. 하지만 주인공은 살인의 충동을 끝내 이겨낸다. 자신의 행동을 결정하는 주체는 어디까지나 자기 자신이라는, 운명의 주인은 바로 나라는 선언이다.

완벽하게 설계된 삶을 살아야 했던 〈트루먼 쇼〉의 주인공도 기어이 주어진 틀을 깨고 나아갔다. 새로운 세상으로 나아가겠다는 불굴의 의지가 있었던 덕분이지만, 그에 앞서, 자신이 세트장에서 살아가는, 일거수일투족을 감시당하고 생중계 당하는 리얼리티 쇼의 주인공이라는 사실을 깨달아야 가능한 일이었다. 운명을 스스로 개척하려면 자신이 누구인지 아는 일이 먼저다.

"너 자신을 알라(Gnothi Seauton)." 흔히 소크라테스가 한 말로 알고 있지만 실은 고대 그리스 세계에서 최고의 권위를 갖고 있던 델피의 아폴론 신전에 새겨진 경구다. 신에게 뭔가를 묻기 전에 너 자신부터 돌아보라는 이 가르침은 역사상 최고의 신탁으로 꼽힌다. 미래는 누구도 알 수 없다. 지금부터 만들어나가야 하는 탓이다. 알 수 없는 미래를 알아보겠다고 점집에 가서 앉아 있기보다는 자기 자신의 모습을 돌아보라는 게 명리학의 가르침이다.

〈오이디푸스〉에서 예언자 테이레시아스는 말한다. "당신의 재앙은 당신 자신이오." 재앙은 다른 누구의 탓이 아닌 자기 자신이 원인을 제공한 결과다. 사주는 재앙을 자초한 '나'라는 존재를 찬

찬히 돌아보는 장치다. 재앙의 근원을 안다면 재앙을 제거할 수도 있다.

사주를 보는 일은 자신을 알려는 노력이다. 자신의 꿈과 욕망을 제대로 알고, 올바르고 적절한 실행 방법을 모색하는 일이다. 사주 팔자가 맞아떨어지는 이유는 생겨먹은 대로 살기 때문이다. 생각 없이 살기 때문이다. 팔자를 바꾼다는 것은 자신을 바꾼다는 뜻이다. 운명을 바꾸는 것은 나를 바꾸는 것이고, 나를 바꾸는 것은 생각 없이 낭연하게 하는 행동의 다른 가능성을 찾을 때 가능하다. 출근길조차 뻔한 길만 다닌다면, 그 인생 경로 역시 뻔하게 된다. 생긴 대로, 팔자대로 사는 길이다.

흔히들 '안 하던 짓을 하면 죽는다'고 한다. 이 말은 바꿔야 한다. '안 하던 짓을 하면 운명을 바꾼다'. 다르게 말하면 하던 대로 하면 팔자대로 산다는 뜻이다. 하던 대로 하면 살던 대로 산다. '안 하던 짓을 하면 죽는다'도 어떤 의미에서는 맞는 말일 수도 있다. 안 하던 짓을 하면 현재의 나는 죽고 새로운 내가 태어나니까.

비극은 드센 팔자에 직면한 사람들의 이야기다. 오이디푸스는 아버지를 살해한다는 신탁을 타고났고, 아가멤논은 트로이 원정을 위해 딸을 제물로 바치라고 강요당한다. 오레스테스는 아버지의 원수를 갚기 위해 어머니를 죽이는 기구한 운명의 주인공이다.

안티고네는 국가를 위해 인륜을 저버리라는 명령을 받는다. 오이디푸스처럼 운명을 거부해도, 아가멤논처럼 운명에 순응해도, 결과는 파멸이었고, 죽음이었다. 한여름 한낮의 뜨거운 열기를 안고 태어난 사람은 열기를 식혀줄 냉기를 간절히 원한다. 균형과 조화를 추구하는 자연의 이치다. 그러나 기어이 열기 속에서 괴로워하다 일생을 마치고는 한다. 비극의 주인공들은 사주팔자가 왜 운명과 맞아떨어지는지를 적나라하게 보여준다.

비극의 주인공들은 절망의 상황에서도 포기하지 않는다. 도저히 넘어설 수 없는 신과 국가의 명령이라는 삶의 조건을 극복하려고 노력한다. 결국에 실패하는 한이 있더라도 운명의 굴레를 넘어서려는 노력을 결코 멈추지 않는다. 비극의 관객들은 영웅의 패배를 보며 열패감에 젖기보단 삶에 지치지 않겠다는 각오를 새로이 했다.

"내게 이 쓰라린 일이 일어나게 하신 분은 신이시오. 그러나 내 이 두 눈은 다른 사람이 아닌 가련한 내가 직접 찔렀소이다." 파멸의 순간, 오이디푸스가 스스로 자신의 눈을 찌르고 하는 말이다. 자신의 불행을 감당하겠다는 의지의 표현이자 누구도 아닌 그 자신이 운명의 주인임을 선언하는 행위다. 최악의 상황에서도 여전히 삶의 주인공은 나 자신이라는 절규다. 아버지를 죽이고 어머니와 동침한 오이디푸스가 영웅으로 선택된 이유다. 추락의 끝에서 하는 행동이 그 인간의 본질을 보여준다.

'절처봉생(絶處逢生)'이라는 사주 격언이 있다. '죽을 자리에서 새로운 삶을 만난다'는 뜻이다. '모든 게 끝났다'고 하는 순간, 실제로 모든 게 끝난다. '다른 방법이 없다'고 하는 순간, 실제로 다른 방법은 없어진다. 스스로 계속 싸울 의지를 버리고, 다른 방법을 찾지 않겠다는 선언이기 때문이다. 비극의 주인공들은 끊임없이 다른 가능성을 모색한다. 운명과의 싸움에서 변화의 계기를 마련한다. 그래서 영웅이 된다. 싸움을 피하고, 고난을 피하는 보통 사람은 변화의 기회를 포기하는 것이고, 지루한 삶을 선택하는 것이다.

비극은 한계를 뛰어넘으려는 인간 노력의 기록이다. 지금부터 명리학의 관점에서 고대 그리스 비극을 읽으며 다른 삶의 가능성을 모색해보려 한다. 주어진 삶을 열심히 살아내는 비극의 주인공들을 보며 우리는 동질감을 느끼게 된다. 한편으로는 위안을 받을지도 모른다. '그래도 내 신세가 비극 주인공보다는 낫다'면서.

이기든 지든, 살든 죽든, 한바탕 긴장이 지나면 어쨌든 비극은 끝이 난다. 하지만 우리의 삶은 또 다른 이야기가, 또 다른 도전이, 새로운 한계가 늘 기다린다. 여전히 가장 팍팍하고 고달픈 삶의 주인공은 우리 자신이다. 삶에 힘겨워하는 우리에게 비극은 또 다른 위로를 준비해뒀다. "지혜는 오직 고통을 통해서만 얻어진다."(아이스킬로스, 〈아가멤논〉에서)

차 례

[음양오행]

궁하면 통한다?
궁하면 변한다!

〈결박된 프로메테우스〉

첫 이야기의 주인공은 프로메테우스다. 초등학생도 '그리스 신화에 나오는, 인간에게 불을 가져다준 신'으로 기억한다. 제우스는 프로메테우스를 세상 끝 절벽에 매달아 독수리가 간을 파먹게 하고, 인간에게는 '판도라의 상자'를 보내 화풀이를 한다. 보기에 번드르르하고 태울 때 냄새가 매혹적인 기름으로 뼈를 감싸 신에게 제물을 바치고, 인간은 살코기를 차지하도록 꾀를 낸 탓에 벌을 받았다고도 한다. 인간의 편에 서서 절대신 제우스를 속여먹는 모습이 유쾌하다.

　비극은 그러나 이런 유쾌한 장면에 주목하지 않는다.* 〈결박된 프로메테우스〉는 프로메테우스가 절벽에 매달리는 장면에서 시작한다. 제우스가 보낸 자들의 조롱과 모욕을 묵묵히 듣고만 있다가 프로메테우스는 혼자가 된 후에야 비로소 신세를 한탄한다. 고

---

* 　'판도라의 상자'와 같은 장면에 주목하지 않았다고 단정 짓기는 어렵다. 모든 그리스 비극이 그렇듯이 〈결박된 프로메테우스〉도 3부작의 일부다. 나머지 두 편은 '불을 든 프로메테우스', '풀려난 프로메테우스'라는 제목만 전해진다. 고대 그리스에서는 3부작 세 편을 하루에 한꺼번에 몰아서 봤다.

통은 이제 시작일 뿐이니 꺾이지 않겠다고 다짐한다. "어떤 고통
도 느닷없이 나를 찾아오는 일은 없으리라. 내게 정해진 운명을
나는 되도록 가볍게 견뎌내야 해." 흔히들 말한다. 피할 수 없다면
즐기라고. 남의 일이니까 할 수 있는 충고다. 세상만사 다 알고 있
는 프로메테우스도 불안한 마음을 어쩔 수 없다. 자그마한 소리에
도 자신도 모르게 움찔하게 된다. "무엇이 다가오든 나는 두렵기
만 하구나."

절벽에 묶인 프로메테우스에게 방문객이 잇따른다. 가장 먼저
오케아노스의 딸들*이 찾아온다. 처음엔 자신을 조롱하러 온 줄
알고 잔뜩 경계했지만, 자신의 고통에 공감해주는 오케아노스의
딸들에게 프로메테우스는 곧 마음을 연다. 그리고 자신이 제우스
를 신들의 왕좌에 오르도록 한 일등 공신임에도 불구하고 인간을
사랑하고 인간에게 불을 줬다는 이유로 처벌받고 있다고 말해준
다. 오케아노스의 딸들은 마차의 날개를 접고 프로메테우스가 있
는 땅으로 내려갔다. 제우스의 처벌이 부당하다는 데에 공감하고,
프로메테우스와 한편이 되겠다는 선언이다.

뒤따라 딸들을 찾으러 오케아노스도 찾아온다. 오케아노스는
프로메테우스를 위해 하는 말이라며, 청하지도 않은 충고를 늘어

---

* 대양(ocean)의 어원인 오케아노스는 모든 강의 아버지다. 그 딸들인 오케아니데스는
강과 샘물의 요정들이다. 〈결박된 프로메테우스〉에서는 벌이 끄는 마차를 타고 날아
다니는 존재로 묘사됐다. 〈결박된 프로메테우스〉에서는 이들이 합창단(코로스)의 역
할을 한다. 그리스 비극에서 합창단은 주인공의 행동에 의미를 부여하고, 심리를 묘
사하고, 장면을 전환하는 역할을 한다.

놓는다. 제발 좀 제우스에게 고분고분해지라고. 나아가 자신이 제우스에게 잘 말해줄 테니 프로메테우스는 입이나 다물고 있으라고 한다. 자칭 친구로서의 호의가 진심이었든 거짓이었든, 오케아노스는 한바탕 말싸움만 벌이고는 프로메테우스를 떠난다.

친구의 이해도, 지지도 받지 못하는 프로메테우스를 지켜본 오케아노스의 딸들은 곁에 남아 따뜻한 위로를 건넨다. 오케아노스는 아닐지 몰라도 수많은 존재들이 프로메테우스의 아픔을 함께하고 있다고. 하지만 내심 답답하기는 오케아노스의 딸들도 마찬가지다. 프로메테우스는 고통에 몸부림치면서 왜 고통에서 벗어나려는 노력은 하지 않을까? 진심이 담긴 걱정에 프로메테우스는 숨겨둔 진실 한 자락을 펼친다. 자신은 고통에서 벗어날 예정이지만, 아직 때가 되지 않았을 뿐이라고. 아직은 말해줄 수 없지만, 제우스에게 뭔가 큰일이 일어날 예정이라고.

다음 방문객은 이오**다. 사실 이오는 프로메테우스를 찾아왔다기보다는 쇠파리에 쫓겨 다니다가 프로메테우스가 있는 곳까지

** 강의 신 이나코스의 딸. 제우스의 눈에 들 만큼 예뻤기에 불행이 시작됐다. 제우스는 들판에서 이오를 겁탈하다가 아내 헤라에게 발각됐다. 제우스는 급한 대로 이오를 황소로 만들고 시치미를 뗐지만, 눈치 100단 헤라는 제우스에게 황소를 달라고 고집했다. 황소를 주지 않는다면 외도를 자백하는 셈이었기에, 제우스는 아내의 잔소리를 피하려 애인을 엄처의 손에 넘겨주고 만다. 헤라는 100개의 눈을 가진 아르고스를 감시인으로 붙여 이오를 괴롭혔다. 제우스가 보낸 헤르메스의 손에 아르고스가 죽자 헤라는 쉴 새 없이 쏘아대는 쇠파리 떼를 이오에게 보냈다. 황소로 변한 이오는 쇠파리 떼를 피해 고향을 떠나 정처 없이 떠돌았다. 시간이 흘러 프로메테우스가 있는 곳에 온 순간에도 이오는 쇠파리의 공격에 고통받고 있었다.

떠밀려 오게 됐다. 뜻하지 않은 만남이었지만 프로메테우스는 이오와 가장 많은 대화를 나눈다. 그도 그럴 것이, 그 누구보다 제우스의 부당함에 공감할 수 있는 상대인 까닭이다. 둘 다 너무나 큰 고통을 받고 있었지만, 프로메테우스의 죄라고는 인간을 사랑한 죄밖에 없다면, 이오의 죄라고는 예쁘게 태어나서 제우스의 욕정의 대상이 된 죄밖에 없었다.

프로메테우스는 이오가 어디로부터 와서, 앞으로 어떤 곳을 지나, 어디로 가게 될지를 상세하게 말해주며* 이집트에 가서야 제우스를 다시 만나 본모습을 되찾고 자식을 낳는다고 말해준다. 또 이오의 고난과 자신의 고난이 연결돼 있다는 사실도 알려준다. 이오의 13세손**이 프로메테우스의 사슬을 끊어주기 때문이다. 하지만, 이오는 먼 훗날의 얘기에 전혀 위로받지 못하고 아직도 고통이 한참 남았다는 사실에 좌절하며 또다시 쇠파리에 쫓겨 떠나간다.

오케아노스의 딸들이 잘못된 남녀의 결합이 낳은 불행을 슬퍼

---

* 지명이 끝없이 나열되는 이 대목을 비극 원문으로 보는 일은 그리스 신화와 역사, 지리에 밝은 사람에게도 고역이다. 솔직히 말하면 비극을 소재로 글을 쓰는 나 자신도 딱 한 번 지도에 적힌 지명을 짚어가며 이오의 동선을 떠올렸을 뿐, 그다음부터는 건너뛰기 일쑤다. 우리에겐 읽기 벅차지만, 당대인들에겐 귀에 쏙쏙 들어오는 랩 같은 느낌이었을지 모른다. '울릉도 동남쪽 뱃길 따라 이백리' 또는 '고구려 세운 동명왕, 백제 온조왕, 알에서 나온 혁거세'라는 노래 가사가 우리에겐 입에도 귀에도 착착 감기지만, 번역으로 보는 외국인에게도 그럴지를 생각하면 이해하기 쉬울 듯하다.

** 헤라클레스를 가리킨다. 헤라클레스는 프로메테우스의 간을 파먹던 독수리를 활로 쏘아 떨어뜨린다.

할 때, 프로메테우스는 제우스 역시 잘못된 남녀의 결합으로 파멸하리라고 예언한다. 그 결합은 아버지보다 더 강한 아들을 낳고 그 아들이 제우스를 통치자에서 노예로 추락시킨다고 말한다. 프로메테우스가 진즉에 언급했던 제우스에게 벌어질 큰일이다.

올림포스에서 이들의 대화를 엿들은 듯, 제우스의 심부름꾼 헤르메스가 달려온다. 헤르메스는 프로메테우스를 다그친다. 누구와의 교합이 제우스를 권좌에서 몰아내게 하느냐고. 프로메테우스는 오히려 '종살이하는 주제에 잘난 척한다'며 헤르메스를 조롱한다. 지하의 심연 속에 가둬 더 큰 고통을 안기겠다는 협박도 통하지 않는다. 헤르메스는 소용없는 저항을 계속하는 프로메테우스가 진심으로 답답하다. 버틸수록 고통만 커지는데 왜 버티는지 이해할 수 없기 때문이다. 프로메테우스는 끝내 굴복을 거부한다. "나는 견디리라. 나는 죽을 수 없으니까." 비극은 프로메테우스가 매달린 절벽이 무너져 심연에 빨려 들어가며 끝난다. 제우스는 프로메테우스를 더 큰 고통에 빠뜨릴 수는 있었지만, 끝내 굴복시킬 수는 없었다.

"곧 운명의 손이 제우스를 따라잡는다."

죽지 않을 운명은 축복이라기보다 저주가 되기 쉽다. 특히 프로메테우스처럼 끝없는 고통에 시달려야 한다면 더더욱 그렇다. 죽음으로 끊어낼 수도 없는, 말 그대로 극한의 고통이다. 하지만 프로메테우스는 고통을 덜어보겠다고 제우스에게 굴복하는 일 따위는 하지 않는다. 비극에선 등장하지 않지만 프로메테우스는 나중에 제우스가 원하는 이름, 제우스보다 더 강한 아들을 낳을 여성*이 누구인지 말해준다. 그건 굴복이 아니었다. 프로메테우스가 난봉꾼 독재자 제우스를 성숙한 중재자로 변신시킨 후였기 때문이다.

프로메테우스가 버틸 수 있었던 힘은 제우스의 지배가 언젠가 끝나리라는 확신이다. "제우스가 지금은 가혹하게 제멋대로 정의를 행사하지요. 하지만 곧 운명의 손이 제우스를 따라잡아요." 제우스의 지배가 끝날 때 되면 끝나듯이, 프로메테우스의 고통도 어차피 겪어야만 끝나게 돼 있다. "나는 지금의 이 불행을 마지막 한 방울까지 다 마실 것이오." 당장의 고통을 덜어보려 비밀을 털어놓고 굴복하더라도 아무것도 달라지지 않는다. 그러니 할 수 있는 일은 그저 묵묵히 버티는 것뿐이다. "먼저 수많은 고난에 휜 다음에야 나는 이 사슬에서 풀려나게 되오. 인위적인 노력은 필연의 법칙을 이기지 못한다오."

제아무리 세상만사를 꿰뚫고 있는 프로메테우스라도 인위적으

---

* 제우스가 그토록 듣고 싶어 한 이름은 테티스였다. 테티스는 아버지보다 강한 아들을 낳을 운명을 타고난 여신이었기에 제우스는 테티스를 신이 아닌 인간 펠레우스와 짝을 지어줬다. 그들의 결혼식에서 유명한 불화의 사과가 던져졌다. 그들 사이에서 태어난 아들이 아킬레우스다.

로 봄을 건너뛰고 여름이 오게 할 수는 없다. 낮이 가고 밤이 오는 것을 막을 수도 없다. 봄이 가면 여름이 오고, 여름이 가면 가을이 온다. 한겨울의 추위가 아무리 맹위를 떨쳐도 언젠가는 봄이 찾아와 얼음을 녹인다. 한낮의 해가 뜨겁더라도 때가 되면 힘을 잃고 기울어 칠흑 같은 밤에 자리를 내어준다. 프로메테우스가 '필연의 법칙'이라고 부른 이 자연의 법칙을 동양에서는 음양 이론으로 설명해왔다.

《천사문》을 펴면 가장 먼저 '하늘 천(天) 땅 지(地)'부터 나온다. 하늘은 양(陽)이고, 땅은 음(陰)이다. 《주역》을 펴면 가장 먼저 하늘을 뜻하는 건괘(乾卦, ☰)와 땅을 뜻하는 곤괘(坤卦, ☷)부터 나온다. 건(☰)은 양이요, 곤(☷)은 음이다. 양은 볕이고, 음은 그늘이다. 양은 낮이고, 음은 밤이다. 양은 여름이고, 음은 겨울이다. 양은 남자고, 음은 여자다. 양은 확장이고, 음은 수축이다. 양은 활동이고, 음은 휴식이다.

《천자문》과 《주역》에서 '하늘은 양, 땅은 음'이라고 하니 은연중에 '양은 고귀하고 음은 비천하다'는 인상을 갖기 쉽다. '남자는 하늘, 여자는 땅'이라는 말을 남성을 높이는 근거로 잘못 이해하기도 한다. 하늘은 사람이 지향할 목표라면, 땅은 발을 디디고 선 현실이다. 땅에 기반하지 않고 하늘만 바라본다면 결과물 없는 공허한 이상주의자가 된다. 물론 하늘이라는 원대한 목표 없이 땅에만 붙어서 하루하루 사는 데 급급하다면 평생 가도 발전이라고는 없는 인생이 된다. 하늘과 땅은 서로를 필요로 한다. "양이 살면 음이 자라나고, 양이 죽으면 음이 숨어든다(陽生陰長 陽殺陰藏[양생음장 양살음장], 《황제내경》)"고 했다. 음과 양은 서로를 보완하며, 서로의 가치를 높여준다.

양과 음은 그 자체로 좋고 나쁨이 있지 않다. 볕은 따뜻해서 좋고, 그늘은 시원해서 좋다. 그저 볕이 더 좋을 때가 있고, 그늘이 더 좋을 때가 있을 뿐이다. 나무가 성장하는 일은 양이요, 열매를 맺는 일은 음이다. 나무가 마냥 성장하기만 해서는 열매를 맺지 못한다. 활동하는 양이 있으면 휴식하는 음이 있어야 한다. 양은 좋고 음은 나쁜 게 아니라, 양이든 음이든 한쪽만 있는 게 문제다. 일만 하고 쉴 줄 모르거나, 매양 쉬기만 하고 도무지 일하지 않는 격이다.

이름도 거창한 음양 이론이 말하는 바는 간단하다. 자연의 이치대로 살라는 가르침이다. 여름에 반소매 옷을 입고, 겨울에 털옷을 입듯이, 낮에 일했으면 밤엔 쉬어야 한다. "군자는 하루 종일 힘써 노력하고 밤에는 두려워하며 반성한다(君子 終日乾乾 夕惕若[군자 종일건건 석척약], 《주역》, 〈건괘〉)"고 했다. 낮에 일하고, 내달리고, 말하고, 움직였다면, 밤은 듣고, 반성하고, 쉬는 시간이다.

대립과 보완 못지않게 기억해둘 음양의 특징은 순환이다. 음과 양은 꼬리에 꼬리를 물며 돌고 돈다. 아침에 해가 떠 한낮에 가장 뜨겁고 오후에 해가 기운 뒤 밤이 되면 진다. 그리고 다음 날 아침 다시 해가 뜬다. 봄에 양의 기운이 힘을 얻고, 여름에 양은 뜨거운 기운을 내뿜고, 가을에 양은 힘이 빠지고 음이 힘을 얻기 시작하고, 겨울에 양은 힘을 잃고 음의 세상이 된다. 그러나 다음 해 봄이면 다시 양이 힘을 회복한다.

그런데 태양이 가장 높이 뜨는 이른바 남중 시각은 낮 12시 30분 언저리이지만, 사람들이 가장 덥다고(또는 따뜻하다고) 느끼는 시간은 오후 2시 무렵이다. 태양이 가장 힘을 발휘해 낮이 가장 긴 절기인 하지는 6월이지만, 실제로 가장 더운 때는 7~8월이다. 하지만 삼복더위에 한기가 늘기 시작하는 법이다(三伏生寒[삼복생한]). 몸이 가장 뜨겁다고 느낄 때, 실은 태양은 이미 절정을 지나 식기 시작한다. '제멋대로의 정의'를 펼칠 만큼 제우스의 폭압이 극함을 달리던 무렵은, 이미 그 힘이 달리고 있다는 뜻이기도 하다. 프로메테우스가 굴복을 거부하고 버틸 수 있었던 이유다.

'궁즉통(窮則通)'이라고 한다. 《주역》〈계사전〉*에 나오는 말이다. '궁즉통'의 원문은 이렇다. "궁하면 변하고, 변하면 통하고, 통하면 오래간다(窮則變 變則通 通則久[궁즉변 변즉통 통즉구])." '궁하면 통한다'는 말은 '궁지에 몰리면 길이 생긴다'는 뜻으로 흔히 쓰인다. 아주 틀린 해석은 아니지만, 원문의 뜻과는 차이가 있다. 원문에 등장하는 '궁(窮)하다'는 사태의 변화가 끝까지 갔다는 뜻이다. 여름이 깊어지면 점점 더워지지만, 여름이 끝까지 가면 가을이 와 서늘해지면서 성질이 바뀐다. '궁하면 변한다'의 원래 뜻이다.

---

* 《주역》은 본문이라고 할 수 있는 '괘사'와 '효사', 그리고 주석이라고 할 수 있는 〈단전〉, 〈상전〉, 〈계사전〉 등으로 구성된다. 공자의 생각이 반영된 이 〈계사전〉으로 말미암아 《주역》은 점치는 책에서 철학책으로 거듭나게 되었다.

뜨거운 열기가 고통이었다면, 그 고통의 시간이 끝까지 가면 서늘함으로 바뀌어 고통의 시간이 끝난다. '변하면 통한다'의 원래 뜻이다.

영웅과 보통 사람의 차이는, 끝이 보이지 않을 때 미래에 대한 확신을 가졌느냐다. 프로메테우스는 끝이 보이지 않는 고통 속에 놓여 있다. 오케아노스의 딸들은 과연 그 고통에 끝이 있기나 한지 의심한다. 프로메테우스의 믿음은 흔들리지 않는다. 어둠이 짙을수록 새벽이 다가오고 있다는 마음으로 고통을 이겨낸다. 보통 사람들은 영웅의 이런 믿음을 헛된 꿈으로 치부하고는 한다. 보통 사람들은 모른다. 영웅의 그 확신이 미래를 만들어낸다는 사실을.

프로메테우스가 처한 상황은 《주역》이 말하는 박괘(剝卦, ䷖)와 정확히 일치한다. '박탈하다'의 그 '박'이다. '벗겨내다, 깎다, 찢다'의 뜻을 가졌다. 박괘는 땅(☷) 위에 산(☶)이 자리 잡은 모양을 하고 있다. 광활한 평원에 봉우리 하나 우뚝 솟은 모양새다. 정 맞기 딱 좋은, 모난 돌이다. 괘 전체로 보면 음기가 아래로부터 세력을 키워나가 하나 남은 양기마저 잡아먹기 직전의 모습이다. 세상이 온통 제우스에게 가서 붙었는데, 홀로 자기만의 생각을 고집하고 실천하는 프로메테우스가 딱 그 신세다.

박괘는 '괘사'에서도 "무슨 일 꾸밀 생각 말고 얌전히 있어라(不利有攸往[불리유유왕])" 하며 겁을 주고, '효사'에서도 침대가 다리부터 시작해 하나씩 뜯겨나가 박살 나는 과정을 그린다. 하지만 마지막이 반전이다. "큰 열매는 먹히지 않는다(碩果不食[석과불식]). 군자는 수레를 얻고, 소인은 오두막을 잃는다." 여기서 '큰 열매'는 가을이 되어 모든 잎이 다 떨어져나갔지만 꿋꿋이 자리를 지키는 마지막 생명력의 상징이다. 삶의 의지를 일깨우는 희망이다. 봄이 되면 다시 꽃을 피우고 열매를 맺으리라는 희망. 단 하나의 열매가 씨앗이 되어 새로운 나무로 자라난다.

군자는 희망을 보고 (수레를 타고) 새로운 터전을 찾아 떠난다. 기왕이면 수레에 동지들까지 함께 태워서. 자신의 터전을 떠남은 곧 자신의 세계를 박차고 나간다는 뜻이다. 갇혀 있던 새가 알을 깨고 나온다는 의미다. 비좁고 불편하지만 이미 익숙해진 자신의 틀을 깬다는 뜻이다. 새로운 세상을 만난다는 뜻이고, 또한 새로운 시각으로 세상을 본다는 뜻이다. 익숙함, 당연함과의 결별이다. 아무나 할 수 있는 일이 아니다. 그래서 수레를 얻는 일은 군자의 몫이다. 비극의 용어로 하자면, 영웅의 몫이다. 반면에 소인은 새로운 봄에 대한 확신이 없다. 원래 머물던 자리에 앉아서 남은 하나의 열매라도 먹어치우고 만다. 제 살을 파먹고, 제 삶의 터전을 없애고, 희망의 싹을 자르고 만다. 끝내 변화를 거부하는 보통 사람의 모습이다.

"인간을 사랑했기에 제우스의 적이 됐다."

프로메테우스는 한때 제우스의 편이었다. 제우스가 아버지 크로노스로 대표되는 구세대 신(티탄)들과 전쟁을 벌일 때, 프로메테우스는 그 자신이 구세대에 속하면서도 제우스로 대표되는 신세대 신들의 편에 섰다. 새로운 질서를 세우는 과정에서 제우스는 인간들을 말살하려 했다. 그때부터 프로메테우스는 제우스의 반대편에 섰다.

프로메테우스는 인간에게 불을 주고, 맹목적인 희망으로 운명을 헤쳐나가도록 했다. 집 짓는 법, 농사짓는 법, 숫자와 문자, 가축 부리는 법, 병을 치료하는 법, 점치는 법까지 전수했다. 한마디로 인간을 문명의 세계로 이끌었다. "인간들의 모든 기술은 나 프로메테우스가 준 것이오." 프로메테우스는 인간을 사랑해서 제우스의 처벌을 받고 있다. 스스로도 "인간을 너무나 사랑했기에 제우스의 적이 되고, 모든 신들에게 미움 받는다"고 한탄한다.

오케아노스의 딸들은 프로메테우스를 걱정해준다. "그대는 인간들을 과분하게 도와주지 마세요. 불운한 그대 자신은 돌보지도 않고 말이에요." 프로메테우스는 하나의 목표를 향해서만 돌진한다. 주변 상황은 아랑곳하지 않는다. 심지어 그 자신의 안위까지도.

프로메테우스는 제우스를 신들의 왕좌에 앉히는 데에 일조했다는 자부심이 있다. 나아가 남들이 그 사실을 알아주길 바란다. "따지고 보면 신세대 신들에게 특권을 나눠준 사람은 내가 아니고 누구겠소?" 자기과시이자 인정 욕구다.

절벽에 매달린 주제에 프로메테우스는 자존심만은 끝까지 양보하지 못한다. 당장 육체에 가해지는 고통보다 공개적으로 망신을 당하는 상황이 더 견디기 어렵다. "차라리 나를 땅 밑 하데스의 집으로, 땅속 끝 타르타로스로 보내버렸다면 좋았을 텐데. 신도, 다른 어떤 자도 내 이 꼴을 보고 좋아할 수 없도록."

따뜻한 마음, 저돌적인 추진력, 어린아이 같은 과시욕, 마지막까지 포기할 수 없는 자존심. 사주에서는 이 모두를 하나의 요인에서 비롯한 성격으로 본다. 바로 목(木)이다. 그중에서도 갑목(甲木)*이다. 목은 하루로 보자면 해가 뜨는 새벽의 기운이고, 계절로 보면 봄의 기운이다. 음의 세상에서 양의 세상을 여는 힘이다. 차갑게 얼어붙은 땅을 뚫고 올라오는 새싹의 모습에서 봄의 기운을 나무와 연결시킨다.

싹이 올라오려면 얼어붙은 땅이 살짝 녹아야 한다. 따뜻한 마음이다. 연약한 싹이 땅을 뚫으려면 힘을 한곳에 모아야 한다. 저돌적인 추진력이다. 그 추진력으로 계속 하늘을 향해 솟아오르면 어느 틈엔가 주변에서 올려다보는 큰 나무가 된다. 과시욕의 원천이다. 모두가 우러러봐줬던 경험은 포기할 수 없는 자존심이 된다.

목은 태생적으로 땅을 뚫고 나오는 힘이다. 장애물을 두려워하지 않고, 땅 밖의 세상을 두려워하지 않고, 미지의 영역으로 나가

---

* 갑(甲)의 뜻을 찾아보면 갑옷, 껍질 등의 풀이부터 나온다. 명리학 맥락에서는 전혀 도움이 안 되는 뜻풀이다. 갑은 의미를 가진 글자라기보다는 기호에 가깝다. 갑은 물론, 뒤이어 나오는 을(乙), 병(丙), 정(丁), 무(戊), 기(己), 경(庚), 신(辛), 임(壬), 계(癸) 모두 마찬가지다.

려 안간힘을 쓴다. 그래서 시작의 힘이고 도전의 힘이다. 하지만 목은 땅을 뚫고 나가 새로운 세상에서 높이 솟아오르는 데에만 관심이 있다. 정작 열매를 맺는 일은 관심 밖이다. 그래서 시작은 거창한데 결과물은 초라하기 쉽다. 그래서 목의 용기는 객기가 되고는 한다.

사주팔자는 태어날 때의 자연환경이 인체에 각인된 결과다. 심리와 성격에 영향을 미치기에 앞서 몸에도 영향을 미친다. 그래서 신체 각 부위 역시 오행과 연결되는데, 목은 간과 연결돼 있다. '간 덩이가 부었다', '간이 콩알만 해졌다'는 표현처럼 간은 용기를 내는 원천이고, 도전을 할 수 있는 힘이다.

제우스는 독수리를 보내 프로메테우스의 간을 파먹게 했다. 제우스는 무엇보다 프로메테우스의 도전 의식을 꺾어놓고 싶었던 모양이다. 프로메테우스를 남들이 볼 수 있는 절벽에 매달아 조롱거리가 되도록 한 이유도 알 만하다. 스스로 고귀하다고 생각하는 자에게 공개적인 망신이야말로 가장 큰 처벌이다. 동서양을 막론하고 근대 이전까지 죄수(특히 정치범)의 육체를 너덜너덜하게 만든 다음, 처형에 앞서 사람들의 야유와 조롱, 돌팔매에 노출시키는 절차를 둔 이유는 모욕과 치욕을 통해 정신을 먼저 죽이기 위해서였다. 일말의 저항 의식도 포기하도록, 온통 후회 속에서 죽도록, 자기 자신조차도 스스로를 부끄럽게 여기게 하려는 처벌이었다.

사실 프로메테우스에 대한 제우스의 대응은 최악이었다. 부러질지언정 굽힐 줄 모르는 갑목은 승부욕이 강해서 핍박받을수록 전투 의지가 강해진다. 최고신의 권위로 찍어 누르기보다는 최고신의 너른 품으로 끌어안아줬더라면 어땠을까 싶다. 갑목의 단점은 지속력이 부족하다는 점이다. '오냐오냐', '예쁘다, 예쁘다' 하며 품어줬더라면 프로메테우스의 도전욕은 제풀에 꺾였을 가능성이 많다.*

나무를 말하면서 지금까지 갑목 이야기만 했다. 나무라도 전혀 다른 나무가 있으니 을목(乙木)이다. 갑목이 하늘을 찌르는 아름드리나무라면, 을목은 바람 부는 대로 일렁이는 갈대, 바닥에 붙은 이끼, 다른 나무나 건물 벽을 타고 오르는 넝쿨이다. 딱 봤을 때 별로 폼이 안 난다. 비실비실해 보이기도 한다. 발에 차이기 십상이다. 흔히 말하는 '을(乙)'의 모습 그대로다.

갑목이 멋있게 자라나는 데에 관심을 둘 때, 을목은 그저 살아남는 일이 급선무다. 그래서 을목에게는 갑목과 같은 뻣뻣함이 없다. 을목은 유연하다. 갑목은 자신의 성장에만 신경 쓰느라 주변을 돌아보지 않지만, 을목은 늘 주변을 살피며 위험을 피하고 이용할 거리를 찾는다. 갑목은 장애물을 만나면 뚫고 나가려 들지만, 을목은 고민하지 않고 우회로를 찾는다.

인생을 살아보면, 장애물을 뚫기보다는 우회하는 편이 힘도 덜

---

* 뒤에서 상세히 다루지만 갑목은 기토(己)와 합을 이뤄 제 성질을 잃어버린다. 기토는 식물이 성장하기에 좋은 축축한 땅이기 때문에 갑목이 매우 좋아한다. 곧 보게 될 이오의 성격이 기토와 비슷한데, 갑목인 프로메테우스는 이오와 가장 많은 대화를 나눈다.

들고 성공률도 높다. 돌파력을 과시하다 보면 장애물을 넘지도 못하면서 애꿎은 적만 만드는 결과가 되기 일쑤다. 그래서 결국 출세하는 사람은 갑목이 아닌 을목인 경우가 많다. 을목은 갑목을 타고 올라가지만(藤蘿繫甲[등라계갑]), 결국은 갑목보다 더 높이 올라간다. 이때 을목은 갑목이 없었다면 애당초 높이 올라가지 못했다는 사실을 잊어서는 안 된다. 주변의 도움으로 성공한 주제에 저 혼자 잘나서 출세했다고 착각하는 순간, 을목의 추락이 기다리고 있다.

피도 눈물도 없는 사람

〈결박된 프로메테우스〉는 프로메테우스가 절벽에 매달리는 장면에서 시작한다. 올림포스의 대장장이 헤파이스토스가 사슬을 만들어 프로메테우스를 묶고, 크라토스('폭력'을 의인화)가 프로메테우스를 호송하고 헤파이스토스의 작업을 감시하러 와 있다. 헤파이스토스는 자기 손으로 이종사촌*뻘인 프로메테우스에게 족쇄를 채우기를 못내 꺼린다. 하지만 제우스의 명령을 차마 거역할 수는 없어 억지로 하고 있다. "그래도 나는 감히 해야만 해. 제우

---

* 일반적인 그리스 신화 족보에서는 프로메테우스가 헤파이스토스의 당숙뻘이 되는데, 이 비극에서는 이종사촌으로 설정돼 있다.

스가 명령한 이상 거역은 곧 반역이니까." 크라토스는 이런 헤파이스토스가 물러터졌다고 비난한다.

크라토스 　　그대는 왜 모든 신들에게 미움받는 프로메테우스를 미워하지 않는 게요?

헤파이스토스 　내 친구이고, 친척이잖소.

크라토스 　　그렇다 칩시다. 하지만 제우스의 명령은 어쩌고? 그게 더 무섭지 않소?

헤파이스토스 　당신은 정말 피도 눈물도 없군요.

크라토스 　　눈물은 어디에다 쓰게? 세상 쓸데없는 게 프로메테우스 걱정이오.

헤파이스토스 　아, 내 손재주가 원망스럽다.

크라토스 　　당신 손재주 원망을 왜 하시오. 당신이 아니라 저 양반이 불행을 자초했잖소.

헤파이스토스 　왜 하필 나냐는 말이오.

크라토스 　　모든 소임은 다 괴로운 법이오. 제우스 말고는 아무도 자유롭지 못하니 말이오.

제우스의 명령을 이행하는 헤파이스토스와 크라토스는 내키든 내키지 않든 주어진 일을 해내며 하루하루를 살아가야 하는 우리의 모습이다. 옳고 그름을 따질 겨를도 없이, 묻지도 따지지도 않고, 그저 명령에만 충실한 크라토스는 제우스의 도구일 뿐이다. 자신이 받은 명령이 합당한지 여부는 중요하지 않다. 제우스의 명령 이행이 자신의 존재 이유이고, 제우스를 향한 도전과 저항은 곧 악이다.

크라토스에게는 제우스의 명령 이행이라는 원칙만이 있을 뿐, 처벌 대상자의 고통 따위는 안중에 없다. 오히려 프로메테우스를 조롱한다. "'미리 생각하는 자'라는 뜻의 프로메테우스라는 이름은 잘못되었소. 당신은 이제 이 사슬에서 어떻게 벗어날지나 미리 생각해보시오."

단호하고 우직한 원칙주의는 쇠(金), 그중에서도 경금(庚金)의 특징이다. 단단한 바위와 묵직한 쇠뭉치. 흔히 도끼를 들어 설명하기도 하다. 사계절로 따지면 가을의 기운이다. 봄에 새싹이 돋아, 여름에 무성하게 자랐다면, 가을에는 열매를 맺어야 한다. 겨울을 나기 위해 성장을 멈추고 껍질을 단단하게 만든다. 그리고 열매가 다 익으면 이듬해 봄, 새로운 싹으로 태어나길 기대하며 열매를 땅에 떨어뜨린다. 제 몸을 잘라내는 이 단호함을 '숙살지기(肅殺之氣)'라고 한다.

금(金)은 잘 쓰면 열매를 맺고 수확을 거두는 힘이다. 강한 신념과 결단력으로 노력을 무위에 그치지 않고 결과로 이어지도록 하는 힘이다. 결과를 만들어내려는 불굴의 의지로 나타날 수도 있다. 하지만 자칫 크라토스처럼 비인간적인 독선, 목표 제일주의, 완벽주의로 이어질 수도 있다. 거침없는 자기 확신으로 상대를 깔보고 조롱을 서슴지 않기도 한다.

같은 금이라도 경금이 둔탁한 도끼라면, 신금(辛金)은 예리한 면도칼이나 반짝이는 보석에 비견된다. 금의 성격을 공유하면서도 경금보다 훨씬 깔끔하고 세련됐다. 신금이 많은 사람은 잘생겼고 총명한데, 어째 서늘한 느낌을 준다. 드라마에 나오는 유능하지만 인간미 없는 의사, 또는 '얼음 공주'의 인상을 떠올려볼 수 있다.

명령에만 충실한 크라토스와 달리 헤파이스토스는 자꾸만 정에 이끌린다. 친구이자 친척인 프로메테우스를 자기 손으로 절벽에 매다는 일이 내키지 않는다. 심지어 제우스를 비난하며 프로메테우스를 위로하기도 한다. "새로 들어선 권력은 가혹하기 마련이잖아요." 헤파이스토스는 주어진 명령이 온당한지 아닌지를 생각한다. 하지만 정에 이끌린다고 해서 명령을 무시하지도 않는다. 결국 자신에게 주어진 일들은 모두 다 끝마친다.

온정적인 합리주의로 정리할 수 있는 헤파이스토스의 성격은 불(火), 그중에서도 정화(丁火)의 특징을 보인다. 하긴 헤파이스토스 자체가 대장장이 신이고 시칠리아의 에트나 화산이 그의 대장간이라고 한다. 헤파이스토스의 로마식 이름인 불카누스가 현대 영어의 볼케이노(volcano), 화산이 되었다. 헤파이스토스는 태생적으로 불의 신일 수밖에 없다. 불에는 태양을 뜻하는 병화(丙火)와 모닥불이나 용광로를 뜻하는 정화가 있다. 기본적으로 병화는 불의 속성 중 빛(밝음)에, 정화는 열(따뜻함)에 주목하지만, 해가 뜬 한낮에 온도가 올라가고 모닥불도 주변을 밝게 해주듯 빛과 열은 서로 떼어놓고 생각할 수는 없다.

모닥불은 해가 떨어진 뒤에 위력을 발휘한다. 해가 떠 있는 대낮의 모닥불은 적어도 주변을 밝히는 용도로는 쓸모가 없다(丙奪丁光[병탈정광]). 모닥불은 해가 떨어진 뒤에야 앞이 캄캄한 사람들에게는 빛이 되어주고, 추운 사람들을 따뜻하게 감싸준다. 정화는 주변을 따뜻하게 보듬는 온화한 성격을 가졌다. 늘 다른 사람을 배려하기 때문이다. 온 세상을 밝게 비추겠다는 거창한 목표 없이 그저 묵묵히 가까운 사람들을 챙겨준다. 하지만 '이렇게 하면 저 사람이 기분 나쁘지 않을까?' 하는 감수성이 때론 쓸데없는 걱정이 된다. 다른 사람을 배려하느라 결단력이나 실천력은 떨어진다. 그러나 정화도 역시 불이다. 평소에는 얌전하지만 일단 폭발하면 무시무시하다.

정화와 달리, 병화는 아무도 안 시키는데 혼자서 온 세상을 구하겠다고 설친다. 누가 보든 안 보든 온 세상을 비추는 태양이기 때문이다.

"그대 자신을 알고, 그대의 생각을 새롭게 바꾸시오."

병화의 특성을 가장 잘 보여주는 인물이 오케아노스다. 오케아노스는 프로메테우스를 찾아와 "내가 그대보다 더 존경하는 이는 아무도 없다"고 너스레를 떨며 "어떻게 그대를 도울 수 있는지 말해보라" 한다. 프로메테우스는 일부러 먼 길을 찾아와준 삼촌

이 반갑다. 프로메테우스는 자신의 처지를 한탄하며 제우스의 처벌이 부당하다고 분통을 터뜨린다. "자, 보시구려. 제우스를 도와 그의 독재 왕국을 세웠던 이 제우스의 친구가 어떤 고문을 당하는지."

오케아노스는 프로메테우스의 기분에는 아랑곳하지 않고 자기 할 말을 한다. "프로메테우스여! 그대 비록 영리하지만 내 그대에게 가장 유익한 충고를 해주고 싶소. 그대 자신을 알고, 그대의 생각을 새롭게 바꾸시오." 고통받는 조카를 위로해주러 온 줄 알았더니 갑자기 청하지도 않은 충고를 시작한다. 제우스에게 불경한 말버릇이 화를 부른다며, 제우스에게 공손하게 말하는 법부터 배워야 한다고 가르친다. 오만불손한 태도는 처벌의 강도를 높일 뿐이라며. "그대는 여전히 고분고분하지 않고, 불행 앞에서 물러서 기는커녕 지금의 불행에 다른 불행을 보태려 하고 있소. (…) 그대는 잠자코 있고, 말을 너무 함부로 하지 마시오." 오케아노스는 프로메테우스가 입만 다물고 있으면 자신이 제우스를 찾아가서 선처를 부탁해보겠노라고 말한다.

프로메테우스가 보기에 오케아노스의 계획은 쓸데없는 짓이었고, 괜스레 프로메테우스 자신의 저항 의지가 왜곡되는 부작용만 낳을 수 있다. 그러나 오케아노스의 호의를 의심하지 않았기에 좋은 말로 에둘러 거절한다. "그대는 제우스를 설득하지 못해요. 제우스는 설득당하지 않아요. 괜히 나섰다가 봉변당하지 않도록 그대나 조심하시오."

선의로 한 제안이 거절당하자 오케아노스는 불쾌한 기색을 숨기지 않는다. "그대는 천성적으로 자신보다 남들에게 훨씬 더 좋은 충고를 할 줄 아시는구려." 프로메테우스가 보기엔 오케아노스의 행동은 순진하고 불필요한 오지랖이었다. 제우스가 왜 가혹한 처벌을 가하는지, 프로메테우스는 왜 끝까지 저항하려 하는지 전혀 이해하지 못한 채, 그저 오케아노스 자신의 선의만을 앞세운 행동이었다.

프로메테우스 당신의 지혜는 당신 자신을 구하는 데에나 쓰시구려.

오케아노스 당신은 모르는군요. 부드러운 말이야말로 폭발하는 분노에 특효약인데.

프로메테우스 물론 그렇지만, 그게 통할 때가 따로 있지요.

오케아노스 파멸을 막아보자는데, 뭐가 잘못됐소?

프로메테우스 무익하고 어리석은 헛수고일 뿐이오.

오케아노스 현명한 사람은 어리석어 보이는 쪽이 때때로 좋은 법이라오.

프로메테우스 현명해 보이든, 어리석어 보이든, 벌 받는 사람은 나요.

오케아노스 못마땅하게 여기는 당신 태도를 보니 난 집에 가야겠구려.

거두절미하고 본론부터 꺼내는 목표 돌진, 상대를 고려하지 않고 자기 말만 하는 순진함, 상대의 입장은 생각지 않고 자신의 생각을 강요하는 독선, 자신의 뜻이 관철되지 않을 때 분노 폭발. 이 모든 오케아노스의 성격은 병화의 특징을 여지없이 보여준다. 병화는 태양이자 사계절로 따지면 여름이다. 나무가 하늘을 향해 쭉쭉 뻗어가는 모습이 봄의 기운이라면, 나무가 사방팔방으로 가지와 잎을 펼치고 꽃을 피우는 모습은 여름의 기운이다. 불꽃놀이를 할 때 하늘의 일정한 지점까지 날아오르는 기운이 봄의 기운이자 목(木)의 힘이라면, 정점에서 사방으로 터져나가며 불꽃을 만드는 모습이 여름의 기운이자 화(火)의 힘이다. 확장과 팽창의 기운이다.

불은 모든 것을 태운다. 그 자신마저 태우고 나서야 사그라들고, 마침내는 꺼진다. 그 순간 태우는 일에만 관심이 있을 뿐 그 자신의 안위조차도 관심사가 아니다. 병화는 뒷일을 생각하지 않고 현재에 집중한다. 또한 자신의 안위는 뒷전이고 남들을 위해 헌신하기도 한다. 그래서 화끈하지만, 경솔하고 조급하다. 좋아하는 일에 한번 빠지면 지쳐 쓰러질 때까지 온몸을 불태운다. 그 결과는 말 그대로 번 아웃(burn out), 탈진해 쓰러진다.

병화는 또한 태양의 모습이기도 하다. 태양은 밝고 뜨겁다. 그래서 병화는 밝고 열정적인 성격을 낳는다. 태양은 누가 시켜서도 아니고, 누가 대가를 주지도 않는데, 홀로 하늘에서 온 세상을 환히 비춘다. 병화의 성격을 가진 사람도 세상을 밝게 비추려 한다.

문제는, 어두운 곳에서 쉬고 싶은 사람들도 있는 법인데, 병화는 각자의 사정 따위는 고려하지 않는다는 점이다. 어둠 속에 있고 싶은 사람까지 밝음으로 이끌어내려는 의도는 좋을지 몰라도, 당하는 입장에서는 강요이고 독선이고 폭력이다. 잘 하자고 한 일이 상대에게는 불편한 일이 될 수 있다는 사실을 병화는 모른다.

《주역》에 몽괘(蒙卦, ䷃)가 있다. '계몽주의'와 '무지몽매'의 '몽'이다. '괘사'는 '몽'을 이렇게 설명한다. "내가 아이의 몽매함을 구하지 않고, 아이의 몽매함이 나를 구한다." 몽매함은 스스로 깨쳐야 한다. 제아무리 일타 강사라도 학생이 공부를 안 하면 성적을 올려줄 재간이 없다. 공부할 의지가 있고 혼자서 깨치려 노력하는 학생은 선생이 가려운 곳을 쿡 찔러주면 곧바로 알아듣는다. 하지만 그렇지 않은 학생이라면 백번 가르쳐봤자 이해도 못하고 기억도 못한다. 그러니 가르침을 청하지도 않는데 먼저 가르쳐주겠노라고 팔 걷고 나서는 '꼰대질'을 하지 말라는 게 몽괘의 가르침이다. 오케아노스가 한 일이 바로 꼰대질이다. 오케아노스는 가르치겠다는 생각을 잠깐 접어두고, 프로메테우스의 행동이 아니라 오히려 자신의 생각이 한심하지는 않았는지 돌아보는 일이 필요했다.

이런 병화의 오지랖에 프로메테우스처럼 자존심 내세우며 '필요 없으니 가라'고 하면 서로 원수질 일만 남는다. 함부로 가르치려 드는 병화에게 지지 않으려 승부욕을 내세워도 역효과다. 갑목이라는 나무의 기질은 병화라는 불을 피우는 땔감이 될 뿐이다.

오죽하면 병화가 갑목을 만나면 '날아가는 새가 둥지를 만난 격 (飛鳥跌穴[비조부혈])'이라며 뜻하지 않은 행운이라고까지 한다.

병화의 주요 특징은 오지랖과 더불어 조급함이다. 병화에게 최대의 적은 시간이다. "좋은 충고, 고마워. 알았으니까 생각해볼게"라고 말하고 시간만 보내면 병화는 조바심이 나 견디지 못한다. 만일 또다시 채근하면 그때도 "맞아. 네 말이 다 맞아. 조금만 기다려줘"라고 능치고 또 버틴다. 병화를 힘들게 하는 이 기술을 다름 아닌 오케아노스의 딸들이 갖고 있다.

오케아노스의 딸들은 아버지와는 딴판이다. 처음 만났을 때부터 프로메테우스의 아픔에 적극 공감한다. "누가 그대의 불행에 함께 분개하지 않겠어요? 제우스만 빼고." 누군가와 가장 쉽고 빠르게 같은 편이 되는 법은 그 누군가의 '나쁜 놈'을 함께 욕해주는 것이라는 사실을 오케아노스의 딸들은 본능적으로 알고 있다.

처음엔 오케아노스의 딸들도 그저 프로메테우스의 아픔에 연민을 보였을 뿐 프로메테우스의 아픔을 이해하지는 못했다. 그래서 도저히 끝나지 않을 고통을 무작정 버티기보다 고난에서 벗어날 방법을 찾으라고 충고하기도 한다. 스스로를 위험에 빠뜨리면서 인간들을 도와주는 프로메테우스를 답답해하기도 한다. 그러나 헤르메스가 프로메테우스의 곁을 떠나라고 위협할 때는 단호하게 거부한다. "저희는 이분의 슬픔을 함께 하겠어요. 저희는 배신자를 경멸해요."

프로메테우스와 대화를 시작할 때만 해도 오케아노스의 딸들은 벌들이 이끄는 마차에서 내리지 않았다. 그러나 프로메테우스와 공감대가 커지면서 프로메테우스가 밟고 서 있는 땅으로 내려갔다. 구경꾼의 자리에서 참여자로 돌아서는 동시에, 거칠 것 없는 하늘에서 고난으로 가득한 땅으로 내려서는 행위였다. 오케아노스의 딸들은 헤르메스의 거듭된 경고에도 불구하고 끝까지 프로메테우스를 떠나지 않고 심연으로 떨어질 때까지 그의 곁을 지켰다. 말뿐인 공감이 아닌, 진심 어린 행동으로 보여주는 공감이다.

누구와도 쉽게 친해지는 사교성, 인정에 약한 여린 마음, 그 자신만의 정의감은 물(水), 그중에서도 계수(癸水)의 특징이다. 바다나 큰 강과 같은 임수(壬手)에 비해 계수는 빗물이나 시냇물과 특징을 공유한다. 물은 흐른다. 그러다 막히면 돌아간다. 유연하다. 어떤 상황에서도 적절한 대처법을 찾아낸다. 물은 파인 곳이 있으면 고인다. 물이 고인다는 것은 물이 모인다는 뜻이기도 하다. 모아진 물이 한 방에 쏟아지면 엄청난 힘을 발휘하게 된다. 다만 그때까지 시간이 좀 걸린다. 한순간에 쏟아낼 줄 아는 집중력도 아울러 갖춰야 한다는 단서가 붙는다. 물은 땅으로 스며들기도 한다. 낯선 집단 속에 들어가면 존재감 없이 조용히 있다가 어느 틈에 그들과 자연스레 뒤섞이는 사람들이 계수다.

아버지 오케아노스가 태양인 병화라면, 그의 딸들은 빗물인 계수다. 즉, 비는 오지 않더라도 적어도 태양을 구름이 가려버리는 형국이다(黑雲遮日[흑운차일]). 계수는 느림과 성찰의 기운이기도 하다. 만물을 비춰야 직성이 풀리고 성질 급한 병화로서는 속

터져 죽을 상황이다. 화가 나도 오래가지 않고, 폭발력도 지속적이지 않은 병화는 계수의 시간 끌기에 결국 제풀에 꺾일 가능성이 크다.*

물은 높은 곳에서 낮은 곳으로 흐른다. 외부 조건이 움직임을 결정한다. 그래서 계수는 귀가 얇다. 남의 말에 쉽게 흔들린다. 그래서 계수는 유연한 만큼 의지가 약하기도 하다. 어느 사회에나 잘 스며들 만큼 공감 능력이 좋지만, 오히려 그 때문에 잘 속기도 한다. 프로메테우스가 악한 마음을 먹었다면 오케아노스의 딸들을 나쁜 길로 인도할 수도 있었다.

임수는 물의 특징을 가지지만 계수와는 다르다. 시냇물은 졸졸 흐르지만, 큰 강은 도도하게 흐른다. 어지간한 장애물은 그냥 휩쓸고 지나간다. 사람을 대할 때 조심스러운 계수와 달리 임수는 거침이 없다. 계수는 가랑비가 옷을 적시듯 은근하게 스며들지만, 임수는 강물에 빠지듯 한 방에 흠뻑 적신다. 통 크게 사람을 감동시키는 사교력이다. 시냇물은 흐르지 못하고 고여 있으면 금방 썩지만, 큰 강은 고여 있어도 어지간해서는 썩지 않는다. 오히려 저수지 안에서 새로운 생태계를 창조한다. 임수는 그래서 상상력과 창조력의 원천이 된다. 다만 계수는 투명한 데 비해 깊은 물인 임수는 속이 보이지 않는다. 그래서 계수는 속이 빤히 들여다보이는

---

* 뒤에서 상세하게 다루지만, 계수(癸)로 병화(丙)를 다루는 이유는 수(水)가 화(火)를 극하기 때문이다.

반면, 임수는 '속이 시커먼 사람'이 된다. 속칭, 음흉한 꼼수의 달인이다.

"나는 기어이 듣기를 선택하겠어요."

단지 예쁘다는 이유로 생고생을 하는 이오는 등장하자마자 말한다. "아아, 멀리 떠도는 방황은 나를 어디로 데려가는 걸까?" 이오에게 가장 큰 고통은 집을 떠나 떠돌아다니는 그 자체다. 언제, 어떻게 이 방황을 멈출 수 있는지 가장 궁금하다.

이오   내 방랑의 종말을 말해주세요. 난 얼마나 더 오래
          괴로워해야 하죠?

프로메테우스 모르는 편이 아는 것보다 낫소.

이오   내게 숨기지 마세요.

프로메테우스 공짜로 알려주기 아까워서가 아니라오.

이오   그럼 왜 이렇게 뜸을 들이세요?

프로메테우스 당신이 잔인한 진실과 직면하지 않도록 하려
          하오.

이오   걱정 마세요. 나는 기어이 듣기를 선택하겠어요.

이오가 바라는 대로 프로메테우스는 이오가 가게 될 긴긴 행로

를 오랜 시간을 들여 설명해준다. 우여곡절 끝에 이집트에 가면 인간의 모습으로 되돌아가서 장차 아르고스 왕족의 선조가 되고, 후손 중 하나인 헤라클레스가 프로메테우스 자신을 사슬에서 해방시켜주리라는 사실까지 모두 털어놓는다. 이오는 인내심을 갖고 프로메테우스의 말을 끝까지 듣는다. 그러나 프로메테우스의 말에서 전혀 위로를 받지 못한다. "날마다 고통받으며 평생을 사느니 단번에 죽어버리는 편이 낫다"라고 푸념한다. 프로메테우스가 해준 금과옥조와 같은 말들은 쇠파리의 공격 속에 뒤죽박죽되어 이오에게 희망도, 영감도, 변화도 주지 못한다. 이오는 프로메테우스에게 올 때와 마찬가지로 고통에 몸부림치며 떠나간다.

상대의 만류를 뿌리치고 기어이 자신이 하고 싶은 대로 하는 고집, 귀가 열려 있어 남의 말을 경청하지만 해법은 애당초 자신이 미리 생각해둔 정답에서 한 치도 움직이지 않는 융통성 없음, 이오의 이런 성격은 토(土)의 특징을 반영한다. 토에는 광대하지만 거친 황무지와 같은 무토(戊土)와 잘 가꿔진 비옥한 농토나 화분 속 흙과 같은 기토(己土)가 있다.

황무지는 사람이 터를 잡고 살아가는 땅이 아니다. 지나가는 길이다. 먼지 날리는 중앙아시아의 실크로드, 대상 행렬이 터벅터벅 걸어가는 사막이 떠오르는 느낌이다. 온갖 사람들이 오가는데 누군 좋다 누군 나쁘다 하지 않고 모두 받아들인다. 먹을 수 있는 곡식이 아니더라도 풀 한 포기도 넙죽 끌어안는다. 그래서 품이 넓다. 포용력이 좋다고도 한다. 누구의 말에도 귀를 기울여줄 수 있는 여유도 있다. 하지만 황무지에서는 아무나 살아갈 수 없다. 야생에 최적화된 삶의 방식이 있다. 제아무리 문명이라는 이름으로 설득해도 삶의 방식을 바꾸지 않는다. 정답을 미리 정해놓은 인생이고, 못 말리는 고집의 근원이다.

수많은 사람들이 왔다 가지만 황무지는 늘 그 자리를 지킨다. 오가는 사람은 변하나 땅은 변하지 않는다. 오가는 사람은 손님이요, 땅이 주인이다. 황무지인 무토는 그래서 자신이 세상의 주인이고 중심이라는 자부심이 있다. 이 자부심이 자존심을 높인다.

반면 기토는 좁지만 잘 가꿔진 땅이다. 무엇을 심어도 잘 자라지만, 기름진 땅이기에 먹을 수 있고 맛있는 작물을 골라서 키워야 한다. 그 작물을 키우자면 그 땅에 눌러앉아 살아야 한다. 떠돌이의 땅이 아니다. 거친 삶 대신 안정된 풍요를 누리는 땅이다. 곳간에서 인심이 나는 법이어서, 기토는 푸근하고 안정감 있고, 남들을 잘 배려한다. 기토는 작물을 키우는 땅이다. 뭔가를 키우는 마음, 곧 모성애다.

기토가 기토답기 위해서는 여러 가지 조건이 붙어야 한다. 땅에 아무렇게나 나락을 던져놓는다고 벼가 자라지 않는다. 햇빛도 봐야 하고, 비료도 줘야 하지만, 무엇보다 물이 충분해야 한다(濕潤玉土[습윤옥토]). 기토는 조건이 갖춰지지 않은 황무지로 나아가길 극도로 꺼린다. 안락함을 포기해야 하는 탓이다. 그러다 보면 좁은 농토가 세상의 전부인 줄 알게 되기도 한다. 그래서 모험을 꺼린다. 꿈을 찾아 떠나기보다는 현실에 안주한다.

이오는 원래 아르고스 땅에 있는 강의 신 이나코스의 딸이었다. 강가의 비옥한 땅에서 살던 이오는 암소로 변해 방방곡곡을 헤매고 있다. 기토로 태어난 이오가 무토의 삶을 살고 있는 셈이다. 이오가 고통을 끝내려면 기토의 삶으로 돌아가야 한다. 기토의 삶으로 돌아간다는 건 단지 고향으로 돌아갈 뿐만 아니라 인간으로 돌아간다는 뜻이기도 하다. 본모습을 되찾아 자기 자신에게 돌아가는 일이 고통을 끝내기 위한 선결 조건이다. 자신이 누구인지 알고, 자신의 본모습대로 사는 일이 운명 개척의 출발점이다. 비록 이오는 알아듣지 못했지만, 프로메테우스는 제우스의 운명을 말하면서 운명 개척의 비밀을 말해줬다.

이오　　　　대체 누가 제우스의 권력을 빼앗게 되죠?
프로메테우스　　그 자신의 어리석은 생각이라오.

제우스는 '아버지보다 더 강한 아들'을 낳을 여인과 동침했다가 그 아들에게 쫓겨날 운명이다. 그래서 제우스는 문제의 그 여인이 누구인지 알아내려고 프로메테우스를 고문하고 있는 중이다. 그런데 제우스를 권좌에서 밀어내는 존재는 과연 '더 강한 아들'일까? 혹은 더 강한 아들을 낳게 해줄 여인일까? 그 여인만 피하면 권력은 영원할까?

제우스를 몰락하게 만드는 힘은 예쁜 여자만 보면 바지부터 내리고 보는 난봉꾼 기질이다. 제우스에게 주어진 운명은, 난봉질이

나 하고 다니면 그 권력이 오래 못 간다는 경고다. 운명 개척의 핵심은 제우스가 생각을 고쳐먹는 것이다. 제우스는 난봉질도 계속하고 싶고, 권력도 지키고 싶으니 프로메테우스를 괴롭힌다. 권력의 무리수다. 운명의 경고를 무시한 무리수는, 비단 여인과의 동침이 아니더라도 또 다른 방식으로 운명을 실현시킨다.

이 작품 속에서는 아니지만 프로메테우스는 나중에 동침해서는 안 될 상대가 테티스 여신이라고 제우스에게 말해준다. 하지만 그때 이미 제우스는 아무 여인이나 건드리는 폭군이 아니었다. 폭력과 응징을 앞세우는 어설픈 독재자가 아니라 포용과 화해를 할 줄 아는 노련하고 성숙한 권력자가 돼 있었다. 엄밀히 말하면, 프로메테우스가 오랜 시간 지켜왔던 비밀은 제우스에겐 이미 필요 없는 정보가 되었다. 제우스는 아들 헤라클레스로 하여금 프로메테우스를 풀어주도록 했다. 인간을 대하는 태도는 달랐지만, 프로메테우스 역시 제우스 자신의 세상 일부임을 인정하고 받아들였기 때문이다.

운명은 신이 던지는 질문이라고 했던가. 운명에 어떻게 응답할지는 각자의 몫이다. 이오는 길었던 프로메테우스의 안내를 듣는 둥 마는 둥 하고 떠나는 것으로 자기 방식의 대답을 내놓았다. 언제가 될지 모르는 기토로 돌아갈 날을 기다리느니 그냥 무토의 삶을 살겠노라고. 그 역시 나쁘지 않은 대답인 듯하다. 운명의 실현을 하염없이 기다리느니 그 자신이 운명의 주인공으로 살기를 선택했기 때문이다.

"재갈을 입에 물고 고삐에 맞서지 마시오."

제우스가 누군가와의 합방으로 파멸하리라는 얘기를 듣고 헤르메스가 나타난다. 헤르메스는 다짜고짜 문제의 동침 상대가 누구냐고 다그친다. "제우스가 그대에게 명령하시기를, 그놈의 결혼이 어떤 것인지 아뢰라 하셨소." 프로메테우스는 대답은커녕 헤르메스를 말상대로 받아들이기조차 거부한다. "입놀림은 근엄하고 말누는 잘난 척으로 가득하니, 과연 신의 하인답구나."

헤르메스	바로 그 거만함이 당신의 죄였죠. 자존심 내세우다가는 처벌만 가중됩니다.
프로메테우스	내 처벌 강도가 10배로 강해지더라도 자네의 종살이와 바꾸지는 않겠네.
헤르메스	바위에 종살이하느니 신의 뜻을 전하는 쪽이 낫지 않을까요?
프로메테우스	무례함은 무례함으로 되갚아주리라.
헤르메스	더 큰 불행을 자초하는 걸 보니, 현재의 불행이 기쁜가 봐요?
프로메테우스	자초했다고? 기뻐한다고? 네놈을 필두로 내 적들이나 이 사슬에 묶이길.
헤르메스	당신의 성격은 도무지 멀쩡히 잘 사는 인생을 감당할 줄 모르는군.

프로메테우스	세상에나, 한 방 먹었군.
헤르메스	세상에나? 제우스는 그런 말은 몰라요.
프로메테우스	알게 될 거야. 시간은 많은 걸 가르쳐주거든.
헤르메스	그 시간이 하필 당신에게는 아무것도 안 가르쳐 준 모양입니다.
프로메테우스	못 배웠지. 배웠으면 네놈 따위와 말장난하고 있겠나?

헤르메스가 프로메테우스에게 하는 말투는 강요와 협박, 비아냥거림으로 일관한다. 그런데 그 내용은 철저히 '약자로서 세상을 살아가는 법'으로 채워져 있다. "그대는 갓 멍에를 멘 망아지처럼 재갈을 입에 물고 고삐에 맞서 싸우고 있소. 지혜가 따르지 않는 고집은 허약하기 짝이 없는 법이오." 등장하지 않는 제우스 앞에서는 철저히 약자로 몸을 사리면서, 프로메테우스 앞에서는 제우스의 권위를 배경으로 철저히 군림하려 드는 이중적인 모습을 헤르메스가 보여준다.

헤르메스는 제우스의 아들이지만 아버지 얼굴을 제대로 한 번 보기 힘들 정도로 서열이 낮았다. 하지만 형 아폴론의 소떼를 훔쳐 도발한 뒤 올림포스에서 재판을 열어 아버지 제우스의 인정을 받아 전령신의 지위에 올랐다. 피해자였던 형 아폴론에게는 리라를 선물해 오히려 자신의 후원자로 만들어버렸다. 아폴론을 디딤돌 삼아 자신의 신분 상승을 이루어낸 헤르메스는 전형적인 을목의 특징을 보인다. 자기 스스로는 똑바로 설 만큼의 힘도 없어 비실거리지만, 갑목을 만나면 휘감고 올라가는 생존 기술의 달인이다.

어릴 적 소떼를 훔치던 헤르메스의 성격대로였다면 프로메테우스에게 맞장구를 쳐주며 어떻게든 문제의 동침 상대가 누구인지 알아냈을지 모른다. 을목은 수단과 방법을 가리지 않고 목표를 이뤄내는 실속파이기 때문이다. 하지만 헤르메스는 을목답지 않게 뻣뻣하게 굴었다. 헤르메스는 어느 순간부터 더 이상 자유롭고 재기발랄한 을목이 아니었기 때문이다.

그리스 신화에서 헤르메스는 대개 제우스의 대리인으로 등장한다. 을목으로서 재주를 발휘해 신분 상승을 이룬 결과다. 갑목을 휘감아 올라간 덕분이다. 갑목이 없었다면, 그저 그런 을목과 어우러져 있었다면, 을목 헤르메스는 발에 밟혀 신음하는 잡초 신세를 면치 못했을 것이다(伏吟雜草[복음잡초]). 하지만 일단 높은 자리에 올라선 을목은 자기 혼자 잘나서 높이 오른 줄로 안다. 을목 주제에 갑목처럼 행동한다. 그 자신의 생존 기술을 스스로 버리는 셈이다. 결국 남는 건 추락밖에 없다. 〈결박된 프로메테우스〉는 제우스의 분노를 산 프로메테우스가 심연 속으로 추락하는 장면으로 끝난다. 하지만 헤르메스야말로 추락이 임박했을지도 모른다. 그 자신도 어느덧 '재갈을 입에 물고 고삐에 맞서는' 성격의 소유자로 변하고 있기 때문이다.

제우스도 변했고, 헤르메스도 변했다. 제우스는 주어진 운명이 요구하는 방향으로 변신했다. 난봉질을 일삼던 폭군으로 조기 퇴출될 수도 있었지만, 성숙한 군주로 거듭나는 법을 배웠다. 반면에 헤르메스는 자신이 개척한 운명의 덫에 빠졌다. 자신의 재주로 신분 상승을 이루었지만, 높아진 신분을 누리다 본모습을 잃었다. 변화의 방향은 좋을 수도 있고, 나쁠 수도 있다. 중요한 점은, 변신은 가능하고, 그 변신을 스스로 만들어낼 수 있다는 사실이다. 운명은 미리 결정되지 않는다. 각자가 만들어낸다.

명리요결

음양(陰陽)

양(陽)	볕	낮	봄 여름	하늘	움직임	확장	木, 火
음(陰)	그늘	밤	가을 겨울	땅	멈춤	수축	金, 水

오행(五行)

목(木)	봄	따뜻함	새싹	성장	甲乙	寅卯
화(火)	여름	뜨거움	무성한 가지	팽창	丙丁	巳午
토(土)	환절기	적당함	멈춤	변화	戊己	辰戌 丑未
금(金)	가을	서늘함	열매	수확	庚辛	申酉
수(水)	겨울	추움	씨앗	휴식	壬癸	亥子

천간(天干)

갑(甲)	陽木 (양목)	큰 나무	땅을 뚫고 나온다	용기 (객기)	추진력	인정 욕구
을(乙)	陰木 (음목)	넝쿨, 가지	갑목을 타고 오른다	현실 적응	유연함	실속파
병(丙)	陽火 (양화)	태양	온 세상을 비춘다	명랑, 쾌활	화끈함	권력 지향

정(丁)	陰火 (음화)	등불	가까운 곳을 비춘다	온화함	배려심	소심함
무(戊)	陽土 (양토)	황량한 땅	거주지 아닌 교통로	신뢰, 중재	포용력	끈기
기(己)	陰土 (음토)	비옥한 땅	좁은 영역만 챙긴다	가정적	안정감	개인주의
경(庚)	陽金 (양금)	도끼, 바위	갑목을 베어낸다	원칙 주의	결단력	잔소리꾼
신(辛)	陰金 (음금)	칼, 보석	티끌도 용납하지 않는 보석	섬세, 예민	논리력	복수심
임(壬)	陽水 (양수)	바다, 큰 강	유유히 흐르는 강물	상상, 통찰	기획력	음흉
계(癸)	陰水 (음수)	빗물, 개천	땅속에 스며드는 빗물	공감, 사교	설득력	변덕

2

[오행의 상생상극]

신이 보낸 악은
피할 방법이 없다?

〈테바이를 공격한 일곱 장수〉

두 번째 이야기의 주인공은 오이디푸스의 아들, 에테오클레스
다. 〈테바이*를 공격한 일곱 장수〉는 오이디푸스의 아버지로부터
시작된 저주가 아들까지 이어져 가문이 풍비박산하는 이야기다.
대를 이어 내려오는 저주의 실체가 무엇인지, 형제 관계의 본질은
무엇인지, 운명을 마주하는 인간의 자세는 무엇인지 근본적인 질
문을 던지는 작품이다. 운명의 장난에 놀아날 운명이지만 너무나
따뜻하고 유능한 지도자인 오이디푸스에 비해, 역시 책임감 강한
지도자이지만 어딘가 모자란 구석이 있는 에테오클레스는 오히려
인간적이라는 느낌도 든다.

　자신이 바로 아버지 살해범이라는 사실을 알고 스스로 눈을 찌
른 오이디푸스는 조국을 등졌다. 딸들은 눈을 잃은 아버지의 길잡
이를 자청하며 따라나섰지만, 아들들은 아버지가 비운 왕좌에만
관심이 있었다. 오이디푸스는 아들들에게 저주를 내렸다. 두 아들

---

* 　고대 그리스 중부에 자리 잡고 있던 도시국가. 아테네의 전성기에 경쟁 상대였고, 한
　때 그리스 패권을 잡기도 했으나 지금은 자그마한 산골 마을이다. 일반적으로는 테베
　라는 이름이 더 익숙하다.

은 서로 싸우지 말자며 1년씩 교대로 나라를 통치하기로 약속했다. 에테오클레스가 먼저 권력을 잡았는데, 1년 후 약속을 깨고 왕좌를 내주지 않았다. 오히려 동생 폴리네이케스를 추방했다. 폴리네이케스는 처갓집인 아르고스로 가서 군대를 빌려 조국 테바이로 쳐들어온다.

〈테바이를 공격한 일곱 장수〉는 폴리네이케스가 끌고 온 아르고스 군대의 포위 공격이 임박한 시점에서 극이 시작한다. 에테오클레스는 통치자로서의 무거운 짐을 기꺼이 감당하고 전투 대비 태세를 지시한다. 결전의 준비에 여념이 없을 때 극도의 불안에 빠진 한 무리의 여자들이 몰려들어 신들에게 구원을 빈다. 에테오클레스는 여인들을 질책한다. 국가를 구하는 것은 성책(城柵)이지 신들이 아니고, 설령 신들에게 승리를 기원하더라도 남자들이 할 일이라고 훈계한다. 여러 이유를 댔지만, 핵심은 여자들이 울고불고하면 병사들의 사기가 떨어질까 봐 하는 말이었다.

이때 정찰병이 돌아와 아르고스가 테바이를 둘러싼 일곱 개 성문에 어떤 장수를 배치했는지를 상세하게 보고한다. 에테오클레스는 누구에게 수비를 맡길지 상대에 따라 맞춤형으로 결정한다. 에테오클레스는 정탐 보고를 받기 전에 일곱 번째 성문 수비는 자신이 직접 맡겠다고 선언했는데, 마침 아르고스가 배치한 일곱 번째 성문의 공격 장수는 자신의 형제인 폴리네이케스였다. 자신이 다른 성문을 맡는 쪽으로 계획을 바꿀 수도 있었지만, 에테오클레스는 형제끼리의 맞대결을 피할 수 없는 운명으로 받아들인다. 전투 결과, 테바이는 아르고스를 물리쳤다. 그러나 에테오클레스와 폴리네이케스 형제는 둘 다 죽고 만다.

한 가지 고백하자면, 줄거리가 이토록 흥미진진함에도 불구하고 〈테바이를 공격한 일곱 장수〉라는 비극 작품 자체는 보기에 따라 지루할 수도 있다. 현대에 영화로 만들어졌다면 테바이와 아르고스의 전투 장면이 최고 볼거리였겠지만, 2,500년 전 변변한 무대장치도 없이 공연하던 비극은 전투 장면을 생략하고 결과만 전한다. 〈테바이를 공격한 일곱 장수〉는 아이스킬로스의 작품이다. 아이스킬로스는 고대 그리스의 3대 비극 작가[*]로 함께 손꼽히는 소포클레스나 에우리피데스보다 앞선 시대의 사람으로, 음유시인이 이야기를 읊어주던 서사시의 형식을 비극에 많이 담았다. 그래서 아이스킬로스의 작품에서는 등장인물의 대화로 이야기가 전개되기보다는 누군가가 사건을 전달하는 방식을 취한다. 등장인물도 최소화[**]하기 때문에 주인공의 가장 중요한 갈등 상대인 폴리네이케스는 무대에 아예 나타나지 않는다. 울고불고하는 합창단을 제외하면, 대사의 대부분은 에테오클레스의 몫이다. 그 덕분에 에테오클레스의 성격은 비교적 소상하게 알 수 있다.

---

[*] 서기전 480년 아테네가 지중해의 패권을 잡게 된 살라미스 해전 당시, 아이스킬로스는 병사로 직접 참전했고(40세 안팎으로 추정), 소포클레스는 승전 축제 때 합창단이었는데(15세 안팎으로 추정), 에우리피데스는 그때 태어났다고 한다.

[**] 그리스 비극에서 합창단을 제외하면 배우는 두 명(아이스킬로스) 또는 세 명(소포클레스, 에우리피데스)이었다. 극중 등장인물은 이보다 많을 수 있는데, 한 명의 배우가 여러 역할을 소화하기 때문이다.

자기희생은 자기과시의 뒷면

〈테바이를 공격한 일곱 장수〉는 승리를 다짐하며 전투태세를 지시하는 에테오클레스의 독백(극중 설정으로는 시민들에게 하는 연설)으로 시작한다. 에테오클레스는 가장 먼저 자신이 할 일을 말한다. 자신을 "국가라는 배를 모는 키잡이"라고 칭하며 "잠이 와도 눈을 부릅뜨고" 있어야 한다고 말한다. 몸을 돌보지 않는 헌신이고 봉사다. 하지만 국가의 지도자는 무작정 열심히 하는 게 전부가 아니다. "말을 할 때면 그때 꼭 필요한 말을 해야 한다." 필요할 때 필요한 말을 하기란 생각처럼 쉽지 않다. 상황에 적절한 말을 찾아낼 만큼 유능해야 하고, 자기 말이 틀렸을 경우 뒷감당을 할 만한 용기도 있어야 한다. 에테오클레스는 혹시라도 일을 그르칠 경우 책임을 피하지 않을 각오가 돼 있다. "일이 잘되면 신의 가호 덕분이라고 하겠지만, 불상사가 생긴다면 모두 이 에테오클레스 때문이라고 원성을 사겠지요."

국가에 헌신하는 에테오클레스의 책임감은 자신을 태워 세상을 밝게 하는 태양을 닮았다. 병화(丙火)다. 태양이 대가를 받고 세상을 밝게 비추지 않듯, 병화는 남을 위해 희생하고 봉사하는 데 익숙하다. 가끔 남들이 필요 없다는데도 억지로 챙겨주겠다고 나서기도 한다. 태양은 세상을 밝게 하면서 누구의 허락을 받은 적이 없다. 병화는 그래서 다른 사람을 무시하는 안하무인의 태도를 보이기도 한다. 세상 어디에서나 태양을 볼 수 있다. 태양은 스스로를 숨기지 않고 드러내기 때문이다. 병화 역시 어디 가나 눈에 띄는 사람이다. 눈에 안 띄면 스스로 띄려고 안간힘을 쓴다. 자기 과시다. 병화는 권력을 지향하는 경우가 많다.

단호하지만 차분하게 전투를 준비하던 에테오클레스 앞에 도시의 수호신에게 무릎 꿇고 비는 한 무리의 여인들이 나타난다. 성 밖 적군이 일으키는 먼지와 말발굽 소리에 이미 겁에 질렸고, 혹시 전투에 패했을 경우 사슬늘을 기다리는 처참한 운명이 무서워 떨고 있다. 에테오클레스는 이들에게 "역겹다"고 말한다. "그대들은 겁에 질려 이리저리 뛰어다님으로써 시민들에게 두려움을 퍼뜨리고 병사들의 사기를 떨어뜨리고 있소."

'패닉'이라는 말은 호색한인 판(Pan)이 나타났을 때 요정들이 꺅 소리를 지르며 혼비백산하는 모습에서 유래한다. 극장에서 자그마한 불이 났다면, 재빨리 끄면 그만이다. 하지만 누군가 "불이야" 외치고 출구를 향해서 뛰기 시작하면 모두가 함께 뛰어가게 되고, 불에 타서 죽는 게 아니라 발에 밟혀 죽는 결과를 일으키고 만다. 문제는 심리다. 그래서 에테오클레스는 거듭 당부한다. "시민들을 겁쟁이로 만들지 마시오."

여인들	틀림없이 말 울음소리가 들리는 것 같아요.
에테오클레스	들리더라도 너무 티 내지 마시오.
여인들	땅바닥이 울리고, 성벽이 흔들려요.
에테오클레스	성벽 수비는 내가 알아서 할 테니, 당신들은 좀

	조용히 하시오.
여인들	불안해요. 성문에서 무기들이 부딪치는 소리가 점점 커지고 있어요.
에테오클레스	당신들이 더 시끄럽소. 입 닥치시오.
여인들	오, 신이시여, 우리를 구하소서.
에테오클레스	이런 옛 같은! 그놈의 입은 도무지 멈추질 않는구나.

에테오클레스는 병사들이 겁에 질리지 않도록 여인들을 질책하면서, 정작 여인들이 겁에 질리지 않도록 하는 노력은 전혀 기울이지 않는다. 전투를 앞두고 병사들이 느낄 불안에는 공감하지만, 여인들의 공포에는 공감하지 못하기 때문이다. 병사들의 사기를 떨어뜨려서는 안 된다는 원칙을 앞세워 여인들에게는 잔소리만 늘어놓는 에테오클레스의 마음은 경금(庚金)을 닮았다. 바위와 같은 단호함에 바늘 하나 들어갈 빈틈도 없다.

경금은 가을의 기운이다. 열매를 맺는 힘이다. 열매를 맺으려면 주변을 다그쳐야 한다. 잔소리꾼이 될 수밖에 없다. 잔소리는 원래 뭔가를 하라는 말보다 하지 말라는 말이 많다. 하는 말마다 금지의 연속이다. 그 근거는 원칙이고 대의다. 국가라는 대의를 위해서 상대의 기분 따위는 가볍게 무시한다. 목표 달성의 장애물일 뿐이기 때문이다.

열매를 크게 맺으려면 나무가 자랄 때 가지를 쳐줘야 한다. 그래서 경금은 엄격한 구분을 한다. 이 가지는 계속 키워서 열매를 맺을 가지, 이 가지는 볼품없으니 잘라낼 가지, 하는 식으로. 경금은 사람을 나눈다. 착한 사람과 나쁜 사람, 높은 사람과 낮은 사람, 우리 편과 적. 그래서 명분, 대의, 원칙을 따지기 좋아하는 사람들이 있는 곳에서는 늘 분쟁이 끊이지 않는다. 원리주의 종파가 극악한 테러의 배후가 되는 것도 같은 이유다.

에테오클레스는 시민과 여인을 삼ㅤ다. 병사들은 전투에 나가야 하니까 잘 살펴야 할 존재, 여인들은 병사들의 사기나 떨어뜨리는 잘라내야 할 존재로. "여인이 지배하면 그 교만은 참을 수 없고, 여인이 겁을 먹으면 더 큰 재앙이 된다", "바깥일은 남자들 소관이니 여자들은 끼어들지 마시오", "오, 제우스이시여, 어쩌자고 여자라는 종족을 만드셨나이까?"

에테오클레스에게 사람은 딱 두 종류다. 자신보다 높은 사람과 낮은 사람. 그리고 낮은 사람의 최대 미덕은 복종이다. "누군가 내 명령에 복종하지 않으면, 그가 남자든 여자든 또는 그 중간에 해당하든, 그에게는 사형이 선고될 것이다." 경금은 수직적인 질서에 어울리는 사람이다. 자유와 민주주의를 대원칙으로 내세우면서 정작 엄격한 위계질서로 운영되는 조직의 이중성에 자주 놀라지만, 실은 경금의 삶의 방식이 그렇게 생겨먹었다. "복종은 성공의 어머니이자, 승리의 약속이다."

에테오클레스는 근본적으로 지레 놀라 호들갑 떠는 여인들을 이해할 수 없다. 당장 전투가 임박했는데 울고불고 신들에게 구원을 청한들 무슨 소용인가. 어차피 싸움은 인간의 몫이다. 나라를 지키는 일은 인간의 영역이지 신의 영역이 아니다.

| 여인들 | 겁에 질린 저희는 우리 도시를 지켜달라고 신들에게 기도할 수밖에 없었어요. |
| 에테오클레스 | 훈련된 병사들이 지키는 우리 성탑이 적의 창을 막게 해달라고 기도해야지. 어차피 도시가 무너지면, 신들은 승자에게 옮겨간다고 하잖소. |

신에 의지하기보다는 스스로 역경을 헤쳐나가려는 에테오클레스의 모습은 얼어붙은 땅을 뚫고 나오는 봄의 새싹을 닮았다. 갑목(甲木)이다. 차라리 땅속에서 지쳐 쓰러지는 한이 있더라도 우회해서 피하고 돌아갈 줄도 모른다. 그래서 꺾이고 부러지기 일쑤지만, 그래도 혼자 서려고 안간힘을 쓴다. 독립, 자립의 의지다. 세상에는 공짜가 없는 법이어서, 사실 누군가에게 도움을 받으면 도움을 준 그 누군가의 입김이 내 결정에 작용하기 마련이다. 갑목은 그런 간섭을 싫어한다. 남들에게 의존하기 싫어하는 자존심은 그 결과다.

이 자존심은 곧잘 승부욕으로 발동되기도 한다. 나무가 하늘 높이 쭉쭉 뻗은 숲속에 들어가면 낮에도 늘 그늘이 져 있다. 숲속의 나무는 늦게 자라면 옆의 나무에 가려 햇볕을 받지 못하게 될 숙명을 안고 태어난다. 어떻게든 더 높이 올라가야 살아남을 수 있다. 갑목은 그래서 곧잘 선두에 서는 역할을 떠안는다. 싸움이 일어나면 절대 물러서지 않는다. 에테오클레스는 원래 1년씩 번갈아 왕좌를 차지하기로 한 약속을 어기고 동생 폴리네이케스를 쫓아냈다. 햇볕을 빼앗기지 않으려는 갑목의 승부욕이 발동한 결과다.

겉으로는 에테오클레스도 신들에게 기도한다. 도입부에서 전투 태세를 지시할 때도 신의 가호를 먼저 빌고 병사들에게 구체적인 대응 지침을 내린다. 마음으로는 신에게 의지하지 않지만 관습으로서 종교라는 하나의 원칙을 인정한 결과다. 신에게 의지하지 않는 자립심은 갑목이고 종교라는 원칙에 따르는 행동은 경금이다. 경금은 갑목이라는 나무가 잘 자라도록 잔가지를 쳐주는 도끼이거나, 또는 갑목이라는 나무를 세상에 쓰이는 재목으로 만드는 도끼인 셈이다. 법이라는 세상의 원칙(庚金)이 욕심 많은 인간의 무한 경쟁(甲木)을 막는 셈이다.

그런가 하면 경금이 병화를 만나면 더욱 예리해진다. 하늘 높이 치켜든 도끼날이 햇볕을 받아 반짝이는 모습, 생각만 해도 살기가 등등하다. 쇠는 원래가 열기를 통해 제련되는 법이다. 경금의 원칙주의가 병화의 헌신성을 만나면 극단적인 원리주의로 변모한다. 국가의 안위를 내세워 개인의 감정을 무시하는 에테오클레스가 딱 그 모양이다.

차라리 병화(丙) 대신 정화(丁)가 있었더라면 어땠을까. 갑목(甲)이라는 나무를 경금(庚)이라는 도끼로 잘라 정화라는 모닥불을 피우는 모양새가 된다(劈甲引丁[벽갑인정]). 서로가 서로에게 딱 맞는 쓰임새가 된다. 이런 경우 대개 똑똑하고 일 잘해서 출세하는 팔자라고 한다. 사주팔자의 글자 하나가 달라지면 성격도 판이하게 달라진다.

사주는 팔자(八字)라는 이름처럼 여덟 글자로 구성돼 있다. 여덟 개의 자리에 다섯 개의 기운이 배치되려니 오행이 골고루 배치되기란 불가능하다. 뭔가가 많으면 다른 뭔가는 적기 마련이다. 어떤 오행은 너무 많이 나타나기도 하고, 어떤 오행은 아예 없는 경우도 허다하다. 김영삼 전 대통령의 사주에는 토(土)가 무려 여섯 개였던 반면에 화(火), 수(水), 금(金)은 아예 없었다.* 많으면 많은 대로, 적으면 적은 대로, 없으면 없는 대로, 오행들이 때로는 서로를 더욱 강화하고, 때로는 무력화시키는 상호작용을 벌이며 사람의 성격을 결정한다. 그리고 그 성격이 운명을 만들어간다.

상생상극을 이용한 병력 배치

"끙끙대고 비명을 질러대봤자 병사들의 전투 의지만 꺾지 신의 뜻을 바꾸진 않는다"며 "병사들 힘 빠지게 울고 짜지 말고 승리의 환호성을 질러달라"는 말로 에테오클레스는 여인들을 향한 긴

---

* 명리학을 공부하다 보면 유명인들의 사주를 접하게 되는데, 전적으로 믿을 만한 자료는 못 된다. 예전에는 태어난 시간을 정확하게 기록하지도 않았을 뿐더러 생일조차 부정확한 경우가 많기 때문이다.

잔소리를 끝낸다. 그리고 여섯 개의 성문을 지킬 장수를 배치하고 자신은 일곱 번째 성문을 직접 맡겠다고 선언한다. 자신이 직접 전투를 책임지는 모습을 보여 더 이상의 불안 확산을 막겠다는 선언이었다.

아르고스는 일곱 개의 성문을 공격할 장수를 제비뽑기로 결정했다. 현대를 사는 우리가 보기엔 아무 생각 없이 마구잡이로 지정한 듯 보이지만, 고대 그리스에서 제비뽑기란 신의 뜻대로 결정한다는 뜻이었다. 고대 아테네 민주주의는 최고위 공직자도 제비뽑기로 결정했다. 하지만 국가를 지키는 일은 신이 아니라 인간의 몫이라고 생각한 에테오클레스의 방법은 달랐다.

첫 번째 성문을 공격하는 아르고스의 장수(티데우스)는 달이 빛나는 가운데 별들이 불타는 하늘이 그려진 방패를 들고 있었다. 에테오클레스는 상대가 방패에 그려 넣은 밤이 그 자신의 미래가 될 것이라며 땅에서 태어난 테바이 토박이** 멜라니포스를 맞수로 내보냈다. 밤과 달은 수(水)***의 기운이다. 땅의 자식은 당연히 토(土)의 기운이다. 댐을 떠올리면 알 수 있듯, 흙은 물의 흐름을 막는다. 흙은 물을 가둔다. 명리학 용어로 말하면 토는 수를 극(克)한

** 테바이의 건설자 카드모스가 용을 죽이고 그 이빨을 땅에 뿌리자 완전무장한 병사들이 솟아올랐다. 훗날 카드모스의 후손들이 왕족, 스파르토이(뿌려진 자들)라고 불린 이들의 후손들이 테바이의 귀족이 되었다. 사람이 '땅에서 솟았다'의 신화적 의미는, 카드모스가 이주하기 전부터 살던 토착민이라는 의미일 것이다.

*** 나무, 불, 흙, 쇠, 물로 표상되는 오행은 사계절로 치면 봄, 여름, 환절기, 가을, 겨울이고, 하루로 치면 새벽, 한낮, 오후, 해질녘, 한밤중이다.

다. 우리가 흔히 쓰는 표현으로는 물은 흙과 상극이다. 비록 방패에 드러난 상징이지만, 에테오클레스는 물을 앞세워 쳐들어오는 아르고스 장수를 흙으로 제압하는 셈이다. 유연한 수(水)의 잔꾀가 우직한 토(土)의 진심을 이기지 못하는 법이다.

두 번째 성문을 공격하는 아르고스 장수(카파네우스)는 "도시를 불사르겠다"고 새겨진 방패를 들고 횃불을 휘두르고 있었다. 에테오클레스는 그 맞수로 굼떠 보이지만 아르테미스의 보호를 받는 폴리폰토스를 골랐다. 아르테미스는 달의 여신이자 처녀 신이다. 달도, 처녀도 음기 가득한 수(水)에 해당한다. 불의 공격에 물로 대응하는 전략이다. 굳이 명리학을 들먹거릴 일도 없이, 물을 부으면 불은 꺼진다. 불과 물은 상극이다. 물이 불을 극한다. 물이란 외부에서 자극이 없다면 가만히 있기 때문에 굼떠 보이기도 한다. 하지만 조급한 화(火)의 성정은 차분한 수(水)를 이기지 못한다.

세 번째 성문을 공격하는 아르고스 장수(에테오클로스)는 말들을 앞세워 위협하고 있다. 에테오클레스는 여기에 "말 울음소리에 놀라 성문에서 물러서는 일은 결단코 없을" 토박이 출신 메가레우스*를 내보냈다. 몽골 초원에서 유럽에 이르는 대제국 건설의 수단이 된 말은 역동적인 확장의 상징이다. 오행으로 치면 불(火)이다.**

---

* 소포클레스의 〈안티고네〉에서 악역으로 등장하는 크레온의 아들이다.
** 말띠가 오화(午)에 해당한다.

그럼 그 맞수로 물(水)이 될 법한데, 에테오클레스는 이번에는 토(土)를 내세웠다. 불이 탄 자리에 남은 재가 곧 흙이다. 초원에 불길이 일어봤자 땅을 더 기름지게 해줄 뿐이다. 불은 흙(땅)을 해치지 못하고 오히려 강화시킨다. 명리학 용어로는 화(火)가 토(土)를 생(生)한다고 말한다. 불이 타고 나면 땅은 더 기름지게 되지만, 불은 힘이 빠져 꺼지고 만다. 화가 아무리 열을 내고 흥분해봤자 토가 중심을 잡고 눈 하나 깜짝하지 않으면 화는 제풀에 꺾이고 만다. 상생 관계를 통한 에테오클레스의 힘 빼기 전략이다.

네 번째 성문을 공격하는 아르고스 장수(히포메돈)는 방패에 티폰과 뱀을 그려 넣었다. 에테오클레스는 그 맞수로 방패에 제우스 문장을 새긴 히페르비오스를 선택했다. 태풍(typhoon)의 어원이기도 한 티폰은 대지의 여신 가이아와 땅속 깊은 곳의 타르타로스 사이에 나온 괴물이다. 대지에서 태어난 토(土)의 힘이다. 티폰과 싸우다 제우스는 힘줄이 끊어지는 심각한 부상을 입기도 했다. 헤르메스의 도움으로 힘줄을 다시 이어 붙인 후에 제우스는 기어이 티폰을 물리쳤다. 봄의 새싹처럼 최악의 상황에서도 포기하지 않고 되살아나는 생명력, 목(木)의 힘으로 제우스는 끝내 이길 수 있었다. 새싹은 땅을 뚫고 나오고, 나무는 땅을 뚫고 뿌리를 내린다. 목은 토를 극한다. 토의 버티기는 목의 도전 앞에 결국 무너질 수밖에 없다.

봄 다음에 여름이 오고, 여름 다음에 가을, 가을 다음에 겨울, 겨울 다음에 다시 봄이 오듯, 목은 불을 낳고(木生火), 불은 토를 낳고(火生土), 토는 금을 낳고(土生金), 금은 물을 낳고(金生水), 물은 다시 목(水生木)을 낳는다. 나무가 타 불이 되고, 불이 탄 재가 흙이 되고, 흙이 굳어 돌이 되고, 돌 틈에서 샘물이 나오고, 물을 먹고 나무가 자라는 이치다.

'창작의 고통'이라는 말이 있듯, 뭔가를 만들어내는 일은 힘이 든다. 생하는 일은 진 빠지는 일이다. 속칭 '기 빨리는' 일이다. 그래서 열심히 생하다 보면 어느덧 힘이 빠져버린다. 멀리 갈 것 없고, 깊이 생각할 것도 없다. 자식 키우느라 부쩍 늙어버린 어머니의 얼굴이 적나라하게 말해준다. 자식 키우느라 어머니가 늙는다(子旺母衰[자왕모쇠]).

키워야 할 나무가 많으면 물이 고갈된다(木多水縮[목다수축]). 지펴야 할 불이 많으면 나무도 다 타버려 더 이상 연료가 되지 못한다(火多木焚[화다목분]). 불을 너무 많이 피우면 재가 오히려 불길을 막는다(土多火晦[토다화회]). 금을 만들다 보면 흙이 얇아진다(金多土薄[금다토박]). 물을 만들어내다가 금이 물에 가라앉기도 한다(水多金沈[수다금침]). 아무리 금덩이라도 한강에 가라앉으면 무슨 소용이겠는가. 수다금침은 특히 도박, 약물중독에 빠질 사주로 명리학에서 아주 흉하게 본다.

'생한다'고 하면 일방적으로 주기만 하거나 받기만 하는 관계처럼 보이는데, 실상은 주고받는 관계일 때도 많다. 목이 불을 낳는다고 하지만, 태양과 같은 불은 오히려 나무를 키우기도 한다. 목화통명(木火通明)이라고 해서 나무는 불의 연료가 되어주고, 불은 나무를 통해 더욱 밝게 타오르는 형상을 명리학에서는 총명한 두뇌와 글재주를 가진 사주라고 풀이한다.

금이 물을 낳는다고 하지만, 금은 물로 씻어 반짝반짝 빛나거나 날이 설 수 있다. 금백수청(金白水淸) 또는 금수쌍청(金水雙淸)이라는 말이 있는데, 물이 금을 더욱 빛나게 하고 금은 수량(水量)을 더 늘리는 상생의 모양새다. 역시 수재의 상징으로, 과거급제 감이라고 불렀다. '생한다'고 하지만, 남 좋은 일만 하는 경우는 없다. 하긴 어머니도 자식 키우느라 고생하지만, 또 자식들 크는 즐거움에 살기도 한다. 서로 도움을 주고받는다. 그래서 상생이라고 한다.

생하는 관계라고 해서 무조건 도움이 되지도 않는다. 나무를 너무 많이 넣으면 불이 오히려 꺼지고(木多火熄[목다화식]), 불이 너무 뜨거우면 땅이 바싹 말라 사막처럼 쓸모없어지고(火多土燥[화다토조]), 흙이 너무 많으면 쇠를 묻어버리고(土多金埋[토다금매]), 쇠가 많으면 물이 탁해지고(金多水濁[금다수탁], 철분이 많은 오색약수를 보통 사람들은 잘 먹지 못한다), 물이 많으면 나무뿌리가 썩는다(水多木浮[수다목부]). 굳이 오행을 들먹일 필요도 없다. 사람은 음식을 먹고 살지만, 음식을 너무 많이 먹으면 배탈이 나기 마련이다. 자식은 어머니의 사랑을 받고 자라지만, 사랑이 지나치면 아무것도 할 줄 모르는 마마보이가 된다(母慈滅子[모자멸자]). 지나치면 모자람만 못한 법이다(過猶不及[과유불급]).

세상이 돕고 키워주는 관계로 가득하다면 좋겠지만, 대립과 갈

등도 차고 넘친다. 사주 용어로 말하면 극(克)의 관계다. 새싹이 땅을 뚫고 나오듯 목이 토를 극하고(木克土), 제방이 물을 막듯 토는 수를 극하고(土克水), 물이 불을 끄니 수가 화를 극하고(水克火), 용광로에서 열이 쇠를 녹여내듯 불이 금을 극하고(火克金), 도끼가 나무를 찍어내듯 금이 목을 극한다(金克木).

관계란 누구와 함께 있느냐에 따라 전혀 달라지기도 한다. 목은 토를 극한다. 그런데 여기에 화도 함께 자리하면, 목은 화를 생하고, 화는 토를 생하기 때문에, 결과적으로 목은 토를 생하는 근원이 된다. 탐생망극(貪生忘克).* 나무가 불에 타 재가 되면 결국 땅의 자양분이 되는 셈이다. 그러나 따지고 보면 불은 상생의 관계에 속도를 더해줬을 뿐이다. 불이 없더라도 나무는 언젠가는 썩어서 땅의 자양분이 될 테니 말이다. 상생과 상극의 거리는 생각보다 가깝다.

일상 언어에서 상극이라고 하면 원수지간처럼 여기기 쉬운데, 명리학에서는 꼭 그렇지만도 않다. 물과 불은 상극이지만, 물이 위에 불이 아래에 있으면 솥단지에 물을 끓여 뭔가 새로운 요리를 만들어내는 모양새가 된다. 《주역》의 괘 이름을 빌려 수화기제(水火旣濟)**라고 부르는데, 새로운 생명의 기운을 뜻한다. 또는 강(壬

---

* 생하는 일을 탐하느라 극하는 일을 잊었다.

** 《주역》 64괘는 여덟 개의 소성괘 두 개를 위아래로 붙인 대성괘로 구성된다. 기제(旣濟) 괘는 ䷾로 표시하는데, 물을 뜻하는 감괘(☵)가 위에, 불을 뜻하는 이괘(☲)가 아래에 있다. 구성 성분까지 함께 일러 부르는 이름이 수화기제(水火旣濟)다.

水) 위에 해(丙火)가 떠 있는 모양을 떠올려도 좋다. 물에 불이 꺼지기는커녕 물에 반사돼 햇빛이 더욱 강렬해진다(江暉相暎[강휘상영]).

땅과 나무의 관계도 마찬가지다. 나무가 땅을 극한다고는 하지만, 땅이 없으면 나무는 서 있지 못한다. 나무가 너무 강하면 흙이 무너져(木强土散[목강토산]) 나무도 함께 쓰러진다. 땅이 물을 극한다고 하지만, 물이 없는 땅은 곡물을 키우지 못하는 쓸모없는 땅이다. 땅은 물기를 머금었을 때 가치를 갖는다(濕潤玉土[습윤옥토]). 극하는 관계라고 해서 늘 이겨먹으려고만 들면 결국 스스로 망하는 길이다. 금이 목을 극한다고 하지만, 낫 한 자루도 제 역할을 하려면 나무로 만든 손잡이가 있어야 한다. 때론 이기고 때론 지지만, 때론 지배하고 때론 복종하지만, 때론 이용해먹고 때론 이용당하지만, 결국은 서로가 서로에게 기대어 의지하고 살아간다.

하긴 극하는 관계라고 해서 꼭 이긴다는 법도 없다. 일대일 싸움에서 패한 적이 없는 것으로 유명한 검객 미야모토 무사시도 떼로 몰려드는 전쟁터에서는 그다지 두각을 나타내지 못했다. 제아무리 격투기 챔피언이라도 한꺼번에 달려드는 수십 명을 맨몸으로 상대할 수는 없는 노릇이다. 목이 토를 이긴다고? 산사태가 나면 나무는 속절없이 꺾여 나간다(土重木折[토중목절]). 제방이 물을 가두는 듯 보이지만, 홍수가 나면 제방조차 휩쓸어버린다(水多土流[수다토류]). 물이 불을 끈다지만 해봤자 아궁이 불이다. 산불은 오히려 샘을 말려버린다(火多水蒸[화다수증]). 불이 쇠를 녹인다지만, 불 나름이고 쇠 나름이다. 불꽃 토치 하나 들고 항공모함 녹이 겠다고 달려들 수는 없다. 표면을 그을리기도 전에 토치 불이 먼저 꺼지기 십상이다(金多火熄[금다화식]). 쇠가 나무를 이긴다는 것도 어설픈 선입견일 수 있다. 막상 해보면 나무를 베기 전에 도끼날이 먼저 나가기 일쑤다(木堅金缺[목견금결]). 이렇게 승부를 알 수 없으니, 에테오클레스는 필승의 병력 배치를 하면서도 여인들의 울음소리에 신경질을 내지 않았을까 싶기도 하다.

신이 보낸 재앙은 피할 길이 없다?

다섯 번째 성문을 공격하는 아르고스 장수(파르테노파이오스)는 스핑크스를 그린 방패를 쥐고 있다. 스핑크스는 테바이 시민들을 잡아먹던 괴물이다. 과거의 공포를 떠올리게 하려는 심리전이다. 그러나 스핑크스는 이미 오이디푸스에게 패해 죽었다. 극복에 성공한 시련은 영광을 더욱 빛나게 할 뿐이다. 스핑크스의 모습은 테바이인들에게 이미 위협이 아니었다. 에테오클레스는 맞수로 악토르를 보내면서 승리를 장담했다.

여섯 번째 성문을 공격하는 아르고스 장수는 암피아라오스라는 예언자였다. 암피아라오스는 테바이 침공을 반대했던 인물이다. 원정에 실패하고 자신도 전투에서 죽으리라 예견했기 때문이다. 비록 침략군의 장수였지만, 암피아라오스는 자신을 전쟁터로 끌고 온 아르고스의 지휘부와 폴리네이케스를 공개적으로 비난하고 있었다. 특히 폴레네이케스에게는 '자신의 조국을 침략하고서 설령 전쟁에서 이긴다 한들, 조국의 시민들을 이끌고 외국과 전쟁을 벌일 수 있겠냐'고 반문한다. 암피아라오스는 어차피 이기지 못하는 싸움에서 명예로운 죽음을 얻기 위해 전투에 임하고 있었다.

에테오클레스는 적어도 암피아라오스에게는 악감정이 없었다. 하지만 어쨌든 그는 적장이다. 성을 지키기 위해서 싸워야 하고 죽여야 하는 적임에는 변함이 없다. "경건한 사람이라도 못된 짓을 하고 싶어 안달이 난 인간들과 한 배에 타게 되면 신의 미움을 받는 족속들과 함께 죽기 마련이지." 에테오클레스는 마음 약해지지 않고 단칼에 적을 벨 수 있는 라스테네스를 맞수로 내보낸다.

일곱 번째 성문은 에테오클레스 자신이 지키겠노라고 이미 선언해놓은 상태였다. 바로 그 일곱 번째 성문을 공격하는 아르고스 장수는 동생 폴리네이케스라고 정찰병이 보고한다. 누군지 모르고 미리 결정한 싸움의 상대가 하필이면 친형제다. 정찰병은 에테오클레스가 직면할 동요를 이해한다. 그러나 에테오클레스가 짊어져야 할 짐이라는 사실도 직시한다. "국가라는 배의 키를 잡으려면 이런 험악한 폭풍도 당신의 몫이지요."

친형제가 서로에게 칼을 겨눠야 하는 상황을 에테오클레스는 아버지 오이디푸스의 저주가 실현된 결과라고 이해한다. 그리고 "지금은 울거나 탄식할 때가 아니다"라고 말하며 친형제 앞에서 마음이 약해지지 않으려 스스로를 채근한다. 에테오클레스는 자신이야말로 폴리네이케스와 맞설 권리를 가졌다며 친형제와의 싸움을 피하지 않겠다고 선언한다. "왕으로서 왕에게, 형제로서 형제에게, 적으로서 적에게 나는 그와 싸우겠다."

　누가 봐도 미친 짓이었다. 여인들이 뜯어말렸다. 테바이와 아르고스의 싸움만으로는 모자라느냐고, 꼭 형제끼리 직접 피를 봐야 하겠느냐고. 에테오클레스는 형제끼리의 싸움은 불행이지만, 운명이 명령한 싸움을 피하는 일은 치욕이라며 고집을 꺾지 않는다. "누군가 불행을 참고 견뎌야 한다면 치욕은 당하지 말아야지." 여인들이 보기엔 변명일 뿐이었다. 골육상쟁을 피한다고 해서 비겁한 인간이라고 손가락질할 사람은 아무도 없다. 여인들이 보기엔 그저 권력에 눈멀고, 피에 굶주려 형제도 안중에 없는 미치광이일 뿐이다. 에테오클레스는 아버지의 저주만 탓한다. "사랑하는 아버지의 가증스러운 검은 저주가 눈물 없는 마른 눈으로 나를 따라다니며 죽음은 늦은 것보다 이른 것이 이익이라 하는구나." 나아가 아버지에게 저주를 내린 신들을 원망한다. "신들이 우리에게 바라는 제물은 우리의 죽음뿐, 왜 우리가 죽음의 운명 앞에 꼬리를 쳐야 하나?"

여인들　　　　일곱 번째 성문으로는 가지 마세요.

에테오클레스　내 뜻은 확고하니 어떤 말로도 무디게 하지 못하오.

여인들	당신이 가지 않아도 이길 수 있어요.
에테오클레스	그런 말은 노예에게나 하시오. 군인은 그런 말에 솔깃하지 않소.
여인들	진정 친형제의 피를 빨고 싶은 건가요?
에테오클레스	신들이 보낸 재앙은 피할 길이 없는 법이오.

에테오클레스는 기어이 전장으로 나갔다. 전투에서 네바이는 아르고스를 물리쳤지만, 에테오클레스는 폴리네이케스와 함께 죽고 말았다. 서로가 서로의 옆구리를 찌른 모습이었다. 형제는 결국 아버지 오이디푸스로부터 유산을 공평하게 상속받았다. 딱 자기 몸 뉘일 땅뙈기를 사이좋게 나누었다. 여인들은 애도한다. "아아, 불운한 형제는 우정 어린 목소리와 운명의 경고에 귀 닫더니, 기어이 죽음을 나눠 아버지의 유산을 피로 물들이는구나."

그리스 고전에서 자신의 비극적인 운명을 피하지 않고 받아들이는 유명한 사례가 있다. 《일리아스》에서 헥토르가 아킬레우스와 싸우러 나가는 장면이다. 헥토르는 싸움에서 물러난다면 시민들을 볼 낯이 없기 때문에 설령 죽는 한이 있더라도 열심히 싸워 명예를 지켜야 한다며 싸움터로 나선다. 하지만 헥토르의 싸움에는 따뜻한 가족애가 있었다. "영광스러운 헥토르는 아이를 향해 두 손을 내밀었다. 그러나 아이는 사랑하는 아버지의 모습에 놀라 소리 지르며 유모의 품속으로 파고들었으니, 청동과 투구의 정수리에서 무시무시하게 흔들리는 말총 장식을 보고 겁을 먹었던 것이다. 헥토르는 웃음을 터뜨리고 투구를 벗어 땅에 내려놓았다. 그리고 사랑하는 아들에게 입 맞추고 팔에 안아 올렸다."(《일리아스》6권) 언뜻 사소하지만,《일리아스》를 통틀어 가장 마음 따뜻한 장면이다. 헥토르는 번쩍이는 투구와 위압적인 장식에 겁먹은 어린아이의 마음을 헤아린다. 희생하는 자신을 불쌍히 여기는 대신 자신이 무엇을 위해 희생하는지를 되새긴다.

에테오클레스는 헥토르와는 다르다. 지금껏 싸움은 신이 아닌 인간이 결정한다며 여인들을 타박하던 사람이 갑자기 신을 말하고, 아버지 오이디푸스의 저주를 들먹인다. 신이 부여한 운명은 핑계였다. 에테오클레스는 자신의 욕망에 따라 움직인다.

병화(丙火)는 앞서 헌신하는 지도자로서의 에테오클레스를 만들어냈다. 사람을 가리지 않고 햇볕을 쬐게 하는 태양의 공평무사함은 친형제라고 해서 봐주지 않는 잔혹함이 되기도 한다. 불은 누가 끄지 않는 한 연료가 다 소진될 때까지 타오른다. 연료가 떨어지면 그 자신도 꺼진다. 불이 거셀수록 자기 자신의 수명을 단축한다. 그런 점에서 자기 파괴적이다. 친형제와의 칼부림을 자청하는 에테오클레스의 모습이 딱 그 모양이다. 병화는 흔히 대표적인 권력 지향 성향으로 꼽힌다. 뒤끝이 안 좋기 마련인 권력 역시 자기 파괴 본능을 갖고 있다.

경금(庚金)은 원칙주의이자 사람을 구분하는 힘이다. 상대가 누군지도 모르고 내린 결정을 바꾸지 않겠다는 선언은 좋게 말해 일관성이지만, 동시에 융통성 부족에 요령 부족이다. 가을의 힘인 금

(金)은 추수와 수확의 힘이기도 하다. 뜨거운 여름날 들판에서 땀을 흘린 결실을 거두는 힘이다. 끝장을 보는 힘이다. 친형제 추방으로 그치지 않고 친형제 살해로 왕좌에 대한 위협을 완전히 제거하도록 에테오클레스를 이끄는 힘이다.

3대째 이어져 내려오는 오이디푸스 가문의 불행은 에테오클레스의 할아버지 라이오스로부터 비롯됐다. '자식 없이 죽어야 나라를 보전한다'는 예언에 따라 아들 오이디푸스를 산에다 버렸던 비정한 아버지다. 이런 예언을 받게 된 데는 이유가 있다. 라이오스는 정치적 위기에 처해 타국으로 망명했을 때, 자신을 돌봐주던 왕의 아들을 겁탈하고 죽였던 적이 있다. '자식을 낳지 말라'는 예언은 '반성하고 자숙하며 살아가라'는 신의 명령이었다. 아내와 재미는 다 보고 살면서 아들만 낳지 않으면 된다는 못된 심보에서 라이오스는 이미 파멸의 첫발을 내디딘 셈이었다.

오이디푸스의 저주는 아들들이 칼을 들고 유산을 나눠 가지리라는 내용이었다. 스스로 눈을 찌른 아버지의 안위는 안중에 없고 왕좌에만 눈독 들이는 아들들이 미워서 내린 저주였다. 왕좌를 위해 아버지를 버리는 아들이라면, 왕좌를 위해 형제라고 죽이지 못할 이유가 없다. 부디 형제들끼리 골육상쟁만은 피하라는 아비의 간절한 소망이 오이디푸스가 내린 저주의 실체였다.

사실 에테오클레스는, 전쟁 자체는 불가피했더라도 최소한 친형제가 직접 칼을 겨누는 일만은 피할 수 있었다. 그러나 혈육 간의 다툼을 막으려는 어떤 노력도 하지 않았다. 아니, 꼭 친형제를 자신이 직접 상대하는 게 맞는지 진지하게 고민조차도 하지 않았다. 그저 적군 중 하나를 맞이하듯 담담하게 친형제에게 칼을 겨누겠다고 결심했다. 폴리네이케스 방어는 다른 장수에게 맡기고, 에테오클레스 자신은 다른 성문을 지키면 되는 일이었음에도 말이다.

신이 보낸 재앙은 피할 길이 없는 법이라고? 신의 명령도, 오이디푸스의 저주도, 모두 욕망을 통제하라는 경고였다. 잘못을 반성하라는 촉구였다. 자신을 돌아보지 않고 욕망이 이끄는 대로 산 결과는 파멸이었다. 신이 부여한 운명이 아니라 스스로가 선택한 삶의 결말이었다.

오행의 상생상극

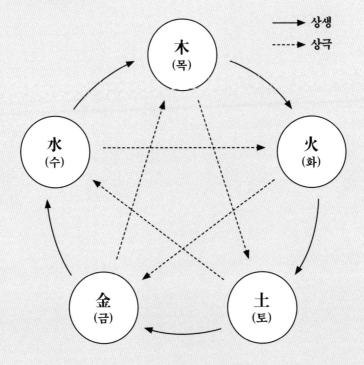

3

[지지와 지장간]

복수의 악순환을
끊으려면

〈아가멤논〉

영화 〈트로이〉의 주인공은 아킬레우스였지만, 트로이 전쟁의
주인공이자 승자는 그리스 연합군 총사령관 아가멤논이었다. 천
하무적 아킬레우스도, 트로이 성 안으로 목마를 들일 생각을 해낸
오디세우스도, 아내 헬레네를 빼앗겨 오쟁이를 진 메넬라오스도,
모두 아가멤논의 지휘를 받는 장수들이었다. 무려 10년 동안 이어
진 전쟁을 승리로 이끌고 고향으로 돌아간 총사령관 아가멤논은
행복하게 잘 살았을까? 지금부터 만날 비극 〈아가멤논〉은 트로이
전쟁의 후일담이다.

나라 걱정을 하며 무료하게 보초를 서던 파수병이 봉화가 타오
르는 모습을 보고 급히 보고한다. 트로이 함락을 알리는 봉화다.
아가멤논의 아내 클리타이메스트라(철자 그대로 읽으면 '클리타임네
스트라')는 늙어서 전쟁에 나가지 않고 남아 있던 노인들에게 기쁜
소식을 전하며 그리스군의 무사 귀환을 기원한다. 곧이어 전령이
당도해 아가멤논의 귀국 소식을 알리며, 트로이 전쟁은 패자뿐 아
니라 승자에게도 참혹했다고 털어놓는다. 노인들은 전쟁 기간 동
안 국내에도 뭔가 일이 있었던 듯 분위기를 풍기지만, 무슨 일인

지는 말하지 않는다. 노인들은 대신 대뜸 아가멤논의 동생 메넬라오스도 귀국했는지를 묻는다. 메넬라오스는 오디세우스를 비롯한 다른 그리스군 장수와 함께 실종 상태였다. 아가멤논을 도울 사람은 없었다.

이윽고 아가멤논이 나타난다. 트로이 출신 예언녀 카산드라와 함께였다. 노인들은 "성공하면 노고도 달다"며 귀환을 반기면서도 아가멤논이 들어야 할 말이 있다는 뜻을 내비친다. 아가멤논은 신들의 도움으로 승리했다며 몸을 낮춘 뒤, 나랏일은 차차 논의하자고 미룬다. 이때 클리타이메스트라가 이 대화를 막아선다. 그러고는 아가멤논을 향한 사랑을 난데없이 노인들 앞에서 공개 고백하더니 남편 없는 독수공방이 힘들었다는 신세 한탄까지 한다. 한참 만에 남편을 향해 돌아서더니 아들 얘기를 먼저 하고, 그다음에야 눈물로 지새우며 아가멤논을 기다렸다는 둥, 소중한 존재가 돌아왔다는 둥 호들갑을 떤다.

클리타이메스트라는 아가멤논에게 어서 집 안으로 들라면서 붉은 융단을 밟고 가라고 한다. 시상식장에서 유명인들이 밟는 '레드 카펫'이다. 영광의 자리다. 아가멤논은 거부한다. 붉은 융단을 밟는 일은 인간이 아닌 신이나 누릴 법한 영광이라는 이유에서였다. 하지만 아내는 집요하게 설득하고, 남편은 이내 설득에 넘어가고 만다. 그래도 신발은 벗고 맨발로 밟는다. 신의 영광을 탐하지 않겠다는 겸손의 의미였는지, 값비싼 붉은 융단을 더럽히지 않겠다는 현실적인 이유였는지는 헷갈린다.

아가멤논은 함께 온 카산드라도 집 안으로 들이라고 말한다. 특별히 자신을 위해 뽑은 '꽃', 잠자리 상대였다. 그런 여자를 데려온 주제에 아가멤논은 카산드라를 '상냥하게' 받아들이라고 아내에게 뻔뻔하게 요구한다. 보는 사람들은 불안한 마음에 조마조마하다. 노인들은 불안한 예감이 제발 틀리기를 기도한다.

남편이 데려온 여자가 마음에 들 리 없건만 클리타이메스트라는 카산드라를 집 안에 들이려 한다. 이차피 노예가 되려면 그래도 부잣집에 오는 편이 더 낫지 않겠냐는 위로 아닌 위로를 하며. 하지만 카산드라는 꿈쩍도 하지 않는다. 트로이 출신이어서 그리스어를 못하기 때문인가 했지만, 무슨 말을 해도 반응이 없으니 클리타이메스트라는 자신을 향한 반항으로 이해하고는 설득을 포기하고 먼저 집 안에 들어간다.

홀로 남은 카산드라는 자신이 와 있는 집을 '인간 도살장'이라고 부르며 아가멤논의 아버지가 저질렀던 끔찍한 살인을 되새긴다.* 그러고는 욕실에서 아내 클리타이메스트라가 남편 아가멤논을 살해하는 모습을 그려낸다. 뒤이어 부부의 아들 오레스테스가 와서 아버지의 죽음을 복수하리라는 사실까지. 카산드라는 자신역시도 살인극에 희생당할 줄 알지만 피할 수 없는 운명이라며 집

---

* 아가멤논의 아버지 아트레우스는 동생 티에스테스에게 왕위를 빼앗길 뻔했다가 되찾았다. 복수는 잔인했다. 아트레우스는 화해를 명분으로 마련한 연회석상에서 티에스테스의 세 아들을 죽여 고기로 먹게 한 후, '너는 방금 네 아들의 살을 먹었노라'라고 말해줬다.

안으로 사라진다.

넋두리 같은 예언이 설마 이뤄질까 긴가민가하는 사이, 집 안에서 아가멤논의 비명이 들려온다. 가뜩이나 불안한 예감에 휩싸여 있던 노인들은 집 안으로 따라 들어가서 살인을 확인할지, 어떤 대처를 할지, 아가멤논의 사후는 어떻게 될지를 의논하지만 '추측뿐이니 상황을 좀 더 지켜보자'라는 허탈한 결론을 내린다.

드디어 문이 열리고 아가멤논과 카산드라의 시신 옆에 클리타이메스트라가 서 있다. 사랑을 공개 고백하더니 살인도 공개 고백한다. 살인자 자신에게 숨기고 싶은 범죄가 아니기 때문이다. 오히려 정당하고 자랑스러운 일이다. 클리타이메스트라는 자신의 살인으로 아버지 대에서부터 내려온 해묵은 불화의 악순환을 끊었다고 주장한다. 자신은 아가멤논의 아내가 아니라 복수의 악령으로서 아가멤논의 첫값을 받아냈다고 말이다. 너무나도 당당한 태도에 어안이 벙벙하던 노인들은 뒤늦게 시민들의 분노로 그녀가 쫓겨나리라고 비난해보지만, 클리타이메스트라는 오히려 힘도 없으면서 훈계를 해대다간 큰코다친다고 노인들을 겁준다.

무력한 노인들이 어쩔 줄 몰라 할 때 클리타이메스트라의 애인 아이기스토스*가 나타나 잘난 척을 한다. 아가멤논 살해는 정의의 실현이고, 자신이 모든 일을 계획했노라고. 다른 남자들은 트

---

* 아이기스토스는 티에스테스의 아들이었다. 아이기스토스는 아트레우스를 죽이고 왕위를 티에스테스에게 넘겼지만, 아트레우스의 아들 아가멤논이 티에스테스를 죽이고 왕위를 차지했다.

로이에 가서 전쟁을 할 때 혼자 궁정에 남아 여자나 꾀고, 정작 살인의 순간에는 여자의 손을 빌렸던 못난 남자가 할 소리는 아니었다. 노인들은 오레스테스가 돌아와 복수해주기를 소망한다. 아이기스토스는 병사들을 시켜 일인자의 자리에 오른 자신을 인정하지 않는 노인들을 혼내주려 하고, 노인들도 칼을 빼들고 싸울 태세를 갖춘다. 일촉즉발의 위기 상황에서 클리타이메스트라가 싸움을 밀린다. 불행에 불행을 쌓지 말고, 고통을 이기서 끝내자고. 그리고 씩씩거리는 아이기스토스를 데리고 퇴장하면서 비극은 끝이 난다.

〈아가멤논〉은 〈제주(祭酒)를 바치는 여인들〉(번역하기 애매해서 영미권에서는 그리스어 제목 그대로 '코에포로이'라고 부름), 〈자비로운 여신들〉(번역하기 애매해서 영미권에서는 그리스어 제목 그대로 '에우메니데스'라고 부름)과 함께 '오레스테이아'라고 불리는 3부작의 일부다. 비극은 원래 3부작을 한 번에 이어서 보도록 만들어졌는데, 3부작이 모두 남아 있는 유일한 작품이 바로 아이스킬로스의 이 작품이다.** 〈제주를 바치는 여인들〉은 노인들의 바람대로 성인이 된 오레스테스가 돌아와 누나 엘렉트라와 함께 아버지를 살해한 간통

** 소포클레스가 쓴 〈오이디푸스〉, 〈콜로노스의 오이디푸스〉, 〈안티고네〉도 내용상 연결되기 때문에 3부작으로 불리기는 한다. 그러나 이들 작품은 수십 년에 걸쳐 하나씩 발표됐고, 내용상 마지막인 〈안티고네〉가 가장 먼저 발표되기도 했다. 따라서 하루에 한꺼번에 공연하던 원래 의미의 3부작은 아니다.

남녀에게 복수하는 이야기다.* 복수 때문이라고는 하지만, 아들이 어머니를 죽이는 일은 용서받을 수 없는 죄악이다. 〈자비로운 여신들〉에서는 복수의 여신들에게 쫓기다 미쳐버린 오레스테스가 등장한다. 이 작품에서 아테나 여신은 '눈에는 눈, 이에는 이'라는 복수의 원칙 대신 화해를 새로운 해법을 제시하고 '복수의 여신'을 '자비로운 여신'으로 거듭나게 한다.

"고난을 통해서 지혜를 얻는다."

제목이 〈아가멤논〉이지만 정작 아가멤논은 거의 극의 중반부에 가서야 모습을 드러낸다. 그 전까지 아가멤논은 트로이 전쟁 직전 상황을 알려주는 노인들의 노래 속에서만 등장한다. 클리타이메스트라와의 불화가 어떻게 시작됐는지를 설명하기 위해서다.

파리스(극 중에서는 '알렉산드로스'로 불린다)가 메넬라오스의 아내 헬레네를 납치하자 아가멤논은 그리스 동맹군을 규합한다. 출전에 앞서 점을 쳤더니, 제우스의 상징인 독수리가 날아와 새끼를 밴 어미 토끼를 물어뜯었다. 제우스가 출전을 허락하며 승전을 약속한다는 뜻이었다. 그런데 출산을 관장하는 신 아르테미스가 출

---

* 아들이 어머니를 살해하는 이 끔찍한 주제로 소포클레스와 에우리피데스도 〈엘렉트라〉라는 제목으로 비극을 썼다. 같은 주제를 세 작가가 다룰 때 어떤 차이가 있는지 비교해보는 일도 흥미롭다.

전을 위해 새끼 밴 토끼를 찢어 죽인 행위가 잘못이라며 역풍을 불러 함대의 출전을 막았다. 역풍을 잠재우려면 총사령관 아가멤논의 딸 이피게네이아를 제물로 바치라고 아르테미스는 요구했다.**

아가멤논으로서는 신의 명령에 따르자니 딸이 죽을 판이고, 신의 명령을 거부하자니 트로이 원정을 포기할 판이다. 어떤 선택을 해도 불행을 피할 수는 없었다. 아가멤논우 딸을 버리고 군대를 택했다. "어찌 내가 동맹의 맹세를 저버린단 말이오? 어떻게 함대를 버린단 말이오? 신이 처녀의 피를 원한다면, 그렇게 해야지."

뭐든지 처음이 어렵다. 두 번째부터는 쉽고, 세 번째부터는 습관이 된다. 노인들은 노래한다. "일단 한번 운명의 멍에를 목에 매자 아버지의 마음을 불행한 바람이 강타했다. 무슨 짓이든 꺼리지 않고 저지르는, 끔찍하도록 불경한 마음을 먹게 됐다." 일단 딸을 한번 버리고 나자, 아가멤논은 더 심한 짓도 서슴지 않았다. 살려 달라는 딸의 애원을 못 들은 척하고, 오히려 딸의 입을 옷으로 막으라고 명령했다. 혹시나 조국을 향한 저주가 터져 나오지 못하도록 한 조치였다. 이피게네이아는 비명조차 지르지 못한 채 아버지의 연회에서 자신이 직접 접대했던 손님들의 손에 죽음을 당했다.

딸을 희생시켜가며 아가멤논이 그리스군을 끌고 나선 전쟁은

** 일반적으로 알려진 신화에서는 아가멤논이 자신의 사냥 기술을 과시하며 아르테미스에게 봉헌된 사슴을 쏘았기 때문에 신의 분노를 샀다고 한다.

완전히 파괴된 적은 물론이거니와 승전국에도 크나큰 슬픔을 안겨줬다. "집집마다 (전쟁터로) 떠나보낸 이들이 누구인지 알건만 돌아오는 것은 사람 대신 단지와 유골뿐이었다." 유골 단지를 받아들고 유족들은 아가멤논과 메넬라오스 형제를 향한 원망에 사무쳤다. "영광스럽게 전사했지. 남의 아내(헬레네)를 위해서." 노인들은 걱정한다. "원한에 찬 중얼거림이 모여 온 나라의 미움이 되고, 사람들의 저주는 반드시 실현되지."

승전 소식을 전하는 전령은 아킬레우스가 헥토르를 무찌른 장면이나 특공대가 목마에 숨어 트로이를 멸망시킨 이야기는 하지 않는다. 대신 "하늘에서는 이슬이 내리고 땅에서는 습기가 올라와 잠자리는 편한 날이 없었고, 옷에는 이가 바글바글했다"며 전쟁의 비참한 실상을 전한다.

아가멤논은 고작 바람나서 집 나간 여자 하나를 찾으러 가면서 제 딸을 죽이고 수많은 사람들을 전쟁터에 끌고 가는 만행을 저질렀다. 지난날을 돌이켜보던 노인들은 착잡하다. "고난을 통해 지혜를 얻지. 운명은 정해진 길을 가기 마련이니, 내일이면 알게 될 일을 오늘 미리 알아 무엇 하리오."

설령 딸이라 할지라도 목표를 이루는 데 장애가 된다면 뚫고 지나가는 추진력, 인자한 아버지이기보다 권세 있는 총사령관이고 싶은 명예욕과 허세, 되든 안 되든 트로이 정벌이라는 원대한 목표에 도전하는 모험심으로 정리되는 아가멤논의 성격은 인목(寅木)을 닮았다. 아가멤논의 언행을 보며 갑목(甲木)의 성격이라고 여길 만하다. 맞다. 인목은 언뜻 갑목과 비슷하다. 그런데 따져보면 차이가 있다.

갑목과 을목(乙木), 병화(丙火)와 정화(丁火), 무토(戊土)와 기토(己土), 경금(庚金)과 신금(申金), 임수(壬水)와 계수(癸水)는 순수한 오행의 기운을 양과 음으로 나눴을 뿐이다. 양의 목 기운이 갑목, 음의 목 기운이 을목, 이런 식이다. 이 순수한 오행의 기운을 천간(天干)이라고 한다. 하지만 현실은 단순하지 않고 복잡하다. 인목은 갑목과 마찬가지로 봄에 새싹이 움트는 힘이다. 그러나 얼어붙은 땅(무토)의 기운과 따사로운 봄 햇살(병화)의 기운도 함께 담고 있다.* 나무를 떠받치는 땅, 나무를 키우는 태양의 도움을 받아 인목은 갑목 자체보다 더 강력한 힘을 발휘한다. 이렇게 복잡한 속사정을 담고 있는 오행의 기운을 지지(地支)라고 한다. 천간의 '간'과 지지의 '지'에서 한 글자씩 따와 둘을 함께 부를 때 간지(干支)라고 한다. 천간 갑목과 지지 인목이 결합하면 갑인(甲寅)이라는 간지가 된다. 10개의 천간과 12개의 지지가 만나면 60개의 간지가 만들어진다.** 흔히 '육십갑자'라고 부르는 바로 그것이다.

---

* 지지에 숨어 있는 이런 기운을 '지장간(地藏干)'이라고 한다. 인목은 무토, 병화, 갑목을 지장간으로 품고 있다.

** 갑(甲), 을(乙), 병(丙), 정(丁), 무(戊), 기(己), 경(庚), 신(辛), 임(壬), 계(癸)의 10천간과 자(子), 축(丑), 인(寅), 묘(卯), 진(辰), 사(巳), 오(午), 미(未), 신(申), 유(酉), 술(戌), 해(亥)의 12지지가 합해지면 120개의 간지가 나올 것 같지만, 갑자 다음에 을축, 병인 등의 순서대로 결합하면 실제로는 서로 만나지 않는 천간과 지지가 있다. 예컨대 갑은 자, 인, 진, 오, 신, 술과 결합하고, 축, 묘, 사, 미, 유, 해와는 만나지 않는다. 그래서 갑자년은 있어도 갑축년은 없다.

인목은 양력으로 2월이다. 정확히는 입춘(2월 4일쯤)부터 경칩(3월 5일쯤)까지다. 여전히 춥지만 만물이 소생하는 계절이다. 땅에서는 새싹이 올라오고 겨울잠 자던 개구리가 깨어난다. 죽었던(음) 것들이 되살아난다(양). 시간으로는 새벽 3시 30분부터 5시 30분까지다. 동트기 직전이다. 사찰에서는 기상 시간이다. 사람이 잠에서 깨어나 하루를 시작하는 시간이다. 음의 활동(수면, 휴식)에서 양의 활동(일, 움직임)으로 돌아서는 시간이다. 그래서 인목은 무엇보다 새로운 시작의 힘이다. 바닥에 있는 무거운 물건을 밀 때, 일단 한번 움직이기 시작하면 그다음부터는 관성으로 쉽게 움직여진다. 처음 움직이는 순간에 가장 많은 힘이 필요하다. 그 힘이 인목이다. 아가멤논의 추진력과 명예욕, 모험심도 이 힘에서 비롯된다.

《주역》의 태괘(泰卦, ䷊)는 동트기 직전의 인목이 어떤 상황에 있는지 단적으로 말해준다. 양(⚊)이 세력을 확장해 음(⚋)을 몰아내고 지배하기 직전의 상황이다.* 아직은 새벽이지만 양(⚊)이 하나만 더 생긴다면 확실히 낮의 영역으로 들어갈 판이다. 그런데 태괘는 땅(☷)이 위에 있고, 하늘(☰)이 아래에 있는 모양이다. 얼핏 세상이 거꾸로 돌아가는 흉한 괘처럼 보이는데, 주역에서는 "작은 것이 가고 큰 것이 오니, 길하고 형통하다"며 아주 좋게 본다. 하늘은 본성이 위로 올라가려 하고, 땅은 본성이 아래로 내려가려 하니, 하늘과 땅이 서로 활발하게 소통해 잘 어우러지지 않

---

* 주역의 괘에서 시간의 진행 방향은 아래에서 위다.

겠냐는 뜻이다. 인목답게 무턱대고 밀어붙이기 전에 다름을 인정하고 소통하는 자세로 다른 가능성을 찾아보라는 주역의 가르침이다.

딸을 희생시키느냐, 트로이 출정을 포기하느냐의 기로에서 아가멤논은 딸을 희생시켰다. 하지만 아가멤논은 미처 생각하지 못했다. 전쟁에 돌입하면 유골 단지로 돌아올 수많은 병사들 역시 누군가의 아들들이라는 사실을. 설령 살아 돌아오더라도 풍찬노숙하며 생고생을 경험할 터였다. 고작 바람나서 집 나간 여인을 위해 그런 희생을 감수할 필요가 있었을까? 딸의 죽음으로 얻은 것이라고는 훨씬 더 많은 사람들의 죽음뿐이었다. 트로이 전쟁에 출정하려면 딸을 희생시키라는 아르테미스의 요구는 그저 새끼 밴 토끼의 죽음 따위에 대한 앙갚음이 아니었다. 과연 트로이 전쟁이 수많은 아들딸의 희생을 감수할 가치가 있는지 한 번 더 생각해보라는 뜻이었다. 하지만 총사령관으로서의 체면이 중요했던 아가멤논은 그런 속뜻을 알아차리지 못했다.

반성할 줄 모르는 오만

마침내 아가멤논이 집으로 돌아왔다. 명분 없는 전쟁을 반기지 않았던 노인들이지만 왕의 귀환을 진심으로 환영한다. 그러고는 묘한 말을 덧붙인다. "안 계시는 동안 누가 진심으로 왕을 섬겼고, 누가 위임 권한을 남용했는지 곧 아시게 될 겁니다." 노인들이 애써 걱정해서 건넨 말이었는데, 아가멤논은 신경도 안 쓰고 자기 할 말만 한다. 아가멤논은 트로이 원정 성공은 신들의 도움 덕분이라고 공을 돌린다. 하지만 정작 전장에서 죽어 나간 병사들에 대해선 일언반구도 하지 않는다. 오히려 함께 싸운 전우들도 "내게 헌신하는 척했지만 실은 거울에 비친 그림자"라며 못 믿을 인간으로 비하한다. 유일하게 충성심을 인정했던 오디세우스조차 "일단 마차에 매자 충성스러운 말"이었다며 내리깔고 본다. 반역의 기운을 넌지시 알려준 노인들의 경고도 트로이에서 개선한 자신의 영광을 시기하는 사람들이 있다는 뜻으로 멋대로 넘겨짚는다. 국내 상황은 조만간 회의를 열어 논의하자고만 한다. 몸은 아르고스로 돌아왔지만, 마음은 여전히 트로이에 있는 사람 같다.

상대의 말을 끝까지 듣지 않는 성급함, 동료들은 못난이고 자신이 잘나서 전쟁에서 이겼다는 유아독존의 자기과시는 천간으로 치면 병화(丙火), 지지로 치면 사화(巳火)의 기운이다. 사화는 계절로는 입하(5월 5일쯤)부터 망종(6월 6일쯤)까지다. 시간으로는 오전 9시 30분부터 11시 30분이다. 급격하게 기온이 올라가는 시기다. 봄인가 싶었더니 어느 틈에 여름이고, 아침인가 싶었더니 순식간에 한낮인 시간이다. 한마디로 급발진의 힘이다. 그래서 사화를 가진 사람은 폭발적인 추동력을 보이는가 하면, 갑자기 분노를 폭발시키기도 한다. 속칭 욱하는 성격이다. 의식하지 못하고 지나칠 수 있지만, 사화에는 나무와 풀이 갑자기 많이 자라 가지를 치고

잡초를 뽑는 기운(경금)도 숨어 있다.* 사화의 폭주를 막는 제동장치다.

제동장치가 작동하지 않으면 사화의 자기과시는 오만함이 된다. 아가멤논은 이미 자기과시를 넘어 오만으로 치달았다. 딸을 희생시키겠다고 결심한 순간, 넘지 말아야 할 선을 넘고 말았다. 더이상 원칙(경금)은 설 자리를 잃고 오로지 자신의 욕망만 남아, 딸을 제물로 바치면서 입까지 틀어막는 만행을 저지른다. 오만은 파멸로 가는 고속도로다. 노인들은 이미 경고했다. "오만은 오만을 낳는다."

노인들에 이어 클리타이메스트라가 집에서 나와 아가멤논을 맞이한다. 환영사가 거창하다. "당신은 배를 지키는 버팀줄이자 집을 지탱하는 기둥이고, 절망에 빠진 뱃사람 앞에 나타난 육지, 태풍이 지난 뒤의 맑은 하늘 같으세요." '신들이 질투하지 않기를' 바랄 만큼 낯 뜨거운 칭송을 늘어놓고선, 아내는 남편에게 붉은 융단을 밟고 집 안으로 들라고 말한다.

아가멤논은 사뭇 단호하게 거부 의사를 밝힌다. "길에 천을 깔아 신들의 시기를 사지 않도록 하시오. 그런 영예는 신들에게나 어울리니까. 인간이 어찌 화려하게 수놓은 천을 밟을 수 있겠소. 나는 신이 아니라 인간으로 존경받고 싶소." 붉은 융단이 뭐길래 이렇게까지 말하나 싶은데, 당시엔 자주색 염료가 같은 양의 금과

---

* 사화의 지장간은 무(戊), 경(庚), 병(丙)이다.

같은 가치를 가질 정도로 비쌌다고 한다.

아내는 포기하지 않고 남편 설득을 이어간다.

클리타이메스트라	트로이 왕 프리아모스가 정복자였다면, 프리아모스는 어떻게 했을까요?
아가멤논	붉은 융단을 밟았겠지. 의심할 여지도 없어.
클리타이메스트라	프리아모스는 하는 일을 못 한다니, 당신은 사람들이 욕할까 봐 두렵군요?
아가멤논	사람들이 지껄여대면 신들의 시기가 더 심해지니깐.
클리타이메스트라	위대한 사람은 질시의 대상이 되기 마련이에요.
아가멤논	싸움 거는 게 여자가 할 일이오?
클리타이메스트라	저는 이미 정복당했으니까요. 정복자는 져주는 것도 멋져요.
아가멤논	이 쓸데없는 싸움에서 당신은 꼭 정복자가 되어야 하고?
클리타이메스트라	맞아요. 한 번만 져줘요.
아가멤논	당신 뜻대로 하시오. 여봐라, 내 신발 끈을 풀어라.

무슨 일이 됐든 프리아모스에게는 절대로 질 수 없고, 위대해

보일 수 있다면 뭐든지 희생할 수 있고, 남자로서 우월감을 느낄 수 있다면 신념도 버릴 수 있고, 방금 했던 말을 뒤집으면서 일말의 부끄러움도 없는 남자가 아가멤논이다. 언뜻 갑목을 떠올리게 하는 성격이지만, 완벽을 추구하면서도 변덕스러운 모습이 다르다. 강력한 권력 지향 성향인 진토(辰土)의 성격이다.

진토는 토(土)인데도 목(木)과 비슷한 성격을 보인다.* 계절로는 청명(4월 5일쯤)에서 입하(5월 5일쯤)까지, 산과 들에 꽃이 흐드러지게 피는 완연한 봄이나. 봄이니까 목의 성질이 강하게 나타난다. 하지만 갑자기 돌풍이 불고 우박이 떨어져 피었던 꽃들이 죽기도 한다. 아침엔 외투가 필요하지만 낮엔 반소매만 입어도 될 정도로 기온 차도 심하다. 변덕이 심한 날씨다. 본질적으로 환절기인 토의 기운이다. 시간으로는 오전 7시 30분에서 9시 30분, 딱 출근 시간이다. 하루 일과의 시작, 목의 기운이다. 하지만 하나의 시간대에 장소는 집, 길, 회사로 계속 변화한다. 극심한 변화, 토의 기운이다.

권력을 추구하는 진토는 인목과 결합하면 명예욕을 더욱 강화시킨다. 인목이라는 나무가 자랄 수 있는 기름진 토양이기 때문이다. 총사령관으로서의 체면을 위해 딸을 희생시키는 결단은 그 결과물이었다. 진토는 나무가 자랄 때까지 기다리는 인내심도 갖고 있다. 10년이나 질질 끌었던 트로이 전쟁을 포기하지 않고 끝내 승리할 수 있었던 배경이다.

---

* 진토의 지장간은 을(乙), 계(癸), 무(戊)다.

진토에는 어떤 나무를 심어도 잘 자란다. 그래서 무슨 일이든 잘하고, 또 무슨 일이든 잘할 수 있다는 자신감이 있다. 정작 부족한 것은 실패할 수도 있다는 사실을 받아들이는 마음가짐이다. 할 수 없는 일도 할 수 있다고 믿고 무모하게 덤벼든다. 그래서 진토가 제대로 사고를 치면 나라가 들썩거린다고 한다. 하긴 그런 무모함이 트로이 원정을 감행한 원동력이 아닐까 싶기도 하다.

무엇이든 할 수 있다는 자신감이 유아독존의 독선과 오만을 낳는다. 아가멤논은 감히 붉은 융단을 밟은 일은 '신에게나 어울리는 영광'이라고 스스로 말해놓고 못 이기는 척 끝내 하고야 만다. 말로는 신의 도움으로 전쟁에서 이겼다지만 그저 말뿐이다. 마음속 깊이 저 잘났다는 의식으로 똘똘 뭉쳐 있다. 모든 일에 자신이 주인공이고 다른 사람은 배경일 뿐이다. 배경에 불과한 존재라면, 다른 사람을 존중하고 배려할 필요가 없어진다.

아가멤논은 결국 붉은 융단을 밟으면서도 신발을 벗는다. 진흙이 묻은 신발을 벗으면 융단에 발자국이 남지 않는다. "질투 어린 신들에게 지금 이 순간을 들키지만 않는다면" '신에게나 어울리는 영광'을 누렸다는 증거가 남지 않는다. 물론 진흙을 묻혀 값비싼 융단을 더럽히지 않겠다는 이유도 있다. 돈을 낭비하지 않기 위해서라지만, 같은 영광을 또 누리고 싶은 욕망이 숨어 있지는 않았을까?

사화(巳火)의 성격이 다시 한번 드러난다. 불은 어두운 곳을 비춘다. 다른 사람들을 늘 의식하고 유심히 살핀다. 그래서 상대의 감정 변화를 잘 잡아내고, 사람을 잘 파악하기도 한다. 심하면 남들을 의심하기도 한다. 하지만 등잔 밑이 어두운 법이다. 자기 자신을 돌아보는 자기반성에 약하다. 사화는 남들을 보는 만큼 자기 자신을 객관화시켜 볼 수 있어야 한다. 아가멤논은 그 능력이 부족했다.

아가멤논은 집 안으로 들어가면서 함께 데려온 카산드라도 집에 들이라고 말한다. 10년 동안 독수공방한 아내에게 미안한 기색도 없이 "내 몫으로 떨어진 최상급의 꽃", 잠자리 상대라고 당당하게 말하면서 말이다. "저 외국 여인을 상냥하게 받아들이시오. 신들은 부드럽게 지배하는 사람에게 사랑 가득한 눈길을 보내는 법이니까."

붉은 융단을 밟으면 오만하다는 비난을 들을까 봐 남들 눈을 신경 쓰면서도, 정작 첩을 받아들여야 하는 아내의 기분 따위는 전혀 배려하지 않는 남편의 모습은, 총사령관으로서 자신의 체면을 위해 딸을 희생시키는 무정한 아버지의 모습 그대로다. 밖에서 멋진 척하느라 가족들을 고생시킨다.

명색이 주인공이지만 아가멤논은 집 안으로 퇴장한 뒤 더 이상 무대에 모습을 드러내지 않는다. 살해당하는 순간 비명을 두 번 지르지만, 모습은 보이지 않고 소리만 들린다. 아가멤논은 끝까지 자신이 왜 죽는지를 알지 못한다. 호메로스의 《오디세이아》에는 오디세우스가 저승에서 아가멤논을 만나는 장면이 나온다. 자신은 아내에게 살해당했다고 알려주며 아가멤논은 말한다. "남편에게 죽음을 안기는 여인보다 더 무섭고 파렴치한 인간은 없을 것이오. 정말이지 나는 귀향하면 자식들과 하인들이 반겨줄 줄 알았소." 그러면서 오디세우스에게 한다는 충고가 가관이다. "그러니 그대도 아내를 너무 상냥하게 대하지 마시오." 죽은 후에도 자신이 왜 죽었는지를 한 번도 자문해보지 않은 모양이다. 자신이 아내에게 안겨준 상처가 얼마나 큰지, 아버지의 명령으로 희생당한 딸의 심정은 얼마나 비참했을지, 그리고 자신이 무모한 전쟁을 벌이는 바람에 죽어 나간 목숨들은 또 얼마나 억울할지는 생각도 해본 적 없다. 끝까지 반성이라고는 모르는 인간이다.

오래 묵혀둔 복수

처음에 등장했던 파수병은 클리타이메스트라를 두고 "마음이 사내대장부 같은 여인"이라고 한다. 노인들은 "조국 땅을 지키는 유일한 방벽"이라고 부르며 "현명한 남자처럼 말한다"고 평가한다. 왜 그런지는 승전을 알리는 봉화가 왔을 때의 대처를 보면 알 수 있다. 클리타이메스트라는 봉화가 트로이에서 아르고스로 이르는 길을 줄줄 읊을 만큼 총명하고, 꼼꼼한 증거를 제시해 설득력을 높인다. 군대가 승리에 도취해 신전을 약탈했다간 무사 귀환이 어려울 수 있다고 걱정할 만큼 사려 깊다.

길고 긴 봉화의 경로를 외울 만큼 머리가 좋고, 정확한 증거를 제시해 논쟁을 단숨에 끝내고, 군대가 직면할 문제를 정확히 짚어내는 능력은 신금(申金)*의 힘이다. 신금은 계절로 보면 입추(8월 7일쯤)부터 백로(9월 7/8일쯤)까지의 기운이다. 여전히 덥지만 아침저녁으로는 찬바람도 살짝씩 부는 때다. 나무는 가지 뻗기를 멈추고 열매가 영글어 간다. 결실을 준비하는 시간이다. 기본적으로 경금(庚金)의 성격이 강하지만, 열기를 머금은 땅(戊土)의 기운이 남아 있고, 자세히 보면 겨울의 기운(壬水)도 엿보이기 시작한다.** 금(金)과 수(水)가 함께 있으면 금은 더 반짝거리고 물은 더 맑아진다. 신금이 총명한 이유다. 그 총명함을 앞세워 도끼(庚金)로 찍어내듯 쾌도난마로 상황을 정리한다.

인목(寅木)은 봄의 시작, 사화(巳火)는 여름의 시작이고, 신금은 가을의 시작이다.*** 새로운 계절을 만들어내다 보니 모두 역동적이다. 권력 지향 성향을 띠기도 한다. 특히 겨울(음의 계절)에서 봄(양의 계절)으로 방향을 돌리는 인목과 여름(양의 계절)을 가을(음의 계절)로 바꾸는 신금은 봄(양의 계절)에서 여름(양의 계절)으로 넘어가는 사화보다 훨씬 힘이 세다. 권력을 추구하고, 또 권력에 잘 어울린다는 뜻이다. 아가멤논이 전쟁을 하느라 10년을 비운 동안 나

---

* 천간에는 신금(辛金)이 있고, 지지에는 신금(申金)이 있다. 한글로만 쓰면 표기가 같은데, 신금(辛金)은 음의 금이고, 신금(申金)은 양의 금이다.

** 신금의 지장간은 무(戊), 임(壬), 경(庚)이다.

*** 인(寅), 사(巳), 신(申), 해(亥)에서 계절을 시작한다고 해서 '생지(生地)'라고 부른다. 새로 시작하는 역동성 때문에 생지의 글자들은 흔히 말하는 역마살의 이유가 되기도 한다. 그만큼 분주하고 활동적이라는 뜻이다.

라를 다스리는 클리타이메스트라의 모습이 딱 그렇다.

남편이 없는 동안 사실상 아르고스의 지배자 노릇을 하던 클리타이메스트라는 전령이 아가멤논의 귀국 소식을 전하자 아내의 입장으로 되돌아간다. "남편에게 전하라. 온 나라가 고대하고 있으니 지체 없이 돌아오시라고." 그러면서 남편이 돌아오면 10년째 수절하고 있는 아내를 보게 되리라고 말한다. "나로 말할 것 같으면 칭찬이든 비난이든 남의 일에 오르내릴 일은 하지 않았어요."* 물론 거짓말이다. 클리타이메스트라는 남편이 없는 사이 아이기스토스를 침실에 끌어들여 놀아났다. 노인들은 모르는 사람이 들으면 진짜인 줄 알겠다며 기가 차다는 표정을 짓지만 자세히 따지지는 않는다.

남편이 돌아오자 아내는 독수공방의 세월이 힘들었다고 징징거리며 더욱 여성적인 태도를 보인다. "당신이 죽었다는 소문을 듣고 목을 매려 한 적이 한두 번이 아니었어요." 그런데 이상하다. 클리타이메스트라의 사랑 고백은 남편이 아닌 노인들을 상대로 한다. "아르고스 시민들이여, 이 자리의 원로들이여, 나는 남편에 대한 사랑을 떳떳이 말할 수 있어요." 남편이 돌아왔는데 남편은 안중에 없고 대중을 상대로 연설을 하는 지도자의 말투다. 내용과 형식이 서로 맞지 않는다. 남편의 귀환에도 불구하고 클리타이메

---

* 이 비극이 공연되고 30여 년 후에 페리클레스의 유명한 전몰자 추모 연설에서 같은 구절을 여자의 미덕으로 거론한다.

스트라는 여전히 자신을 아르고스의 지배자로 자리매김하고 있기 때문이다.

겉모습은 다소곳한 아내지만, 내면은 당당한 장부인 클리타이메스트라의 성격은 미토(未土)가 작용한 결과다. 미토는 소서(7월 7일쯤)부터 입추(8월 7일쯤)까지 한창 더위가 맹위를 떨칠 때다. 무더위가 기승을 부릴 때고, 방학과 휴가철이기도 하다. 하지만 장마가 끝난 뒤의 가뭄은 성장을 멈추고 내실을 다지려는 준비다. 여전히 고속으로 달리고 있지만 이미 가속 페달에서 발을 뗀 자동차와 같은 상태다. 그래서 미토는 겉으로는 밝고 활달하지만(丁火) 실상 내면은 외롭다(己土). 온순한가(己土) 싶으면 어느 틈에 사납고(丁火), 사나운가 싶다가 다시 보면 온순하다. 포용성(己土)과 공격성(丁火)이 혼재돼 있다.**

거창한 사랑 고백 후 클리타이메스트라는 아가멤논을 한껏 치켜세우곤 붉은 융단을 밟고 들어가라고 제안한다. "트로이를 정복한 그 위대한 발이 맨땅을 밟으면 안 되죠." 아가멤논이 오만함을 스스로 드러낼 수 있도록 미리 준비한 함정이다. 아가멤논이 거부하자 곧바로 프리아모스를 들먹이며 경쟁의식을 자극한다. 사람들의 뒷말은 위대함의 반증이라며 자존심을 잔뜩 세워준다. 약자에게 져달라는 말로 강자의 우월감을 만끽하게 해준다.

모든 경우의 수를 고려해 완벽한 음모를 꾸미는 잔머리는 지수

** 미토의 지장간은 정(丁), 을(乙), 기(己)다.

(子水)의 힘이다. 자수는 계절로는 대설(12월 7일쯤)부터 소한(1월 5/7일쯤)까지다. 시간으로는 밤 11시 30분부터 새벽 1시 30분까지다. 한겨울이고, 한밤중이다. 농사를 짓던 시대에 한겨울은 휴식의 기간이다. 한밤중은 잠자는 시간이다. 한밤중에 깨어 있으면 온갖 잡생각이 다 나기 마련이다. 상상의 나래를 펴다 보면 머릿속에서 짝사랑 상대와 결혼도 하고, 우주 전쟁을 벌이기도 한다. 그 생각의 힘이 자수다. 지지 자수는 천간 임수(壬水)와 계수(癸水)를 품고 있다.* 임수의 기획력, 그리고 계수의 유연성과 설득력이 만난 결과가 붉은 융단을 이용하는 클리타이메스트라의 음모다.

붉은 융단을 밟으면서 아가멤논은 카산드라도 집 안으로 들이라고 말한다. 10년 동안 집을 비웠던 남편이 여자를 데려와서 집에 들이라고 한다. 뻔뻔스럽다. 보통의 아내라면 화를 내고도 남을 상황이다. 하지만 클리타이메스트라는 화내지 않는다. 그저 남편이 돌아왔다는 사실만으로도 너무 기쁘다는 듯이 말한다. "당신이 가정으로 돌아오니 엄동설한에 햇볕을 만난 느낌이에요." 첩을 들이는데도 아무런 불만을 내비치지 않는다. 그저 말이 안 통해 들어가라는 말에도 서 있기만 하는 카산드라가 답답할 뿐이다. "그녀가 야만족이 아니고, 제비처럼 지저귀지 않는다면,** 내 말로 설득할 수 있을 텐데." 손짓 발짓도 안 통하자, 말을 못 알아듣는 게 아니라 자신의 지시를 거부하고 있다는 사실을 눈치챘지만, 그때

---

* 자수의 지장간은 임(壬), 계(癸)다.

도 그저 입을 닫을 뿐 화는 내지 않는다.

감정을 드러내지 않고 쌓아두는 클리타이메스트라의 성정은 축토(丑土)를 닮았다. 축토는 계절로는 소한(1월 5일쯤)부터 입춘(2월 4/5일쯤)까지의 기운이다. 몸은 한겨울로 느끼지만, 실은 새싹이 돋아날 시점이 임박했다. 새싹의 기운을 드러내지 않고 마음에 담아두고(己土) 겨울의 모습(癸水)으로 위장한 상태가 축토다.***

감정을 의도적으로 드러내지 않는다면 기회에 따른 유연성의 힘인 자수(子水)이거나 총명함을 앞세운 잔재주인 신금(申金)일 텐데, 축토는 자신도 모르게 감정을 숨기는 힘이다. 정확히 말하면 감정을 묻어두는 힘이다. '당할 때는 몰랐는데 생각해보니 기분 나쁘더라', '그때 가만히 있을 게 아니라 한마디 쏘아붙여줄 걸 그랬어.' 억울한 마음이 녹아 있다. 이런 감정을 묻어두다 보면 언젠가 한번 크게 터진다. 모으지 말고 그때그때 푸는 편이 정신 건강에 좋다.

카산드라의 불길한 예언에 노인들이 불안에 떨고 있을 때 집 안에서 아가멤논의 비명이 두 번 터져 나온다. 노인들이 저마다 한

** '야만인'을 뜻하는 영어 단어 '바바리안(barbarian)'은 원래 '알아듣지 못하는 말을 하는 사람' 정도의 뜻이었다. 고대 그리스인들은 알아듣지 못하는 외국어로 말하는 사람에게 '바르바르한다'고 했는데, 이때 '바르바르' 말하는 사람이 '바바리안'이 됐다. 새소리(제비) 비유가 뒤따르듯, 클리타이메스트라의 이 표현에는 알지 못하는 외국어에 대한 경멸적인 의미도 담겨 있다. 달리 말하면 자국 우월감이다. 조선인도 일본어를 듣고는 '지저귄다'고 표현했더랬다.

*** 축토의 지장간은 계(癸), 신(辛), 기(己)다.

마디씩 하지만 아무 일도 하지 못하고 있을 때, 클리타이메스트라는 아가멤논과 카산드라의 시신을 뒤로한 채 밖으로 나온다. 아내는 자신이 남편을 살해한 사실을 숨기기는커녕 오히려 자랑스럽게 떠벌린다. 옷을 덮어 아가멤논을 움직이지 못하게 하고는 두 번의 타격으로 쓰러뜨린 뒤 의식을 잃은 상대에게 최후의 일격을 가했노라고 당당하게 말한다.

남편 살해라는 끔찍한 짓을 저지르고도 아내는 자신이 정당하다고 주장한다. "잔을 저주로 가득 채운 사람이 지옥으로 가는 잔을 남김없이 비우는 게 당연한 운명 아닌가요?" 조카를 죽여 동생에게 먹인 아트레우스로부터 비롯된 저주가 딸을 죽이고 트로이 원정을 떠난 아가멤논의 손으로 완성됐으니 벌을 받아 당연하다는 뜻이다. "아가멤논은 뿌린 대로 거둔 셈이오. 그 자신이 칼을 휘두르고 다녔듯 칼을 맞고 죽었으니 지옥에 가서도 할 말 없을 것이오."

이뤄져야 마땅한 정의가 자신의 손을 빌려 실현됐다고 클리타이메스트라는 생각한다. "나를 아가멤논의 아내라 생각지 마시오. 나는 무자비한 잔치를 베푼 아트레우스의 악행을 복수하는 해묵은 악령이오." 자신은 정의를 실천했기 때문에 남들이 뭐라 하든 개의치 않는다. "사람들이 나를 칭찬하든 비난하든 아무래도 좋아요." 천간으로는 경금(庚金), 지지로는 신금(申金)에 해당하는 단호한 결단과 실천력이다. 주변의 비판도, 비난도 상관하지 않는다. 심지어 그 자신의 손해도 기꺼이 감수한다. 기존의 유대 관계가 끊어져도 상관하지 않는다. 관계 단절이고, 소통 부재의 불통이다.

여름의 열기가 겨울의 한기에 주도권을 내주기 직전의 신금(申金)에 《주역》의 비*괘(否卦, ䷋)가 처한 상황이다. 음(--)이 세력을 확장해 양(—)을 몰아내고 주도권을 확보하기 직전의 상황이다. 아직은 반소매를 입고 다니지만 곧 추위가 닥쳐오는 계절을 기호로 나타낸 모양이다. 그런데 비괘는 하늘(☰)이 위에 있고, 땅(☷)이 아래에 있다. 너무 자연스럽고 당연하다. 그래서 신금은 총명함과 결단력을 앞세워 권세를 부린다. 하지만 하늘이 위에 있고 땅이 아래에 있으면 서로 만날 일이 없다. 저 혼자 잘난 맛에 사느라 다른 사람들과 섞이지 않는다. 《주역》에서는 '내유외강(內柔外剛)'이라는 말로 설명한다.** 밖으로는 단단해 보이지만 알고 보면 속은 줏대 없는 사람을 뜻한다. 다른 사람과의 소통이 없다면 총명함과 결단력과 실천력도 오히려 독이 될 수 있다는 뜻이다.

노인들은 방금 남편을 살해한 아내가 하는 말에 어이가 없다. "그대는 땅에서 자란 독초를 먹었소, 아니면 바다에서 솟은 독액을 마셨소?" 시민들의 원성과 미움을 사 나라에서 쫓겨나리라는 독설도 퍼붓는다. 하지만 클리타이메스트라는 물러서지 않는다. "당신들은 내 딸 이피게네이아를 제물로 바칠 때는 잠자코 있었지. 딸을 죽인 아가멤논이야말로 불경을 저질렀으니 추방 대상 아

---

* '否'는 '아니다'라는 의미일 때는 '부', '막히다'라는 의미일 때에는 '비'로 읽는다.

** 정확히는 《주역》의 〈단전(彖傳)〉이다.

니오? 당신들은 내게만 가혹한 심판이 되는군."

클리타이메스트라는 10년 전 딸을 잃었을 때의 서운함과 서러움, 한을 고스란히 간직하고 있다. 가슴속에 감정을 묻어두는 축토(丑土)의 힘이다. 묻어뒀던 서러움과 한이 독초와 독액이 되어 세상을 향해 내뿜어질 때는 계기가 있는 법이다. 클리타이메스트라에겐 아가멤논의 귀환이 계기가 됐다. 아가멤논이 돌아오면 무슨 문제가 생기기에 그랬을까?

감정적으로는 카산드라를 첩으로 데려온 아가멤논의 행동이 분노를 촉발시켰을 수 있다. 카산드라의 예언 속에서 클리타이메스트라는 남편에게 칼을 갈면서 "첩을 데려온 것에 죽음의 복수를 하겠다"고 큰소리를 친다. 하지만 아내는 첩의 죽음에는 별다른 의미를 부여하지 않는다. "그녀는 나의 성대한 잔치에 그저 양념이 되었을 뿐이오."

그 자신도 아이기스토스와 놀아나고 있었던 클리타이메스트라로서는 남편이 카산드라를 데리고 돌아왔다는 사실이 별로 중요하지 않을 수도 있다. 그보다는 오히려 남편이 돌아온다는 사실 자체가 더 중요했으리라. 남편이 없는 동안 남편을 대신해서 누렸던 모든 권력을 되돌려줘야 하기 때문이다. 남편도 죽이는 아내에게 무엇보다 더 소중한 대상은 권력이었을지도 모른다. '현명한 남자 같은' 클리타이메스트라는 권력을 지향하는 신금(申金)이다. 남편의 사랑보다는 나라를 다스리는 권력에 관심이 더 많다.

왕의 첩질은 당시로서는 크게 흠으로 여겨질 일은 아니었을지도 모른다. 그러나 왕비의 외도는 아가멤논이 알게 되면 목숨을 부지하기 힘든 일이었다. 아가멤논을 없애면 자신의 안위도 지키고 애인도 빼앗기지 않을 수 있었다. 충분한 살인의 동기가 된다. 카산드라는 말한다. "어떤 비겁한 사자(아이기스토스)가 집 안에 도사리고 앉아 침상에서 뒹굴며 귀환하는 주인(아가멤논)에게 음모를 꾸미고 있다." 아내는 상간남과 함께 남편의 귀국에 때맞춰 실행할 살인 계획을 오래도록 세웠다는 뜻이다. 클리타이메스드라 자신도 아가멤논 살해 직후에 말했다. "나는 뜬금없이 경솔하게 일을 저지르지 않았어요. 오래된 증오가 농익어 이뤄진 일이오."

본심을 숨기는 한밤중의 기운, 10년을 묵혀온 원한의 농축, 욕망을 감추고 은밀하게 진행하는 음모, 모두 자수(子水)의 영향이다. 굳이 언급할 필요가 있을까 망설여지기도 하는데, 자수는 생식력, 번식력의 의미로도 해석된다. 한밤중에 집 안에서 하는 일이 무엇일지를 생각하면 자명하다. 혼자 생각에 빠지거나, 다른 사람들과 은밀한 계획을 꾸미거나, 이성과 잠자리를 갖는다. 그래서 사주를 풀이할 때 자수가 나오면 '재주는 있는데 성욕 때문에 패가망신한다'는 험담을 듣는 수도 있다. 남편이 전쟁 나간 동안 아이기스토스를 침실에 끌어들였던 클리타이메스트라를 보면 그런가 싶기도 하다. 그런데 자수에는 더 중요한 의미가 있다.

아버지 아트레우스는 조카를 죽이고, 아가멤논은 딸을 죽이고, 아내 클리타이메스트라는 남편을 죽였다. 노인들은 한탄한다. "살인자는 살해당하니, 하늘이 정한 이 불행의 악순환을 누가 끊을

꼬." 클리타이메스트라는 자신이 바로 악순환을 끊은 사람이라고 주장한다. "살인의 광기를 치유할 수 있다면 내 재산을 다 써도 좋아요." 실제로 악순환을 끊으려 노력하기도 한다. 아이기스토스가 노인들과 칼부림을 벌이려 들자 클리타이메스트라가 뜯어말린다. "불행에 불행을 쌓지 말아요. 피라면 오늘 충분히 흘렸어요. 이제 평화로이 집으로 돌아가세요. 이미 일어난 일은 원래 일어날 일이 일어난 것으로 생각해요." 클리타이메스트라는 아가멤논 살해로 저주의 악순환을 끊었다고 주장한다. 이제 더 이상 피를 흘리지 않는 새로운 시대를 기원한다. 새로운 시작을 뜻하는 자수의 기운이다.

자수는 계절로는 대설부터 소한까지다. 한겨울이다. 밤이 가장 긴 동지(12월 22일쯤)를 포함하고 있다. 밤의 기운이 가장 강한 때다. 그러나 동지를 지나는 순간, 밤이 짧아지고 낮이 길어지기 시작한다. 새로운 시작의 기운이다. 그래서 양력 새해 첫날인 1월 1일도 자수의 계절에 있다. 크리스마스도 자수의 계절에 있다. 예수의 탄생은 새로운 세상의 시작 아니던가.* 자수는 시간으로는 밤 11시 30분부터 새벽 1시 30분까지다. 새로운 하루의 시작을 담고 있다.

예수가 새로운 시작을 열었다지만, 십자가에 못 박혀 죽었다. 부활부터가 진정한 시작이었다. 공교롭게도 부활절은 춘분(3월

---

* 양력 새해 첫날도, 크리스마스도, 그 기원을 동지(冬至)에 두고 있다.

20/21일쯤)을 기준으로 정한다. 춘분을 지나면 낮이 밤보다 길어진다. 자수가 시작한 새로운 시작이 본격적으로 모양을 갖춰가는 때다. 1월 1일이 새해 첫날이라지만 개학은 3월이다. 밤 0시가 하루의 시작이라지만 실제로는 6시쯤 잠에서 깬 다음에 하루를 시작한다.

새로운 시대의 개막을 꿈꿨지만, 클리타이메스트라도 아들 오레스테스의 손에 실해당해 서주의 악순환에서 벗어나지 못했다. 악순환은 복수의 여신들이 화해를 받아들여 어머니를 죽인 오레스테스를 용서하고 '자비로운 여신'으로 거듭나면서 끝난다. 복수로는 악순환을 끊지 못한다. 무엇보다 새로운 시대는 혼자 만들지 못한다. 괴짜 선지자로 여겨졌던 예수도 부활 이후 열두 명의 제자들의 도움으로 하느님의 아들로 세상에 알려지게 된다. 클리타이메스트라의 동반자는 아이기스토스 딱 한 명이다. 그나마도 진정한 동반자인지 의문이다.

아이기스토스는 아가멤논이 도착했을 때도, 클리타이메스트라가 살인하는 순간에도 숨어 있다가 뒤늦게 호위병을 대동하고 모습을 드러낸다. 아이기스토스는 아가멤논의 죽음으로 신들이 무심하지 않음을 말할 수 있게 됐다고 뻐기며 말한다. 포대기에 싸인 어린 나이의 자신과 아버지를 추방한 벌로 아가멤논이 살해당했다고 주장한다. 또 그 살인의 주역은 바로 자신이라고 말한다. "나는 멀찍이서, 보이지 않는 손으로 이 사내에게 다가가, 확실한 파멸을 선사할 수 있는 계획을 촘촘히 짰지." 시민들의 저주를 면치 못하리라 노인들이 경고하자, 아이기스토스는 노인들을 감옥에 가두고 굶기겠다고 협박한다. 자신이 새로운 권력자이니 반항하지 말고 알아서 모시라는 뜻이었다. "눈 크게 뜨고 똑바로 봐라. 돌부리 걷어차봤자 발만 아프다."

국왕 암살 계획을 세우고 정작 행동에 나설 때는 쏙 빠지고, 국왕의 충실한 하인처럼 납작 엎드려 있다가 잽싸게 국왕 행세를 하는 아이기스토스의 모습은 술토(戌土)를 닮았다. 술토는 계절로는 한로(10월 7일쯤)부터 입동(11월 7일쯤)까지, 시간으로는 오후 7시 30분부터 9시 30분까지다. '개와 늑대의 시간'이라는 말이 있다. 해질녘 어스름을 뚫고 다가오는 형체는 집으로 돌아오는 개인지 사냥에 나선 늑대인지 헷갈린다. 술토의 마음속도 개와 늑대 사이에서 헤맨다. 계획을 세울 때는 사나운 늑대였다가, 행동에 나설 때는 꼬랑지를 말아 올린 강아지가 되고만 아이기스토스처럼. 술토는 현장에서 멀리 벗어나지도 않지만, 현장 속으로 뛰어들지도 않는다. 그저 관망하는 주변인이고, 경계인이다. 경계인의 콤플렉스는 때로 극단적인 성향을 낳기도 한다. 막강한 권력자가 있을 때에는 누구보다 고분고분한 강아지였다가, 권력자가 사라지면 늑대 행세를 하려 든다. 성격도 모 아니면 도고, 성취도 모 아니면 도다. 아이기스토스는 잠시 아르고스의 지배자가 됐지만 7년 후 아가멤논의 아들 오레스테스의 손에 죽는다. 추수가 끝난 10월 들판에 무엇이 있을지는 스스로를 어떤 존재로 만들었느냐에 달려 있다.

4차원 소녀

클리타이메스트라가 집 안으로 들라고 다그쳐도 꿈쩍하지 않던 카산드라는 여주인이 집 안으로 들어가자 말을 시작한다. 아가멤논의 집이 선대 아트레우스로부터 살인의 광기에 휩싸인 인간 도살장이라고 부른다. 또 하나의 불행이 집 안에서 일어나고 있는데, 여자가 남편을 살해하는 꿍경이다. 듣고 있는 노인들은 무슨 말인지 이해할 수 없다. 하지만 카산드라는 알 수 없는 말로 예언을 이어간다. "암소에게서 황소를 떼어놓으세요. 그녀가 옷으로 그를 싸잡아 뿔 달린 검은 흉기로 내리치니, 물이 담긴 그릇 속으로 쓰러지네요." 클리타이메스트라가 옷으로 아가멤논을 덮고 칼로 내리쳤다는 뜻인데, 노인들은 알 수 없는 불길함에 기분만 나쁘다. "신탁이 언제 인간들에게 반가운 소식을 전한 적이 있었소이까? 예언자들의 수다스러운 재주는 불행을 말해 공포를 키울 뿐이지요." 예언을 전하는 카산드라의 말투는 점점 일상 언어와 가까워지지만, 여전히 자기 세계에 갇혀 정상적인 대화에는 어려움을 겪는다.

노인들	무슨 말을 하는지 종잡을 수가 없구려.
카산드라	아가멤논의 죽음을 보게 된다는 말이에요.
노인들	그런 불길한 말은 입 밖에 내지 마시오.
카산드라	신은 악을 치유하지만, 이건 치유하지 않네요.

노인들	제발 신께서 막아주시길!
카산드라	당신은 기도하지만, 그들은 죽이려 하는군요.
노인들	어떤 놈이 감히 그런 끔찍한 짓을 저지른단 말이오?
카산드라	난 놈이라고 하지 않았어요. 딴말을 하시는군요.
노인들	살인에 대해서만 듣고, 누구 짓인지는 듣지 못했소.
카산드라	난 당신들의 언어로 똑똑히 말해줬어요.
노인들	신의 언어겠지. 진실이지만, 모호하지.

시키지 않아도 자신의 예언 능력을 거침없이 드러내고, 세상 온갖 일에 다양한 관심을 갖고, 그러다 보니 대화 주제도 갈팡질팡하고, 듣는 사람이 받아들일 준비가 안 되어 있어도 혼자 앞서나가는 카산드라의 모습은 묘목(卯木)을 닮았다. 계절로는 경칩부터 청명(4월 5일쯤)까지다. 춘분을 끼고 있어 봄의 절정처럼 보이지만 사람들은 아직 외투를 벗지 못한다. 봄을 알리는 동백과 산수유를 제외하면 아직 변변히 꽃도 피지 않는다. 아직 피지 않은 꽃을 피우려는 분주함이 묘목의 힘이다. 혼자만 봄을 맞이한 산수유 꽃처럼 묘목은 사람들의 생각을 앞서간다. 자기 생각이 많다 보니 말은 참 많은데, 남들은 알아듣지 못하는 말이 많다. 남들의 말을 듣지만, 듣고 나서 딴소리를 한다. 대화 주제를 갑자기 확 바꾼다. 그래서 곧잘 듣는 말이 '4차원'이다.

일상생활에서 4차원이라는 말을 듣는 경우는 묘목 말고도 해수(亥水)가 있다. 묘목은 할 말이 너무 많아서 주제를 확확 바꾸는 통에 대화가 힘든 상대라면, 해수는 대놓고 딴생각을 해서 대화가 힘든 상대다. 해수는 계절로는 입동부터 대설까지, 시간으로는 밤 9시 30분부터 11시 30분까지다. 휴식의 시간이고 생각이 많아지는 시간이다. 혼자 있다면 방해받고 싶지 않은 혼자만의 시간이고, 이성과 함께 있다면 사랑을 나눌 시간이다. 그래서 해수는 성적인 에너지를 뜻하기도 한다. 카산드라도 성적인 매력을 무기로 아폴론에게서 예언 능력을 받아냈다.

카산드라가 내다본 미래에는 자신의 죽음도 포함돼 있다. 아가멤논의 집 안에 들어가면 죽는다. 카산드라는 예언녀의 복장을 벗고 죽음을 향해 걸어간다.

카산드라	트로이의 멸망도 보았고, 트로이를 멸망시킨 자의 파멸도 봤으니, 가서 나도 죽음을 감당하겠어요.
노인들	죽음을 안다면 어째서 겁도 없이 걸어가는 것이오?
카산드라	난 그 물에 걸려 있고, 시간이 지난다고 풀려나지 못해요.
노인들	생의 마지막 순간은 존중받아야지.
카산드라	그 순간이 왔어요. 도망친다고 어쩌겠어요?
노인들	당신은 운명 앞에 용감한 사람이구려.

카산드라   용감하다는 칭찬을 듣고 죽느니 그런 칭찬 안 듣
고 그냥 사는 편이 행복할 텐데.

　집 문턱에서 멈칫하긴 하지만, 카산드라는 자신의 운명을 슬퍼
하면서도 당당히 죽음을 향해 걸어갔다. 시키지 않아도 자신의 예
언 능력을 드러내는 힘이 묘목(卯木)이라면, 감춰진 진실을 드러
내는 예언 능력 자체는 오화(午火)의 힘이다. 또한 죽을 줄 알면서
도 한곳만 보고 질주하는 힘 역시 오화의 힘이다. 오화는 계절로
는 망종(6월 6일쯤)부터 소서(7월 7일쯤)까지다. 낮 길이가 가장 긴
하지(6월 22일쯤)를 품고 있는 여름의 절정이다. 열 기운이 최고조
에 달한 시기라서 오화의 성격은 정열적이고 열정적이다. 그 열정
이 주변을 돌아보지 않고 한곳만을 향해 맹렬하게 달리게 한다.
스스로 힘이 다 빠질 때까지.

　오화는 스스로를 남들 앞에 화려하게 내보이는 힘이기도 하지
만, 어둠을 밝히는 힘이기도 하다. 아가멤논 집안의 오래된 저주
처럼, 권력이 숨긴 진실을 세상 앞에 까발리고 어두운 민낯을 공
개한다. 그래서 비슷한 불의 기운이지만 권력을 추구하는 사화(巳
火)와 달리 오화는 권력을 파괴하는 경향이 있다. 주로 언론이 하
는 일이다.

　카산드라는 죽기 직전, 마지막으로 한마디를 남긴다. "태양신
아폴론에게 빕니다. 오레스테스가 살인자들을 벨 때 아가멤논뿐
아니라 내 죽음에도 복수해주기를!" 이어지는 2부 〈제주를 바치

는 여인들〉에서 오레스테스는 아폴론의 명령에 따라 어머니 클리타이메스트라를 살해한다. 아폴론은 카산드라의 옛 애인이었다. 카산드라는 마지막 순간 아폴론에게 기도했고, 아폴론은 오레스테스에게 옛 애인의 복수를 명령하고 실현시킨다.

카산드라는 마지막 순간, 정의 실현이라는 이름으로 복수의 칼을 살인자들에게 던진다. 정의(庚金)와 칼(辛金)이 합쳐진 지지 유금(酉金)의 힘이다.* 유금은 백로(9월 8일쯤)부터 한로까지다. 추석을 끼고 있는 수확의 계절이다. 곳간 채울 일만 남았다. 지킬 게 많으니 함부로 덤벼들지 않지만, 한번 싸우면 죽자고 덤빈다. 단 한 번의 공격이 치명적이다.

하지만 조심해야 한다. 치명적인 공격은 상대를 물리칠 수 있지만, 공격한 자신도 상처가 남기 마련이다. 가뜩이나 유금은 가을 기온만큼이나 서늘한 기운을 풍긴다. 어째 범접하기 힘든 얼음 공주의 느낌이다. 몸에 칼을 품고 있는 격이기 때문이다. 자기 딴에는 친하게 지내려고 꼭 껴안아도 상대를 칼로 찌르는 수가 있다. 칼이 수술실에서 쓰이면 살리는 일을 하고, 도살장에서 쓰이면 죽이는 일을 한다. 유금은 자신이 가진 칼을 어떤 용도로 쓸지를 늘 고민해야 한다.

또 하나 조심할 점은, 유금이 생각하는 정의란 결국 가을에 채워둔 자기 곳간을 지키는 일이기 쉽다는 사실이다. 카산드라는 자

---

* 유금의 지장간은 경(庚), 신(辛)이다.

신의 억울한 죽음을 복수하는 일이 정의라고 생각했겠지만, 따지고 보면 세상에 어느 죽음인들 억울하지 않을까. 유금은 정의를 실현하는 칼을 휘두르기 전에, 혹시 그 일이 자기 자신에게만 정의롭지는 않은지 자문해볼 필요가 있다.

◆ 명리요결 ◆

지지(地支)

자 (子)	23:30 ~ 01:30	12월 7,8일 ~ 1월 5,6일	쥐	壬,癸	계수다운 총명함, 새로운 변화의 기운, 은밀한 색욕
축 (丑)	01:30 ~ 03:30	1월 5,6일 ~ 2월 4,5일	소	癸,辛,己	水 같은 土, 묻어누는 감정, 번뜩이는 감각, 소고집
인 (寅)	03:30 ~ 05:30	2월 4,5일 ~ 3월 5,6일	호랑이	戊,丙,甲	갑목다운 추진력, 덜렁댐, 자존심
묘 (卯)	05:30 ~ 07:30	3월 5,6일 ~ 4월 4,5일	토끼	甲,乙	갑목을 품은 을목, 묘한 이중성, 끈질긴 생명력
진 (辰)	07:30 ~ 09:30	4월 4,5일 ~ 5월 5,6일	용	乙,癸,戊	木 같은 土. 극심한 변화, 자신감, 인내심
사 (巳)	09:30 ~ 11:30	5월 5,6일 ~ 6월 5,6일	뱀	戊,庚,丙	병화다운 급발진, 욱하는 성격, 자기과시, 오만함
오 (午)	11:30 ~ 13:30	6월 5,6일 ~ 7월 7,8일	말	丙,己,丁	한여름(한낮)의 열정, 권력 파괴적, 감각적
미 (未)	13:30 ~ 15:30	7월 7,8일 ~ 8월 7,8일	양	丁,乙,己	火 같은 土, 성장 멈추고 내실 준비, 포용성-공격성 혼재

신 (申)	15:30 ~ 17:30	8월 7, 8일 ~ 9월 7, 8일	원숭이	戊, 壬, 庚	결실을 준비하는 시간, 쾌도난마, 자기 본위, 다재다능
유 (酉)	17:30 ~ 19:30	9월 7, 8일 ~ 10월 8, 9일	닭	庚, 辛	수확과 서리의 계절, 얼음 공주, 신금의 치명적 폭력성
술 (戌)	19:30 ~ 21:30	10월 8, 9일 ~ 11월 7, 8일	개	辛, 丁, 戊	金 같은 土, 경계인(또는 과격파), 거두절미
해 (亥)	21:30 ~ 23:20	11월 7, 8일 ~ 12월 7, 8일	돼지	戊, 甲, 壬	충전-휴식의 시간, 활동성 떨어짐, 총명함, 반성과 성찰

육십갑자

甲子	乙丑	丙寅	丁卯	戊辰	己巳	庚午	辛未	壬申	癸酉
甲戌	乙亥	丙子	丁丑	戊寅	己卯	庚辰	辛巳	壬午	癸未
甲申	乙酉	丙戌	丁亥	戊子	己丑	庚寅	辛卯	壬辰	癸巳
甲午	乙未	丙申	丁酉	戊戌	己亥	庚子	辛丑	壬寅	癸卯
甲辰	乙巳	丙午	丁未	戊申	己酉	庚戌	辛亥	壬子	癸丑
甲寅	乙卯	丙辰	丁巳	戊午	己未	庚申	辛酉	壬戌	癸亥

4

[십신, 사주의 현실 적용]

정의를 실현하면
행복해질까?

〈엘렉트라〉

그리스 신화 등장인물이 심리학 용어로 자리 잡은 대표적인 경우가 오이디푸스(오이디푸스 콤플렉스)라면, 두 번째 자리를 놓고 경쟁을 벌일 법한 인물이 이번 이야기의 주인공이다. 바로 엘렉트라다. 오이디푸스는 오이디푸스 콤플렉스가 없었지만,[*] 엘렉트라는 실제로 어머니를 미워하는 엘렉트라 콤플렉스[**] 증상을 보인다.

이야기는 클리타이메스트라가 아가멤논을 살해한 지 7년 후, 이들 부부의 아들 오레스테스가 돌아오면서 시작한다. 어느덧 성인이 되어 복수를 하러 오는 길이다. 오레스테스를 인도한 가정교사는 각오를 새로이 불어넣는다. "이제 때가 됐다. 머뭇거릴 시간이 없다. 행동할 시간이다." 오레스테스는 이미 마음의 결심을 내렸고, 구체적인 계획도 세웠다. 가정교사를 미리 첩자로 집 안에

---

[*] 오이디푸스 콤플렉스는 아들이 유아기에 어머니에게 성적 애착을 갖고 아버지를 미워하는 경향을 가리킨다. 이런 명명과 달리 오이디푸스는 비록 아버지를 살해하고 어머니와 동침하긴 했지만 누군지 모르고 저지른 일이니 아버지를 미워한 일도 없다. 오이디푸스로서는 오이디푸스 콤플렉스라는 이름을 억울하게 여길 법하다.

[**] 엘렉트라 콤플렉스는 딸이 아버지에게 애정을 품고 어머니에게 반감을 갖는 경향이다.

들여보내 내부 사정을 염탐하고, 자신이 죽었다는 거짓 정보를 흘려 아버지의 원수들을 안심시킨 뒤, 복수를 결행한다는 계획이다. 남자들은 집 안에서 들려오는 엘렉트라의 울음소리에도 주의를 기울이지 않고 자신들의 계획 실행에만 집중한다.

7년이 지났건만 엘렉트라는 여전히 아버지의 죽음을 슬퍼하며 눈물로 날을 지새운다. 결혼도 하지 못하고 왕녀가 하녀 같은 삶을 살고 있다. 어머니 클리타이메스트라는 딸을 구박하기만 하고, 아이기스토스는 아예 집 밖에도 나가지 못하게 한다. 유일한 희망인 남동생 오레스테스는 도무지 돌아올 결심을 하지 못하고 있다. 할 수 있는 일은 그저 아버지를 살해한 자들을 저주하는 것뿐이다. 아르고스의 귀족 처녀들이 "강자들과 대적해봤자 불행만 커진다"며 말려보지만 소용없다. 엘렉트라에게 아버지의 죽음에 침묵하는 대신 주어지는 안락한 삶이란 무의미하다.

똑같이 아버지를 비명에 잃은 입장이지만, 여동생 크리소테미스는 사뭇 다른 삶을 살고 있다. 왕녀다운 '풍성한 식탁과 사치스러운 생활'을 누린다. 원수들에게 복수를 꿈꾸지만 '힘이 생긴 후에' 할 일이다. 현재로선 적의를 드러내지 않고 고분고분하게 살아남는 일이 급선무다. 엘렉트라는 말로만 미워하는 동생을 경멸한다. 하는 짓은 결국 '아버지 살해자들과 한통속'이라며.

어느 날, 크리소테미스는 어머니의 심부름을 간다. 악몽에 시달리던 클리타이메스트라는 아가멤논의 영혼을 달래려 제물을 바치려 했다. 엘렉트라는 살인자인 어머니의 제물을 아버지 영전에 바칠 수는 없다며, 자신들의 머리털과 허리띠를 바치라고 시킨다. 오레스테스가 돌아와 복수하게 해달라고 빌라는 말도 덧붙인다. 동생은 언니의 말을 군말 없이 따른다. 언니가 비록 하는 짓은 미련할지언정 그 마음가짐은 옳다고 생각하기 때문이다.

클리타이메스트라가 집 앞의 아폴론 신상에 기도하러 나왔다가 엘렉트라가 귀족 처녀들과 함께 있는 모습을 보고서는 또 자기 험담을 한다며 한바탕 잔소리를 쏟아낸다. 자신이 딸을 구박하는 게 아니라 딸이 자신을 모욕해 욕으로 되갚았을 뿐이라며 말이다. 딸이 그토록 욕하는 아가멤논 살해 역시, 아버지가 먼저 딸(이피게네이아)을 살해한 데에 따른 정의의 심판이었다고 주장한다. 딸은 한마디도 지지 않고 어머니의 말을 반박한다. 설령 아버지가 이피게네이아를 죽인 일이 부당했다 하더라도, 다른 사람도 아닌 어머니의 손에 아버지가 죽을 이유는 되지 못한다고. 아버지를 죽인 살인자와 동침해 자식까지 낳아주고 아버지의 자식을 쫓아낸 일은 어떻게 설명하겠냐고. 딸을 위한 복수라지만, 실은 어머니의 불륜을 감추려는 목적의 살인이 아니었냐고. 클리타이메스트라는 엘렉트라의 입을 막아 패배를 자인하고 만다.

어머니는 딸을 옆에 세워둔 채로 아폴론 신을 향해 기도하기 시작한다. 딸이 듣고 있어서 정확하게 말할 수 없지만 자신의 소원을 들어달라고 빈다. 딸이 들으면 동네방네 악담을 퍼뜨리고 다닐 그 소원은 자신을 향한 위협이 사라지도록 해달라는 것, 정확히 말하면 아들 오레스테스를 없애달라는 것이었다. 그 기도에 신이 응답하기라도 하듯, 때마침 방문객이 나타난다. 신분을 감춘 가정교사였다.

가정교사는 미리 약속한 대로 오레스테스가 죽었노라고 거짓말을 한다. 좌절하는 엘렉트라와 달리 클리타이메스트라는 상세한 보고를 요구한다. 전차 경주를 현장에서 보는 듯한 실감나는 사고 소식을 들은 뒤에 클리타이메스트라는 아들이 죽었다는 슬픔과 자신의 목숨을 위협하는 사람이 사라졌다는 안도가 엇갈리는 묘한 반응을 내놓는다. "끔찍한 이익. 내 불행으로 내 목숨을 구했다." 하지만 시간이 갈수록 슬픔보다는 안도감이 더 커진다. 딸이 복수의 여신을 찾자 어머니는 딸을 조롱한다. "복수의 여신이 일처리를 제대로 했구나."

삶의 희망을 잃은 엘렉트라에게 크리소테미스가 신나게 달려온다. 오레스테스가 돌아왔다는 소식을 갖고서. 크리소테미스는 아가멤논의 무덤에 갔다가 누군가 제물을 바치고 머리털을 잘라 놓은 것을 보고 오레스테스의 귀환을 알아차렸다. 하지만 엘렉트라는 동생을 한심하게 여긴다. 오레스테스는 이미 죽었는데 무슨 얘기를 듣고 호들갑이냐며 "몽상 속을 헤맨다"고 타박한다. 잘못 알고 있는 사람은 엘렉트라 자신인데, 동생더러 '똑바로 알아보고 말하라'고 훈계한다.

낙담한 엘렉트라는 더 이상 의지할 사람이 없다며 크리소테미스에게 함께 아이기스토스를 죽이자고 제안한다. 동생은 언니의 제안을 따를 수 없다. 어차피 이기지 못하는 싸움인 탓이다. 아무리 멋진 일이라도 죽고 난 다음이라면 무슨 소용인가 싶다. 언니가 지금이라도 정신 차리고 강자 앞에 굽히는 법을 배우면 좋겠지만, 그게 안 된다면 그저 못 들은 척해주는 게 최선의 배려다. 그래도 한마디는 해주고 싶다. "정의가 때론 난장판을 불러오지."

오레스테스가 그 자신의 가짜 유골 단지를 들고 나타났다가 문 앞에 있던 엘렉트라를 먼저 만났다. 자신을 키우고 탈출시키던 때를 돌아보며 슬퍼하는 모습을 보고 오레스테스는 누나를 알아본다. 그리고 아가멤논의 인장 반지를 보여주며 자신의 신분을 밝힌다. 남매는 뜨겁게 포옹한다. 누나는 죽은 줄 알았던 동생의 귀환에 기뻐 어쩔 줄 모른다. 그런데 남동생은 자꾸만 분위기를 깬다. "조용히 하세요." "말이 너무 많아요." "기쁨이 너무 과도해요." 그러고는 그동안 마음고생한 이야기는 필요 없고 지금 자신에게 '도움 되는 이야기'를 해달라고 한다.

엘렉트라는 여전히 상봉의 기쁨을 감추지 못하는데, 집 안에 있던 가정교사가 나와선 떠들지 말고 얼른 복수를 결행하라고 다그친다. 오레스테스가 요구한 '도움 되는 이야기'도 결국 엘렉트라가 아닌 가정교사의 입에서 나온다. 집 안에 남자는 없고 클리타이메스트라 혼자 있다고. 더 시간 끌다간 경비병들과 싸워야 한다고. 상황을 파악한 일행은 집 안으로 들어간다.

오레스테스가 집 안에서 어머니를 상대로 복수(살인)를 하고 있을 때, 엘렉트라는 비명 소리에 전혀 흔들림 없이 저주를 퍼붓고 한 대 더 때리라고 부추긴다. 칼을 휘두를 뿐 말이 없던 오레스테스는 밖으로 나와 딱 한마디를 한다. "집 안에서는 모든 일이 잘되었어요." 오레스테스는 아버지의 복수든 뭐든, 어머니를 살해하는 끔찍한 순간을 믿을 수 없도록 무덤덤하게 넘긴다. 그저 결재 서류에 서명하듯이.

뒤늦게 아이기스토스가 달려온다. 아직 클리타이메스트라의 피살 소식은 모른다. 그저 오레스테스의 부고가 날아들었다는 소식만 듣고 희희낙락이다. 너무 듣고 싶었던 소식이지만, 그래도 확인을 거듭한다. "틀림없이 죽었다더냐?" 엘렉트라는 시신을 직접 눈으로 보라며 아이기스토스를 집 안으로 들인다. 오레스테스는 시신을 덮은 천을 아이기스토스더러 직접 벗기라고 한다. 물론 클리타이메스트라의 시신이다. 아이기스토스는 시신의 얼굴을 보고는 상황을 파악하지만 이미 때는 늦었다. 오레스테스가 아버지 아가멤논이 죽었던 욕실로 아이기스토스를 데려가 똑같은 죽음을 되돌려주면서 비극은 끝난다.

〈엘렉트라〉라는 제목의 비극은 소포클레스도 썼고, 에우리피데스도 썼다. 앞서 아이스킬로스는 같은 내용을 〈제주를 바치는 여인들〉이라는 제목으로 썼다. 오레스테스가 어머니와 아이기스토스를 죽인다는 골자는 같지만, 세 작품은 주제, 설정, 등장인물 모두에서 차이가 있다. 아이스킬로스의 〈제주를 바치는 여인들〉은 오레스테스가 주인공이고 아버지의 원수를 갚으라는 신의 명령으로 어쩔 수 없이 어머니를 살해하는 아들의 고뇌에 초점을 맞췄다. 반면에 소포클레스와 에우리피데스는 제목에서 알 수 있듯 주인공을 엘렉트라로 바꿨다. 고민이 많은 사람도 오레스테스에서 엘렉트라로 바뀐다. 소포클레스의 엘렉트라는 타협의 유혹을 극복하고 불의에 저항하는 인물로 그려진다. 이 작품에서 클리타이메스트라와 아이기스토스는 관객과 독자의 마음 한구석에 '상간 남녀이긴 하지만 이들이 '나쁜 놈'이 맞긴 한가?' 하는 의문이 살짝 들게 한다. 소포클레스는 정답을 제시하지 않고 (아마도 의도적으로) 대충 넘어간다. 에우리피데스는 한발 더 나아가 이 상간 남녀를 너무나도 예의 바르고, 인정 넘치고, 모성애 가득한 인물(클리타이메스트라)로 그려내 이런 의문을 정면으로 제기한다. 오히려 어머니를 상대로 복수에 나선 오레스테스와 엘렉트라 남매가 하는 짓이 더 '나쁜 놈' 같다. 에우리피데스의 〈엘렉트라〉는 아이스킬로스의 원작(〈제주를 바치는 여인들〉)을 알고 있는 당대 사람들에게는 유쾌한 반란이었을 테지만, 줄거리 자체도 익숙하지 않은 우리 시대에 원작을 비트는 묘미를 맛보기란 좀 부담스럽지 않나 싶은 게 솔직한 심정이다. 세 작품 중 소포클레스의 작품을 대표로 고른 이유다.

투기에 가까운 모험적 투자

이제 소포클레스 〈엘렉트라〉의 장면들을 하나하나 살펴보자. 먼저 가정교사*가 오레스테스와 함께 돌아오는 첫 장면이다. "아버님(아가멤논)이 살해당했을 적에 저는 누님(엘렉트라)의 명을 받고 도련님을 탈출시켰죠.** 전 어린 도련님을 구했고, 이제 복수하라고 장성한 젊은이를 모셔왔네요." 임무를 완수했다는 뿌듯함이 엿보인다. 그리고 오레스테스에게 행동 계획을 마련하라고 다그친다. "이제 때가 됐어요. 머뭇거릴 시간이 없어요. 행동할 시간입니다."

나중에 오레스테스가 정체를 밝히고 엘렉트라와 재회의 기쁨을 나눌 때 찬물을 끼얹는 모습에서도 가정교사의 성격은 분명히 드러난다. "죽고 싶어 환장했소? 아니면 머리에 생각이라는 게 없는 거요? 당신들은 위험 근처가 아니라 위험 한가운데에 들어와 있어요." 둘이서 떠드는 바람에 계획이 새어나갈 뻔했다며 당장 살해 계획을 결행하라고 말한다. "지금 망설였다간 다 망쳐요. 빨리빨리, 서둘러요."

엘렉트라가 뒤늦게 가정교사를 알아보고 "아가멤논 가문을 당신이 구했다", "당신을 보고 있자니 아버지를 보는 것 같다"고 추켜세워도 가정교사는 심드렁하다. "그만 하면 됐어요." 그러고는 거듭 행동을 주문한다. "계속 서 있지 말고, 행동을 해야 해요. 바로 지금. 클리타이메스트라는 혼자 있고, 남자는 안에 아무도 없어

---

* 가정교사라고 번역하긴 했지만, 실은 노예다. 실제로 가르치는 일을 하기보다는 부잣집 자제들이 학교를 오갈 때 데리고 다니는 역할을 했다.

** 아이스킬로스의 작품에서는 아가멤논이 트로이에 있는 동안 클리타이메스트라가 이미 오레스테스를 외국에 보내뒀다고 설정한다.

요. 더 꾸물거리다간 무장한 군인들을 상대하게 될 거예요."

　복수든 뭐든, 일을 성공시키려면 정확한 때를 포착해 놓치지 말아야 하는 법이다. 기회를 만들어내지는 못할지언정 주어진 기회를 놓쳐서는 안 된다. 이 남자, 다른 건 몰라도 일은 잘하는 사람이다. 타국 땅에서 주인의 어린 아들을 성인으로 키워냈고, 심지어 복수를 위해 조국으로 데려왔고, 복수의 완수까지 차질 없이 돕는다. 일에만 신경 써서 그런지 인간미는 좀 떨어진다. 7년 만에 만난 남매가 재회의 기쁨을 나눌 시간도 충분히 허락하지 않는다. 그래도 긴박한 순간에 중요한 일을 해야 한다면 이런 사람에게 맡기고 싶다. 그래서 일을 몰고 다닌다. 이런 사람이 일복도 많다. 명리학에서 재성(財星), 흔히 재물운이라고 부르는 힘이다. 일을 하면 돈이 대가로 따라오니 붙은 이름이다.

　음양과 오행은 돌고 돈다. 목(木)은 화(火)를, 화는 토(土)를, 토는 금(金)을, 금은 수(水)를, 그리고 수는 다시 목을 생한다. 그런가 하면 목은 토를, 토는 수를, 수는 화를, 화는 금을, 그리고 금은 다시 목을 극한다. 생과 극은 끝없이 순환한다. 그중에 누가 힘이 세고 약한지, 좋은지 나쁜지를 따질 수가 없다. 목은 금을 기준으로 보면 약하지만, 토를 기준으로 보면 강하고, 목은 화를 기준으로 보면 베푸는 입장이지만, 수를 기준으로 보면 받는 입장이 된다. 어떤 입장에 서서 어떤 기준으로 보느냐에 따라 기능과 역할이 전혀 달라진다.

　기준점 없이 사주를 보면 단순히 목이 몇 개, 금이 몇 개 하는 식으로 해석을 하게 된다. 그것만으로도 의미가 없지는 않지만 그 목과 금이 구체적인 삶 속에서 어떤 역할을 하는지를 알 수 없다. 그래서 사주 여덟 글자에 있는 오행의 역할을 결정하기 위해서는 기준점이 필요하다. 명리학에서는 태어난 날의 천간('일간'이라고 부른다)을 '나'로 상정하고 기준점으로 삼는다.* ** 일반적으로 사주 팔자를 뽑았을 때 윗줄의 왼쪽 두 번째에 위치한 글자다.

수(水)는 휴식과 사색을 통한 상상력과 창조력, 유연한 사교력을 발휘하는 힘이다. 하지만 일간이 화(火)인 사주에 있는 수라면, 기준점이 화라면, 물은 다른 무엇보다 불을 끄는 기능이 강조된다. 불을 끄는 일이 1순위이고, 상상력과 사교력은 부차적인 기능이 된다. 물이 불을 끄는 힘, '나'라는 일간을 극하는 힘을 관성(官星)이라고 한다. 흔히 관운이라고 부르는 힘이다. 출세운이고, 명예운

---

* 庚乙庚壬
  辰酉戌子
  이 사주를 예로 들자면, 을(乙)이 일간이다. 이 사주는 임자(壬子)년, 경술(庚戌)월, 을유(乙酉)일, 경진(庚辰)시에 태어났다는 뜻이다. 각각의 간지를 하나의 기둥으로 봐서 태어난 해를 뜻하는 임자를 '연주(年柱)', 경술을 '월주(月柱)', 을유를 '일주(日柱)', 경진을 '시주(時柱)'라고 부른다. 이 네 개의 기둥을 합쳐서 부르는 말이 바로 '사주(四柱)'다. 태어난 해의 천간이 '연간(年干)', 태어난 해의 지지가 '연지(年支)', 태어난 달의 천간이 '월간(月干)', 태어난 달의 지지가 '월지(月支)', 태어난 날의 천간이 '일간(日干)', 태어난 날의 지지가 '일지(日支)', 태어난 시간의 천간이 '시간(時干)', 태어난 시간의 지지가 '시지(時支)'다.

** 기준점을 잡는다는 발상은 명리학에서 하나의 혁명이었다. 중국에서는 귀곡자라는 인물이 활동한 춘추전국시대부터 음양오행을 활용해 운명을 분석해왔다. 그러다 당나라 때 이허중이라는 인물이 태어난 해를 기준점으로 삼아 사주를 해석해 명리학의 새로운 장을 열었다. 그리고 당나라에서 송나라로 넘어가던 즈음 서자평이라는 인물이 태어난 날을 새로운 기준점으로 제시했다. 그것이 오늘날 명리학의 시작이었다.

이고, 승진운이고, 취직운이다. 여성에게는 남자운이기도 하다.

수(水)가 일간이고 화(火)가 사주 안에 있는 다른 오행이라면 정반대의 상황이 펼쳐진다. 열정에 차서 조급한 화를 어떻게 처리할지는 수 하기 나름이다. 불은 물의 관리 대상이다. 수라는 일간이 화를 극한다. '나'라는 일간이 극하는 힘을 재성(財星)이라고 한다. 흔히 재물운이라고 부르는 힘이다. 돈복이고 일복이다. 남자에게는 여자운이기도 하다.

사주에 화(火)와 수(水)가 있다는 점에선 똑같지만 어떤 사람에겐 출세를, 어떤 사람에겐 돈을 뜻하는 셈이다. 갑목(甲木)이면 갑목, 자수(子水)면 자수, 특정한 천간과 지지는 고정된 의미와 역할을 갖고 있지 않다. 일간이 무엇이냐에 따라, 옆에 있는 천간과 지지가 무엇이냐에 따라 다른 의미와 역할을 갖는다. 마치 같은 사람이라고 해도 집에서, 직장에서, 동창회에서, 또는 예비군 훈련에서 누구와 함께 있느냐에 따라 전혀 다른 역할과 의미를 부여받는 것처럼.

같은 계수(癸水)라도 일간에 따라 전혀 다른 의미를 갖는다. 일간이 금(金)이라면 '일간이 생하는 힘'인 식상(食傷)이 되어 청산유수의 말재수가 된다. 일간이 목(木)이라면 '일간을 생하는 힘'인 인성(印星)이 되어 기발한 발상으로 세상을 놀라게 할 수 있다. 일간이 수(水)라면 '일간과 같은 힘'인 비겁(比劫)이 되어 폭포수와 같은 추진력을 발휘할 수 있다. 일간이 토(土)라면 '일간이 극하는 힘'인 재성이 되어 상상력과 창조력으로 일을 한다. 그래서 재산도 물처럼 손에 잡히지 않는 특허권이나 저작권 같은 형태로 쌓기 쉽다. 일간이 화(火)라면 이미 본대로 '일간을 극하는 힘'인 관성이 된다. 구석구석 스며드는 물처럼 실무까지 꼼꼼히 챙기는 관리자가 될 수 있는 힘이다.

가정교사의 재성을 말하다 멀리 돌아왔다. 일간, 즉 내가 극하는 힘이 재성이다.* 관리하고, 다루고, 통제하고, 조절하는 대상이 있다는 말은 책임지고 맡은 일이 있다는 뜻이다. 그리고 일을 하고 나면 어떤 형식으로든 대가를 받게 된다. 그래서 재성을 일복이고 돈복이라고 한다. 대개의 일은 다른 사람들과 함께 한다. 재성이 있는 사람은 다른 사람들과 어울리는 데에도 익숙하다. 사람들과 어울리다 보면 일만 하지 않는다. 농담도 나눠야 하고 맥주도 한잔해야 한다. 재성이 있는 사람은 놀기도 잘 논다. 하긴 관리의 최고봉은 '갖고 놀기'가 아니던가. 피아니스트는 피아노를 갖고 놀고, 타짜는 호구를 갖고 놀고, 바람둥이는 이성(異性)의 마음을 갖고 논다.

재성은 흔히 돈을 의미한다고 알려져 있다. 그런데 그 돈이 꼭 재산을 의미하지는 않는다. 누구는 한 달에 1,000만 원씩 벌고 20억짜리 아파트도 있는데 생활비로 300만 원을 쓰고, 다른 누군가는 한 달에 300만 원을 벌고 원룸에 사는데 생활비는 역시 300만 원

---

* 일간이 목(木)이라면 토(土), 일간이 화(火)라면 금(金), 일간이 토(土)라면 수(水), 일간이 금(金)이라면 목(木), 일간이 수(水)라면 화(火)가 재성이 된다.

씩 쓴다면, 두 사람의 재성의 크기는 같다. 자신이 먹고, 일하고, 놀고, 일상을 영위해서 다시 먹고사는 일을 하는 순환 구조를 만들어내는 돈이 재성이다.

재성이 강하다고 무작정 반길 일이 아니다. 재성은 또한 일복이기도 하기 때문이다. 돈은 써야 맛인데, 일만 죽도록 하고 정작 돈을 쓰지는 못하는 수도 있다. 돈 벌겠다고 미친 듯이 일만 하다 보면, 번 돈을 쓰지도 못하고 몸만 축나는 결과를 낳을 수도 있다. 돈이란, 삶을 살아가는 수단이다. 문제는 돈을 목적으로 삼을 때 발생한다. '내가 극하는 힘'이 재성이고 돈인데, 오히려 '나를 극하는 힘'이 된다. 내가 관리하고 다루어야 마땅한 돈이 오히려 나를 지배하게 된다. 내가 갖고 놀아야 할 돈이 내 주인 행세를 하게 된다. 속칭 '돈의 노예'가 된다.

재성은 정재(正財)와 편재(偏財), 두 가지로 나뉜다. 일반적으로 정재는 월급처럼 꼬박꼬박 들어오는 돈, 편재는 부동산이나 주식 투자처럼 들어올 때 왕창 들어오지만 왕창 나가기도 하는 돈으로 구분한다. 정재를 정규직, 편재를 비정규직에 비유하기도 한다. 정재는 '내가 극하는 힘'이지만 음양이 다른 존재다.** 음양이 서로 다르면 아귀가 맞는 요철(凹凸)처럼 꽉 낀다. 꽉 끼니까 운신의 폭

** 일간 갑(甲)에게는 기(己), 축(丑), 미(未), 일간 을(乙)에게는 무(戊), 진(辰), 술(戌), 일간 병(丙)에게는 신(辛), 유(酉), 일간 정(丁)에게는 경(庚), 신(申), 일간 무(戊)에게는 계(癸), 자(子), 일간 기(己)에게는 임(壬), 해(亥), 일간 경(庚)에게는 을(乙), 묘(卯), 일간 신(辛)에게는 갑(甲), 인(寅), 일간 임(壬)에게는 정(丁), 오(午), 일간 계(癸)에게는 병(丙), 사(巳)가 정재가 된다.

이 좁다. 빈틈도 없다. 그러니 극하는 대상을 빈틈없이, 꼼꼼하게 관리하고 다룬다. 일 처리는 틀림없지만 사람은 좀 답답하기 쉽다.

편재도 '내가 극하는 힘'이지만 음양이 같은 존재다.* 서로 짝이긴 한데, 아귀가 정확하게 맞지 않는 요철, 크기가 맞지 않아 헐겁게 조여진 나사, 또는 지퍼를 올리다 만 바지 같은 느낌이다. 꽉 끼지 않고 빈틈이 있다. 관리 대상을 챙겨주면서도 활동 공간을 남겨준다. 투자는 하면서 경영에는 개입하지 않는 천사 같은 투자자랄까? 결과적으로는 남 좋은 일만 시켜줄 수도 있다. 그래서 편재는 남에게 봉사하는 성격으로 나타나기도 한다. 하지만 상관없다. 편재는 일을 해서 재미를 느꼈으면 그것으로 이미 보상은 끝난다.

오레스테스를 복수의 현장으로 데려온 가정교사는 정재와 편재 모두를 가진 사람으로 보인다. 조금의 빈틈도 허용하지 않는 꼼꼼함이 정재스럽다. 감동적인 오누이의 상봉 분위기를 깰 만큼 감정에 인색하고 업무에 집중하는 모습도 정재스럽다. 바늘로 찔러도 피 한 방울 안 나올 듯한 짠돌이처럼 보인다.

이 가정교사, 그런데 알고 보면 큰 그림을 그린다. 복수를 꿈꾸는 아들을 위해 클리타이메스트라가 양육비를 보내줬을 리 없다. 정재라면 입금이 끊기면 일도 끝낸다. 하지만 가정교사는 오레스

---

* 일간 갑(甲)에게는 무(戊), 진(辰), 술(戌), 일간 을(乙)에게는 기(己), 축(丑), 미(未), 일간 병(丙)에게는 경(庚), 신(申), 일간 정(丁)에게는 신(辛), 유(酉), 일간 무(戊)에게는 임(壬), 해(亥), 일간 기(己)에게는 계(癸), 자(子), 일간 경(庚)에게는 갑(甲), 인(寅), 일간 신(辛)에게는 을(乙), 묘(卯), 일간 임(壬)에게는 병(丙), 사(巳), 일간 계(癸)에게는 정(丁), 오(午)가 편재가 된다.

테스가 장성하도록 키워줬다. 마침내 복수를 하려 귀국했지만, 권력자들을 상대로 한 망명자의 복수가 쉬울 턱이 없다. 성공하면 오레스테스가 왕위 계승권자이니 대박이겠지만, 실패해서 덩달아 죽음을 당할 가능성이 훨씬 크다. 일생을 건 모험이다. 투자라기보다는 투기에 가까운 위험천만한 행동은 편재를 가진 사람들의 특징이다.

포기하지 않는 승부욕의 끝

엘렉트라는 7년의 세월이 지났건만 여전히 아버지 아가멤논의 죽음을 슬퍼하고 있다. 아가멤논의 죽음을 애도하는 사람은 혼자만 남았지만, 그래도 멈출 생각이 없다. 넝마를 걸치고, 땅바닥에서 밥을 먹고, 아버지의 집에서 허드렛일을 하며 노예 생활을 하는 엘렉트라는 오레스테스에게 국내 상황을 전하며 복수를 재촉해왔던 모양이다. 하지만 답신은 실망스러웠다. "그 아이는 늘 나와 함께하고 싶다지만, 그 간절함에도 불구하고 오지는 않아요." 엘렉트라는 자신의 불행이 한도 끝도 없다고 한탄하지만 "안락한 생활을 위해 아버지를 욕되게 할 수 없다"며 비탄을 멈추지 않는다. 복수를 하지 않는다면 '인간애', '법의 정의' 같은 말은 설 자리를 잃으니 말이다. 남들이 걱정해줘도, 말려도 소용없다. "나 좀 내버려둬요. 바른 마음과 따뜻한 가슴에서 나오는 말로도 날 위로하지 못해요. 날 못 말려요. 난 슬픔을 멈추지 않아요."

이 마음을 아버지를 향한 효성이나 죽은 사람에 대한 의리라고 할 수 있을까? 어쩌면 그냥 똥고집 아닐까? 아무도 못 말리는 고집. 딱히 뭘 어떻게 해보겠다는 계획도 없다. 그저 밑도 끝도 없이 "그냥 내 마음대로 할래"다. 다른 사람들이 못하게 하니까 더 하겠다고 덤비는 꼴이다. 이런 고집을 부르는 힘은 비겁(比劫)이다.

비겁은 비견(比肩)과 겁재(劫財)를 합쳐서 부르는 말이다. 비겁은 일간과 같은 오행이다. '어깨를 견주다'는 뜻의 비견은 그중에서도 음양까지 같고,* 겁재는 음양은 다른 글자다.** 갑목(甲木) 일간의 비겁에 갑목과 을목(乙木)이 있는 데에서 알 수 있듯, 비겁은 일간과 가장 비슷한 존재다. 생김새도 성격도 비슷한 형제와 같다. 형제라는 존재는 태어나면서부터 어머니의 사랑을 놓고 다투는 경쟁자다. 걸핏하면 서로 주먹을 날리며 싸운다. 그래서 형제 많은 집 애들이 싸움을 잘한다. 비겁이 승부욕과 경쟁심, 전투력으로 나타나는 이유다. 하지만 형이든 동생이든, 누군가 밖에서 맞고 들어

---

* 일간 갑(甲)에게는 갑(甲), 인(寅), 일간 을(乙)에게는 을(乙), 묘(卯), 일간 병(丙)에게는 병(丙), 사(巳), 일간 정(丁)에게는 정(丁), 오(午), 일간 무(戊)에게는 무(戊), 진(辰), 술(戌), 일간 기(己)에게는 기(己), 축(丑), 미(未), 일간 경(庚)에게는 경(庚), 신(申), 일간 신(辛)에게는 신(辛), 유(酉), 일간 임(壬)에게는 임(壬), 해(亥), 일간 계(癸)에게는 계(癸), 자(子)가 비견이 된다.

** 일간 갑(甲)에게는 을(乙), 묘(卯), 일간 을(乙)에게는 갑(甲), 인(寅), 일간 병(丙)에게는 정(丁), 오(午), 일간 정(丁)에게는 병(丙), 사(巳), 일간 무(戊)에게는 기(己), 축(丑), 미(未), 일간 기(己)에게는 무(戊), 진(辰), 술(戌), 일간 경(庚)에게는 신(辛), 유(酉), 일간 신(辛)에게는 경(庚), 신(申), 일간 임(壬)에게는 계(癸), 자(子), 일간 계(癸)에게는 임(壬), 해(亥)가 겁재가 된다.

오기라도 하면 자기 일처럼 대신 나가서 싸워주는 사람 역시 형제다. 그래서 형제 많은 집 애들은 함부로 건드리지 말랬다. 누구도 자신을 함부로 건드리지 못한다는 자존심과 자신감, 그로부터 비롯된 고집이 비겁의 특징인 이유다. 태생적인 내 편이자, 태생적인 경쟁자, 비겁이 바로 그렇다.

싸우면 이길 수 있다는 자신감, 아무도 자신을 쉽게 건드리지 못한다는 자존감은 비겁이 흔히 보이는 특징이다. '나 잘났다'는 인식이 뼛속까지 새겨져 있다. 그 잘났음을 남들이 몰라주면, 그 잘났음을 남들이 인정해주지 않으면, 비겁으로서는 그 무엇보다 견디기 힘든 일이다. 속칭 '왕자병', '공주병' 증상이다.

비견이 강하면 주변 사람을 살뜰하게 잘 챙기고 어려운 일을 도맡아 처리해주기도 한다. 제 몸을 사리지 않고 어려움에 처한 형제를 돕는 딱 그 모양이다. 전국 방방곡곡에 의형제나 '아는 형님', '친한 동생'이 널려 있고, 어지간하면 "그 사람 나랑 엄청 친해"라고 말한다. 하지만 호의에 찬 그 행동의 바닥에는 인정 욕구가 깔려 있다. 비견의 호의를 받은 사람은 반드시 사랑과 존경으로 되갚아야 한다. 설령 마음에 없는 말이라도 '넌 정말 좋은 사람'이라는 취지의 칭찬을 해줘야 한다.

비견이 발달하면 남에게 의존하지 않고 독립하는 힘이 된다. 하지만 비견이 너무 많아지면 제멋대로 성격이 되어 남의 지시를 듣기 싫어하고 주변 사람들과 갈등을 빚기도 한다. 자신감과 자존감이 합해져 고집스러운 성격이 되기 때문이다. 직장 생활도 어렵다고도 한다. 하긴 직장 생활만큼 자유를 옥죄는 것도 없으니 자유를 만끽하고 싶은 비견에게는 고역일 수 있다. 직장에서 "나 좀 내 버려줘요"라고 말할 수는 없는 노릇이니까.

비견이 많으면 결혼운이 박하다고 한다. 사실 자유를 빼앗기기로 말하면 직장보다 결혼이 윗줄 아닌가 싶기도 하다. 상대를 존중하지 않고 혼자 멋진 척하면 유지할 수 없는 관계가 결혼이다. 혼자 멋지고 싶다는 욕망은, 결국 상대에게 일방적인 희생을 강요한다는 뜻이다. 엘렉트라는 "결혼도 못하고 늙어가고 있다"며 신세를 한탄하지만, 사실 그런 상황은 다른 누구의 탓이 아니다. 자신이 남편을 받아들이지 못하는 탓이다. 엘렉트라의 슬픔을 함께하는 처녀들조차 말한다. "당신은 모르겠어요? 당신이 문제를 스스로 만들어내고 있잖아요. 당신의 마음은 언제나 싸움 직전의 상태잖아요."

보통 결혼을 앞두고 궁합을 보곤 하는데, 대개 본인이 아닌 어머니가 며느릿감(또는 사윗감)의 사주를 들고 가서 대신 본다. "우리 아들(딸)하고 이 여자(남자)가 궁합이 맞나요?" 이 질문에는 '내 아들(딸)'이라는 고정된 상수를 놓고 상대 '여자(남자)'라는 변수가 그에 맞는지를 보겠다는 속뜻이 깔려 있다. 이런 방법으로 좋은 짝을 찾을 수 있다면 좋은 일이겠지만, 별로 추천하고 싶지는 않다. 결혼을 앞두고 있다면 (부모가 아닌) 당사자가 스스로 (상대의 사주가 아닌) 자신의 사주를 보기를 권한다. 과연 결혼 생활을 잘 영위할 수 있을지, 혹시 경계해야 할 부분은 없는지 (상대가 아닌) 스스로를 점검해보라는 뜻이다. 이때 점검할 지점이 몇 가지 있는데, 비겁이 얼마나 많은지도 중요한 부분 중 하나다. 비겁이 많다면 밖에서는 '사람 좋다'는 소리 듣고 다니면서 정작 집에서 왕자(또는 공주) 대접을 받으려고 들 가능성이 크다. 이런 사실을 상대가 알아봤자 소용없다. 그저 싸움거리가 될 뿐이다. 스스로 알고 스스로 경계해야 한다.

(비록 거짓말이었지만) 오레스테스가 죽었다는 소식을 전해 듣고 엘렉트라는 한숨 쉰다. "오레스테스, 너의 죽음은 나까지 죽이는구나. 네가 내 마지막 희망을 앗아가는구나." 아버지 아가멤논의 복수를 할 수 없게 된 이상 엘렉트라는 더 이상 삶의 의미를 찾지 못한다. "저들이 내게 해줄 수 있는 착한 일이 있다면 바로 날 죽여주는 거야. 삶은 이제 고문이 됐어. 난 아무 미련 없어." 패배를 인정하느니 차라리 죽겠다는 엘렉트라의 승부욕은 비견보다 더 강력한 겁재의 성격이다.

겁재는 오행이 같으면서도 음양이 달라 아귀가 딱 맞는다. 아예 딱 붙어 다니는 형제 같달까? 그런데 비견은 '어깨를 견주다'는 뜻이니 뭔가 형제 같은 느낌이 있는데, 겁재는 '재물을 빼앗다' 또는 '재물을 위협하다'는 뜻으로 이름이 어쩌 무시무시하다. 아닌 게 아니라 예전엔 잘사는 한 사람이 형제 모두를 먹여 살리는 일이 흔했다. 형제가 공동 운명체가 되면 때로는 돈 뜯어가는 존재로 전락하는 수도 있다. 일간이 양일 때, 즉 일간이 갑목(甲木), 병화(丙火), 무토(戊土), 경금(庚金), 임수(壬水)일 때는 겁재를 특별히 '양인(羊刃)'이라고 부른다. 순한 양의 머리를 단칼에 베어버릴 만큼 흉포하다는 살벌한 뜻을 담고 있다. 그 살벌함 때문에 '죽음'을 뜻하는 '살(殺)'을 붙여 '양인살'이라고 부르기도 한다.

형제가 공동 운명체로 착 달라붙으면서 겁재는 비견이 갖는 장점과 단점이 모두 강조돼 나타난다. 자신감과 자존심, 추진력, 고집, 왕자병(공주병) 모두 비견보다 더 강해진다. 비견의 건전한 경쟁심은 겁재의 시기와 질투가 된다. 승부욕 강한 비견은 필요할 경우 싸움을 두려워하지 않는다면, 겁재는 걸핏하면 판을 뒤집어 엎으려 든다. 남들에게 호의를 베풀고 인정받지 못했을 때 비견은 그저 마음의 상처를 입고 꽁해 있다면, 겁재는 자살을 생각할 만큼 자기파괴적이다. 승부욕이 너무 강해 패배와 좌절을 감당하지 못하기 때문이다. 물론 이 극단적인 힘을 긍정적으로 쓴다면 천하무적의 추진력이 된다.

달라도 너무 다른 언니와 동생

처녀들이 뭐라 해도 고집을 꺾지 않는 엘렉트라 앞에 여동생 크리소테미스가 나타난다. 여동생은 미련한 언니가 답답하다. 싫은 티만 팍팍 내고 있으면 왕녀가 노예 생활을 하는 빌미가 될 뿐 아무런 실익이 없기 때문이다. 크리소테미스에게도 아이기스토스는 원수다. 하지만 복수는 힘을 키운 다음에 할 일이라고 여긴다. "내게 힘이 생기면, 내가 그들을 얼마나 싫어하는지 똑똑히 알려주겠어요." 여동생은 언니의 마음을 이해한다. 다만 행동 방식이 다를 뿐이다. "언니의 분노는 정당해요. 언니가 하는 말은 정의롭고, 난 아니에요. 하지만 우리가 자유로운 삶을 살겠다면 통치자들의 요구를 들어줘야 해요. 예외는 없어요."

엘렉트라의 사전에 '미워하지만 싫은 티는 내지 않는' 삶의 방식은 없다. "둘 중 하나를 선택해. 용감하게 행동에 나서든지, 아니면 네가 사랑해야 할 사람들을 배신하고 안전하게 놀든지." 행동하지 않는다면 비겁한 부역자일 뿐이다. "넌 말로만 미워한다지. 행동으로는 너도 아버지 살해자들과 한통속이야." 엘렉트라는 지하 감옥에 갇힐 위기에 처했다는 말을 듣고도 "되도록 빨리" 이뤄지기를 바란다.

크리소테미스 얼마나 고생하려고요? 언니 미쳤어요?

엘렉트라 (지하 감옥에 갇히면) 너희 족속들과 멀리 떨어지잖아.

크리소테미스 현재 누리는 삶에는 전혀 미련이 없나요?

엘렉트라 현재 내 삶이 뭐가 살 만해서 미련을 갖겠어.

크리소테미스 나아질 수 있어요. 언니만 좀 자제하면.

엘렉트라 내게 배신하라고 설교하지 마.

크리소테미스 무슨 설교를 해요. 그냥…… 권력에 순응하라고요.

엘렉트라 그 연놈들에게 순응? 너나 해. 난 안 해.

크리소테미스   제 목숨을 끊는 바보짓보단 낫죠.

엘렉트라   내가 만약 죽는다면, 아버지를 위해 싸우다 죽
              겠어.

힘이 없을 때는 권력에 순응하다 힘이 생기면 권력을 휘두르려
는 크리소테미스는 정관(正官)의 위계적이고 합리적인 모범생 성
향을 반영한다. '일간을 극하는 힘'이 관성(官星)인데, 그중에서도
일간과 음양이 다른 오행이 정관*이다. 꽉 들어맞는 요철처럼 빈
틈이 없어 사람이 답답하다. 하지만 요령 피우지 않고 정도를 걷
는다.

정관에게 세상은 무서운 곳이다. 법은 지키라고 만들어놨으니
반드시 지켜야 한다. 윗사람의 명령도 무조건 따라야 한다. 짧게는
수십 년, 길게는 수백 년의 검증을 거친 관습도 바꾸기보다는 지
켜야 더 좋다고 생각한다. 크리소테미스는 아이기스토스를 죽이
자는 언니의 제안을 거절하면서 "여자라서 안 된다"고 말한다. 사
회의 권위에 충실히 따르는 크리소테미스는 이름부터가 '법을 황
금 같이 여기는 사람'이라는 뜻이다.

사주에 정관이 있으면 조직에 들어가서 한 단계, 한 단계 차분

---

* 일간 갑(甲)에게는 신(辛), 유(酉), 일간 을(乙)에게는 경(庚), 신(申), 일간 병(丙)에
게는 계(癸), 자(子), 일간 정(丁)에게는 임(壬), 해(亥), 일간 무(戊)에게는 을(乙), 묘
(卯), 일간 기(己)에게는 갑(甲), 인(寅), 일간 경(庚)에게는 정(丁), 오(午), 일간 신(辛)
에게는 병(丙), 사(巳), 일간 임(壬)에게는 기(己), 축(丑), 미(未), 일간 계(癸)에게는
무(戊), 진(辰), 술(戌)이 정관이 된다.

히 올라간다. 단계를 건너뛰는 무리수를 두지도 않는다. 뭐 좀 해보려 하면 윗사람이 싫어해서 안 되고, 규정상 불가능해서 안 되고, 전례가 없어서 안 된다. '언젠가 최고위직에 오르면 내 뜻을 펴겠다'고 호언장담하지만, 늘 윗사람 눈치만 본다. 정작 맨 윗자리가 되면 또 누군가의 눈치를 본다. 자신이 평생 윗사람 권위를 세워줬듯, 아랫사람들이 자신의 권위를 세워주기를 바란다. 쉽게 말해, 꼰대다.

나중에 오레스테스가 죽었다고 잘못 알고는 크리소테미스에게 아이기스토스를 죽이자는 제안까지 하는 엘렉트라의 성격은 정반대다. 엘렉트라는 권력 알기를 무슨 개똥 취급한다. 남의 말은 귓등으로 듣고, 자신의 말은 남들이 귀담아들어야 한다. 제 맘대로 못하면 세상은 살 가치조차 없는 곳이 된다. 당장 죽을 위기에 몰렸어도 모양 빠지는 짓은 절대 안 하는 '폼생폼사' 인생이다. 이 오만방자한 독재자 성격은 편관(偏官)의 힘이다.

편관은 '일간을 극하는 힘'인 관성 중에서 음양이 같은 경우다.** 극하긴 하는데 음양이 다르니 요철의 아귀가 잘 맞지 않는 모양새다. 개에게 목줄을 채웠는데, 목줄이 헐거워서 오히려 개가 멋대로 행동하고 심지어 주인을 무는 격이랄까? 편관은 '사원-대리-과

** 일간 갑(甲)에게는 경(庚), 신(申), 일간 을(乙)에게는 신(辛), 유(酉), 일간 병(丙)에게는 임(壬), 해(亥), 일간 정(丁)에게는 계(癸), 자(子), 일간 무(戊)에게는 갑(甲), 인(寅), 일간 기(己)에게는 을(乙), 묘(卯), 일간 경(庚)에게는 병(丙), 사(巳), 일간 신(辛)에게는 정(丁), 오(午), 일간 임(壬)에게는 무(戊), 진(辰), 술(戌), 일간 계(癸)에게는 기(己), 축(丑), 미(未)가 편관이 된다.

장-부장' 하는 식으로 단계를 밟아가길 싫어한다. 그냥 한 방에 사장을 하고 싶어 한다. 스스로 사장과 동급이라고 생각하기 때문에 사원임에도 부장을 우습게 안다. 하지만 본인이 사장과 동급이라고 생각하기 때문에 일 하나를 맡겨놓으면 월급쟁이라고는 믿을 수 없는 열정으로 해낸다.

개가 주인을 물 수는 있지만 그런다고 주인이 되지는 않는다. 어설프게 주인을 물려고 들었다간 예전 같았으면 가마솥 안으로 들어갔을 테고, 요즘 같으면 버림받아 안락사 당하기 딱 좋다. 엘렉트라도 때맞춰 오레스테스가 도착하지 않았다면 아마 지하 감옥에 갇혀 여생을 살게 될 판이었다. 편관이 제멋대로 사는 거야 그 누가 말리겠냐만, 사실 편관으로서의 삶은 위험천만하다. 사방을 적으로 만들고, 무엇보다 권력자에게 미움받기 쉽다. 그래서 편관은 특별히 살(殺)을 붙여서 '관살(官殺)' 또는 '칠살(七殺)'*이라고 부르기도 한다. 센 척하고 살려면 목숨 내놓고 하라는 뜻이었을까?

자매는 권력을 대하는 태도에 앞서 말하는 방식도 전혀 다르다. 크리소테미스는 어머니의 심부름을 가는 길에 언니에게 들러 '지하 감옥에 끌려가게 됐다'는 소식을 전해준다. 그리고 언니와의 대화 말미에는 '어머니가 아가멤논을 연상시키는 악몽을 꿨다'는

---

* 갑목의 편관은 경금인데, 갑, 을, 병, 정, 무, 기, 경, 신, 임, 계 순서를 따져보면 갑에서 경은 일곱 번째가 된다. 을목의 편관은 역시 일곱 번째인 신금, 병화의 편관도 역시 일곱 번째인 임수, 나머지도 모두 일곱 번째가 편관이다. 편관이 칠살인 이유다.

소식도 전해준다. 그러다 아버지 영전에 어머니의 제물 대신 딸의 머리카락을 바치라는 언니의 제안은 덥석 받아들인다.

크리소테미스는 이런저런 소식을 모아 여기저기에 퍼뜨린다. 세상에 궁금한 일이 많은 여자다. 또 구석구석 말을 퍼다 나르는 수다쟁이이기도 하다. 대화 중 언니의 제안을 받아들여 원래 계획을 변경하기도 했다. 나쁘게 말하면 귀가 얇다. 좋게 말하면 귀가 열려 있다. 대화를 할 줄 아는, 소통이 되는 사람이다. 호기심 많고 대화를 좋아하는 성격은 식신(食神)의 힘이다.

'일간이 생하는 힘'인 식상(食傷) 중에서 음양이 같은 오행을 식신**이라고 한다. '나로부터 비롯된 존재', '내 몸을 거쳐 나가는 존재'가 식상이다. 대표적으로 여성에게는 자식이 식상이다. 말 그대로 '내가 생하는 존재'다. 내 생각과 감정과 욕망이 입을 통해 나가면 그게 뭐든 식상이다. 화가에게는 그림을 그리는 붓질이, 피아니스트에게는 피아노를 치는 손짓이, 운동선수에게는 달리고 던지고 때리는 동작이, 연예인에게는 멋진 웃음과 연기력이 식상이다. 학생이 공부하려 책장을 넘기는 동작, 직장인이 돈 벌려고 일하며 키보드를 두드리는 동작도 식상이다. 아주 기초적인 욕망, 식욕이 몸을 통해 표현되면 음식을 먹는 행위가 된다. 그래서 식신은 흔

** 일간 갑(甲)에게는 병(丙), 사(巳), 일간 을(乙)에게는 정(丁), 오(午), 일간 병(丙)에게는 무(戊), 진(辰), 술(戌), 일간 정(丁)에게는 기(己), 축(丑), 미(未), 일간 무(戊)에게는 경(庚), 신(申), 일간 기(己)에게는 신(辛), 유(酉), 일간 경(庚)에게는 임(壬), 해(亥), 일간 신(辛)에게는 계(癸), 자(子), 일간 임(壬)에게는 갑(甲), 인(寅), 일간 계(癸)에게는 을(乙), 묘(卯)가 식신이 된다.

히 '먹을 복'으로 일컬어진다.

'먹을 복'보다 더 일상적인 식상은 말이다. 내 생각과 감정과 욕망이 입을 통해 나가면 말이 된다. 말을 하려면 뭘 알아야 하고, 그러자면 호기심이 많아야 한다. 궁금한 일이 많으니 결론을 미리 정해두지 않는다. 그래서 더 많은 말을 듣고, 더 많은 말을 할 수 있다. 다만 수다에 빠져 있다 보면 말만 앞서고 행동이 뒤따르지 않는 경우가 있다. 엘렉트라의 주장에 따르면 크리소테미스도 말만 앞서는 사람이다.

아가멤논의 무덤가에 갔다가 오레스테스가 바친 머리칼을 보고선 부리나케 언니에게 전하는 대목도 궁금한 것도 많고, 하고 싶은 말도 많은, 그러나 귀는 열려 있는, 크리소테미스가 가진 식신의 성격을 보여준다.

크리소테미스	너무 반가운 소식을 전하려 숙녀 체면에 뛰어왔어요. 언니, 이제 고생 끝났어요.
엘렉트라	어떻게 내 고통을 없앤다는 말인지, 도무지 상상이 안 되는구나.
크리소테미스	오레스테스가 여기에 와 있어요. 지금.
엘렉트라	네가 아주 미쳤구나. 지금 날 놀리니?
크리소테미스	맹세코 농담 아니에요. 오레스테스가 와 있어요.
엘렉트라	세상에, 이 불쌍한 것! 어디서 그런 말을 주워들었어? 그 말을 믿어?

크리소테미스	당연히 믿죠. 내가 직접 봤는데. 다른 사람한테 들은 말이 아니에요.
엘렉트라	순진해빠지기는. 증거 있어? 도대체 뭘 봤기에 얼굴은 또 이렇게 빨개졌어?
크리소테미스	제발 내 말 좀 들어봐. 내가 순진한지 아닌지 들어보고 판단해줘.

(중략)

엘렉트라	네 말을 들으니 네가 불쌍하다는 생각밖에 안 드는구나.
크리소테미스	뭐 잘못됐어요? 완전 기쁜 소식 아니에요?
엘렉트라	넌 혼자 딴 세상에 사는 듯하구나.
크리소테미스	내가 봤다는데 무슨 문제 있어요?
엘렉트라	우리의 오라비는 죽었단다. 오레스테스가 와서 우리를 구해줄 일은 없어.
크리소테미스	어머, 누가 그래요?
엘렉트라	죽는 모습을 본 사람이.

끝까지 인용하지 않았지만 크리소테미스는 대화 끝에 오레스테스의 죽음을 수긍한다. 당황스럽다. 진실은 크리소테미스에게 있는데 언쟁은 엘렉트라의 승리다. 날카롭게 파고드는 엘렉트라

의 화법은 설득력이 있다. 하지만 대화 상대를 바보로 만드는 화법이다. 논쟁에서는 이기겠지만 상대를 기분 나쁘게 한다. 기존의 질서를 비판하는 데 최적화된 엘렉트라의 화법은 상관(傷官)이 작용한 결과다.

'일간이 생하는 힘'인 식상 중에서 음양이 다른 오행이 상관이다.* 내 몸에서 빠져나갔지만, 나가면서 각도가 살짝 달라졌다. 활동 자체는 식신과 크게 다르지 않지만, 시선이 조금 삐딱하다. 말발이 문제점을 드러내고 비판하는 쪽으로 발달한다. 시선의 각도가 달라지면 세상도 달라져 보이기 마련이다. 상관의 말을 듣고 있으면 다른 세상을 보는 재미가 있다. 사람들에게 다른 세상을 보여줘야 하기 때문에 상관은 공부도 많이 하고 재치도 있다.

입바른 소리를 하고 다니면 윗사람들, 권력자에게 미운털 박히기 쉽다. 그래서 '관성에 상처 입힌다'는 뜻의 상관이다. 사주에 상관이 있으면 출세하고는 거리가 먼 사람이라는 뜻이다. 상관으로 먹고사는 대표적인 직업이 언론과 시민 단체다. 입바른 소리가 존재 이유인데, 권력에 빌붙어 입을 닫아버리는 경우가 자주 있다. 스스로 존재 이유를 부정하는 짓이다.

삐딱한 시선의 입바른 소리와 호기심 가득한 열린 대화를 비교

---

* 일간 갑(甲)에게는 정(丁), 오(午), 일간 을(乙)에게는 병(丙), 사(巳), 일간 병(丙)에게는 기(己), 축(丑), 미(未), 일간 정(丁)에게는 무(戊), 진(辰), 술(戌), 일간 무(戊)에게는 신(辛), 유(酉), 일간 기(己)에게는 경(庚), 신(申), 일간 경(庚)에게는 계(癸), 자(子), 일간 신(辛)에게는 임(壬), 해(亥), 일간 임(壬)에게는 을(乙), 묘(卯), 일간 계(癸)에게는 갑(甲), 인(寅)이 상관이 된다.

한다면 '정답'이 정해진 느낌이다. '올바르고', '우수한' 화법이 있을 것만 같다. 그런데 왜 아버지의 원수를 갚겠다고 설치는 언니는 용기 있어 보이고, 힘 앞에 굴복하는 동생은 비겁해 보일까? 소포클레스는 왜 엘렉트라에게는 역경을 헤쳐나가는 주인공의 자리를 주고, 크리소테미스에게는 주인공을 돋보이게 하는 조연을 맡겼을까?

주인공 엘렉트라는 현대에 태어났다면 변변한 직장 생활 한번 해보지 못하거나, 직장에 들어가더라도 능력이나 노력만큼 인정받지 못할 가능성이 크다. 삐딱한 말버릇에 만사 불만투성이인 사람을 반기는 조직은 없는 탓이다. 그러다 한 방의 인생 역전으로 국회의원이 되어 권력을 잡고 주변에 거들먹거릴지도 모르겠다. 자기 손으로 돈 한번 벌어보지 못하는 그 인생을 불쌍히 여겨야 하나, 아니면 단숨에 권력을 누리기도 하는 그 인생을 부러워해야 하나?

남들이 다 직장에서 경력을 쌓아갈 때 혼자만 취직도 못 하고 있다면 엘렉트라 역시 '왜 내 인생은 궤도에 진입하지 못하고 겉돌기만 할까?' 한숨지을지도 모른다. 그냥 '남들처럼' 사는 게 소원일지도 모른다. 하지만 그 '남들처럼' 사는 삶 속에는 뻔히 보이는 불의에 적당히 눈 감고 입 닫는 비겁함도 포함돼 있다. 어쩌면 '남들'은 권력 앞에 당당하고 할 말 하고 사는 엘렉트라의 폼 나는 인생을 부러워할지도 모른다.

엘렉트라와 크리소테미스는 대화할 때 매번 서로 다른 말을 한다. 가치관도, 사고방식도, 대화 방식도 전혀 다른 탓이다. 하지만 '다름'이 '틀림'은 아니다. 옳고 그름도 없고, 좋고 나쁨도 없다. 부러워할 일도 없고, 부끄러워할 일도 없다. 자랑할 일도 아니고, 자책할 일도 아니다. 그냥 그렇게 생겨먹었을 뿐이다.

어머니 같지 않은 어머니

여동생과 겪는 불화는 어머니와 엘렉트라의 관계에 비하면 약과다. 엘렉트라는 자신의 인생이 어머니 때문에 망가졌다고 생각한다. "아버지를 죽인 그 배신자들이 나를 가두고 죽음으로 내몰고 있어요." 엘렉트라는 어머니를 향한 분노를 주체할 수 없다. "내 주변을 온통 휘감고 있는 분노가 나를 어쩔 수 없이 분노하게 해요. 내가 너무 감정적이라는 거 나도 알아요. 하지만 어쩔 수가 없네요." 모든 불행은 "날 낳아줬지만 날 미워하는 어머니"로부터 비롯됐다. 딸은 어머니를 "창녀"라고 주저 없이 부른다.* 엘렉트라는 딸이 어머니를 보는 시선이 아닌 하녀가 마님을 보는 시선으로 클리타이메스트라를 본다. "당신은 엄마라기보다는 하녀를 개고생시키는 주인집 마님인걸요."

---

* 소포클레스는 클리타이메스트라가 아이기스토스와의 사이에서 아이까지 낳았다고 설정했다.

어머니 입장에서도 할 말은 있다. 클리타이메스트라가 보기에 가정의 평화를 깨는 독소는 딸의 목숨을 예사로 희생시켰던 아가 멤논이었다. 아가멤논만 제거하면 남은 가족끼리 오순도순 살 줄 알았더니 이번에는 딸내미가 말썽이다. 새아버지를 살인자라 욕하고 어머니를 창녀 취급한다. 딸을 하녀 취급하면서 버르장머리를 고쳐보려고도 했지만 소용없었다. 이젠 그저 딸이 밖에 나다니면서 식구들 욕이나 하지 않았으면 하는 바람뿐이다.

엘렉트라	사람들한테 떠드세요. 제가 뻥쟁이에, 욕쟁이, 뻔뻔스러운 년이라고. 그럼 사람들이 그러겠죠. 그 어머니에 그 딸이라고.
클리타이메스트라	도대체가 부끄러움이라는 걸 모르는구나.
엘렉트라	나 원래 그런 사람 아닌데, 워낙 주변이 다 역겹다 보니까.
클리타이메스트라	원래 그런 사람 아니라고? 널 기른 사람이 나거든!
엘렉트라	당신의 (정 떨어지는) 행동이 내 (버릇없는) 말을 부르는 건 사실이죠.
클리타이메스트라	아이기스토스가 돌아오면 너 정말 혼날 줄 알아!
엘렉트라	거봐요. 또 혼자 열 내고 있잖아요.

어머니와 딸은 대화를 할수록 감정의 골이 깊어진다. 서로 기본적으로 서운한 마음을 깔고 있기 때문이다. 딸은 어머니에게서 기대하는 사랑을 받지 못해 서운하고, 어머니는 딸에게서 기대하는 이해를 받지 못해서 서운하다. 그 서운함이 편인(偏印)의 본질이다.

'일간을 생하는 힘'인 인성(印星)은 음양이 다른 정인(正印)*과 음양이 같은 편인으로 나뉜다. '일간을 생하는 힘'이란 '나를 태어나게 하는 존재'이니 인성은 일단 어머니다. 여기에 음양이 다른 정인은 아귀가 꼭 맞는 요철처럼 아기가 어머니 품에 꼭 안겨 있는 모양새가 된다. 아기가 어머니의 사랑을 듬뿍 받는 모양새다. 아기가 어머니에게 전적으로 의존하고 있는 모양새다. 사랑받고 자란 정인은 사랑을 베풀 줄도 안다. 이해타산 없이 도와주면 엄마의 사랑처럼 부담 없이 받아들일 줄도 안다. 대신 엄마 치마폭에서만 노는 아이처럼 의존 성향이 나타나기도 한다.

인성이지만 음양이 같은 편인**은 어머니가 아이를 안고 있는 팔도 헐겁고, 아이도 어머니의 품속을 불편하게 여기는 모양새다. 아이의 입장에서는 다른 엄마처럼 편안하게 폭 안아주지 않는 어머니에게 서운하다. 하지만 섣불리 서운한 티를 냈다가는 그나마

---

* 일간 갑(甲)에게는 계(癸), 자(子), 일간 을(乙)에게는 임(壬), 해(亥), 일간 병(丙)에게는 을(乙), 묘(卯), 미(未), 일간 정(丁)에게는 갑(甲), 인(寅), 일간 무(戊)에게는 정(丁), 오(午), 일간 기(己)에게는 병(丙), 사(巳), 일간 경(庚)에게는 기(己), 축(丑), 일간 신(辛)에게는 무(戊), 진(辰), 술(戌), 일간 임(壬)에게는 신(辛), 유(酉), 일간 계(癸)에게는 경(庚), 신(申)이 정인이 된다.

품속에서도 쫓겨날까 걱정해 말도 안 하고 혼자 꽁해 있다. 그러면서 어떻게 하면 품속에서 좀 더 편하게 안겨 있을 수 있을까, 어떻게 하면 사랑을 받을 수 있을까를 고민한다. 어머니 품속에서도 외로움을 느끼면서. 일간 바로 밑에 편인이 있으면 특별히 '효신살(梟神殺)'이라고 이름 붙인다. 올빼미(梟)는 다 자라면 어미의 배를 쪼아 먹는다고 해서 붙은 이름으로, 어머니와의 불화를 뜻한다.

편인을 갖고 있으면 일단 쓸데없는 잡생각이 많다. 망상으로 이어질 수 있지만 '유레카'를 외치는 기발한 생각을 해내기도 한다. 행동은 안 하고 생각만 하는 경향이 있어서, 그 생각은 집념이 되어 특별한 성취를 이뤄내기도 한다. 하지만 그 집념이 집착으로 이어지기도 한다. 7년째 아버지의 죽음에 집착하느라 현실을 도외시하는 엘렉트라가 딱 그 모양이다.

일반적으로 편인은 외로움이 싫어 예쁨을 받으려 노력하고, 예쁨을 받는 법을 안다. 다른 사람의 마음을 읽을 줄 알고, 끼와 재주로 다른 사람을 기쁘게 할 줄도 안다. 다만 몸을 움직이길 싫어하기 때문에 게으르다는 평판을 듣기 쉽고, 무슨 일을 벌이더라도 용두사미로 끝나고는 한다.

인성은 공부복으로 흔히 거론되는데, 정인이 수능 과목 같은 공

** 일간 갑(甲)에게는 임(壬), 해(亥), 일간 을(乙)에게는 계(癸), 자(子), 일간 병(丙)에게는 갑(甲), 인(寅), 일간 정(丁)에게는 을(乙), 묘(卯), 일간 무(戊)에게는 병(丙), 사(巳), 일간 기(己)에게는 정(丁), 오(午), 일간 경(庚)에게는 무(戊), 진(辰), 술(戌), 일간 신(辛)에게는 기(己), 축(丑), 미(未), 일간 임(壬)에게는 경(庚), 신(申), 일간 계(癸)에게는 신(辛), 유(酉)이 편인이 된다.

부에 해당한다면, 편인은 시험 성적으로 실력을 평가하기 어려운 분야의 공부를 뜻한다. 꼭 그렇지는 않지만 정인은 학문, 편인은 기술로 구분하기도 한다. 흔히 말하는 '공부 잘하는 팔자'는 정인이다. 편인의 공부는 대개의 부모가 싫어할 법한 분야의 공부다. 연예인이 되기 위해 하루 종일 춤만 춘다거나, 죽음 이후의 세계를 고민한다거나, 밤새 유럽 축구를 시청하며 손흥민의 기록을 줄줄 외우는, 성적과는 하등 관계없는 공부가 편인이다. 편인은 '도식(倒食)'이라고도 불린다. 밥상을 둘러엎는다는 뜻이다. 옛날 사람들은 밤새 편인 공부만 했다간 밥 굶고 살기 딱 좋다고 생각했던 모양이다.

딸과의 말싸움까지는 모녀간에 있을 수 있는 일이다. 하지만 아들을 대하는 클리타이메스트라의 태도를 보면 '어머니 맞나' 싶은 생각이 들게 한다. 클리타이메스트라는 엘렉트라를 곁에 둔 채로 아폴론 신에게 기도한다. "자기 고통을 내 탓으로 돌리는 자식들은 빼고, 날 미워하지 않는 자식들과 함께 살며 왕국을 다스리게 해주세요." 그리고 또 뭔가 소원이 있는 듯한데 정확하게 말하지 않는다. "신이시니까 제가 굳이 말하지 않아도 아실 겁니다. 그 기도까지 다 들어주소서." 무슨 소원이기에 입 밖에 내지 못했는지 짐작할 수 있는 힌트가 있다. "가까이에 엘렉트라가 있어요. 엘렉트라가 들으면 또 동네방네 떠들고 다니겠죠." 자신의 행복한 일상을 위해 필요하고 엘렉트라가 들으면 난리 칠 일. 클리타이메스트라는 아들의 죽음을 빌었을 가능성이 크다.

마치 기도에 신이 응답하듯, 가정교사가 오레스테스의 사망 소식을 들고 찾아온다. 아들의 사망 소식을 접한 어머니의 반응은, 오라비 사망 소식을 접한 누나와 사뭇 다르다.

가정교사   오레스테스가 죽었어요. 그게 제 전갈입니다.

엘렉트라   세상에. 오늘로 난 죽었어.

클리타이메스트라   뭐라고? 여봐요, 뭐라고 했죠? 이 여자 말은 듣지 마요.

가정교사   다시 말씀드리면, 마님의 아들이 죽었습니다.

엘렉트라   그러니깐, 난 이제 죽은 거야.

클리타이메스트라   (엘렉트라에게) 그럼 땅속으로 기어들어 가든 지. (가정교사에게) 이봐요, 어떻게 죽었는지 정확하게 말해봐요.

(중략: 오레스테스의 사망 사고 전말)

클리타이메스트라   내가 뭐라고 해야 하지? 반가운 소식? 아니면 끔찍한 축복? 너무나 괴롭구나. 재앙이 내 목숨을 구했어. 이제 위협은 사라졌고, 나는 평안해.

아들이 죽었다는 소식을 들은 어머니의 첫 반응은 놀람과 의심이다. 두 번째 반응은 확인이다. 상세한 설명을 듣고 아들의 죽음을 믿게 된 다음에도 클리타이메스트라는 선뜻 슬픔의 감정에 휩싸이지 않는다. 혼란스러워하지만 슬픔보다는 안도에 더 가까운 반응이다. 아들이 죽었는데 어미라는 사람이 "평안하다"라니. 아무리 잘 봐주려 해도 정상적인 어머니의 모습은 아니다. 클리타이메스트라의 성격에서 모성애를 찾아볼 수 없다면, 그녀의 사주에서 정인(正印)도 찾아보기 힘들지 않을까 싶다. 사랑을 받아본 사람이 사랑을 줄 줄도 아는 법이다. 어머니의 사랑을 받는 힘도 정인이지만, 어머니가 주는 모성애 역시 정인이기 때문이다.

일과 사랑이 충돌할 때, 아내와 어머니가 충돌할 때

클리타이메스트라가 어머니 같지 않은 어머니라면, 오레스테스는 아들 같지 않은 아들이다. 도입부에서 오레스테스는 복수를 위해 신탁을 얻었던 이야기를 전한다. '복수를 어떻게 하느냐?'고 물었더니 '혼자서 무장하지 말고 계략을 써서 살인자들을 죽여라' 답하더라는 이야기다. 신탁의 내용을 보건대, 오레스테스는 애당초 '살인자인 어머니를 죽여야 할지 말아야 할지'를 묻지 않았다. 이미 죽일 결심을 하고 '어떻게' 죽이느냐를 물었다.* 오레스테스에게는 복수라는 자신의 일을 잘 처리하는 것만이 유일한 관심사다. 그 대상이 어머니라는 사실은 이 비정한 아들에게 문제가 되지 않는다.

가정교사에게 자신의 집으로 찾아가 '오레스테스가 죽었다'는 거짓말을 하도록 시키는 사람도 오레스테스 자신이다.** "내 죽음을 가장해 내 삶을 되찾는 거야. 내 이름을 떨치는 거지. 계획이 성공할 수 있다면 불경한 말쯤은 상관없어." 결과만 좋다면 과정은 불법이든, 불경이든 아무래도 상관없다는 사고방식이다. 속칭 '결과 중심주의'다.

오레스테스는 일을 위해서는 감정 표현도 절제한다. 아니, 어쩌면 감정 자체가 메말랐는지도 모른다. 마침내 남매가 재회한 순간, 오래도록 동생을 기다려온 엘렉트라는 기쁨을 주체하지 못한다. 하지만 오레스테스는 너무나 냉정하다.

엘렉트라   너무나도 사랑했던 아버지의 아들, 네가 마침내
             돌아왔구나. 와서 그리운 누이를 찾아냈구나.
오레스테스   나 여기 있으니까 조용히 해요.

---

* 아이스킬로스의 〈제주를 바치는 여인들〉에서는 오레스테스가 말을 듣지 않으면 문둥병에 걸리게 만들겠다는 아폴론 신의 협박에 못 이겨 어머니 살해를 감행한다. 그나마도 마지막 순간까지 어머니를 죽일지 말지 고뇌를 거듭한다.

** 고대 그리스 세계에서 주인은 손님을 환대할 의무가 있고, 손님은 주인의 환대를 신의로 갚아야 한다는 제우스의 규칙이 있었다. 트로이 전쟁이 일어난 이유는 파리스가 손님으로서의 신의를 저버리고 헬레네를 납치했기 때문이다. 손님이 환대하는 주인을 속인다는 건 심각한 불경죄였다.

누나가 계속해서 기쁨의 언어를 쏟아내자 동생은 거듭 누나의 입을 막는다. "제발 말 좀 그만해요. 아직 떠들 때가 아니라고요." 오레스테스는 혹시 누군가 대화를 엿듣고, 남매의 재회를 눈치채고, 오레스테스의 죽음이 가짜라는 사실이 알려지고, 그래서 복수 계획이 무산될 가능성을 경계한다. 반면 엘렉트라는 재회의 기쁨을 나누고 싶고, 또 그동안 받았던 설움을 동생에게 털어놓으며 위로받고 싶다. 하지만 오레스테스에게 그런 얘기는 시간 낭비일 뿐이다. "그런 얘기 말고, 지금 (복수를 실행하기 위해) 내가 알아야 할 필요가 있는 얘기를 해줘요." 클리타이메스트라가 어디에 있는지, 아이기스토스는 언제 돌아오는지 같은 도움 되는, 실속 있는 얘길 해달라는 요구다. 자신을 만나서 누나가 얼마나 반가운지, 자신이 없는 동안 누나가 얼마나 고생했는지 따위는 들을 필요가 없는 말이다.

마침내 아들이 어머니를 살해하는 끔찍한 장면이다. 살인은 실내에서 이루어져 소리만 들리고,[*] 엘렉트라는 밖에서 아이기스토스가 돌아오는지 망을 보고 있다.

클리타이메스트라   아들아, 내 새끼, 어미를 불쌍히 여겨다오.

엘렉트라   (어머니에게) 자기도 아들을 불쌍히 여기지 않

---

[*] 그리스 비극에서는 살인이나 자살 같은 끔찍한 장면은 대개 전령의 보고 형식으로 전달되거나 이 작품처럼 소리만 들리도록 처리된다.

	은 주제에. 걔 아버지는 말할 것도 없고.
클리타이메스트라	세상에, 얻어맞았어.
엘렉트라	(동생에게) 더 칠 수 있으면 한 대 더 쳐라.
클리타이메스트라	또 맞았어.
엘렉트라	(스스로에게) 아이기스토스도 함께 해치웠으면 좋았을 텐데.

살해 순간에도 어머니를 향해 악담을 퍼부어대는 엘렉트라를 보는 마음이 불편하다. 그런데 아예 등장하지도 않는 오레스테스를 보는 마음은 더 불편하다. 대사가 없는 탓에 살인 행위만 보이고 일체의 감정이 보이지 않는다. 증오라는 감정마저 보이지 않는다. 마치 기계처럼, 아무런 감정도 없이 어머니를 죽이는 일을 해내는 모습이 더 끔찍하다.

살인을 마치고 나왔을 때도 감정적으로 흔들리는 모습이나 갈등의 흔적은 없거나, 있더라도 아주 옅다. 아폴론이 맡긴 일이었고, 자신은 그 일을 했을 뿐이라는 투다.

엘렉트라	어떻게 됐니?
오레스테스	잘됐어요. 아폴론의 신탁이 잘됐다면.
엘렉트라	그 여자는 죽었고?
오레스테스	두려워 마요. 이제 더 이상 누가 못 괴롭혀요.

오레스테스가 인류을 저버리고 신탁이 부여한 일을 해내는 힘은 재성(財星)이다. 오레스테스의 어머니 클리타이메스트라는 인성(印星)이다. 재성은 '일간이 극하는 힘', 인성은 '일간을 생하는 힘'이다. 재성과 인성 모두 일간을 중심으로 붙인 이름이다. 그런데 일간을 제외한 비겁(比劫), 식상(食傷), 재성, 관성(官星), 인성[*] 사이에도 일정한 생극 관계가 만들어진다.[**] 재성과 인성만 놓고 본다면, 재성이 인성을 극한다.[***] 그래서 재성이 너무 강하면 인성이 망가진다.[****] 돈(재성)을 벌면서 공부(인성)를 하는 사람이 흔치 않다. 학생이 친구 사귀고 놀기(재성)를 좋아하면 성적(인성)은 떨어지기 마련이다.

명리학은 '나를 생하는 힘'인 인성을 어머니로 보고 '내가 극하는 힘'인 재성을 아내[*****]로 본다. 시어머니는 태생적으로 며느리에게 극을 당하는 존재인 셈이다. 남자라는 존재는 아들로서 엄마 편을 들기보다는 남편으로서 아내 편을 들도록 설정된 모양이

---

[*] 비겁, 식상, 재성, 관성, 인성과 기준점인 '나'를 합해서 가족 관계에 빗대 '육친(六親)'이라고 한다. 음양 관계까지 반영한 비견, 겁재, 식신, 상관, 편재, 정재, 편관, 정관, 편인, 정인을 '십신(十神)'이라고 한다.

[**] 비겁은 식상을 생하고, 식상은 재성을 생하고, 재성은 관성을 생하고, 관성은 인성을 생하고, 인성은 비겁을 생한다. 또 비겁은 재성을 극하고, 재성은 인성을 극하고, 인성은 식상을 극하고, 식상은 관성을 극하고, 관성은 비겁을 극한다.

[***] 일간이 목(木)이라면 재성은 토(土), 인성은 수(水)가 된다. 토는 수를 극한다.

[****] 탐재괴인(貪財壞印). 재성(재물, 여자, 재미)을 탐하다 인성(자비심, 공부)을 무너뜨린다.

[*****] 재성이 지칭하는 아내는 '잠자리를 함께하는 여자'라는 뜻이다.

다. 그러고 보면 고부 갈등이란, 어차피 지게 되어 있는 시어머니가 며느리를 이겨먹으려고 애쓰다가 생기는 일이 아닌가 싶기도 하다. 꼭 아내나 애인까지 갈 필요도 없다. 어차피 아들이라는 존재는 엄마 생일에도 친구들과 밖에서 놀기(재성)를 더 즐기는 놈들이다.

어머니는 인성이 구체적으로 드러나는 하나의 사례일 뿐이다. 자비심, 도덕심, 포용력, 인내심, 다정함, 자상함, 이해타산을 떠난 무조건적 사랑이 인성이다. 한마디로 사랑이고 인간성이다. 인간을 인간답게 하는 힘이 인성이다. 돈 밝히다가, 여자 뒤꽁무니만 쫓다가, 열심히 일한답시고 거들먹대다가, 우리는 가끔 스스로 인간답기를 포기할 때가 있다.

극단적으로 생각할 필요도 없다. 연인을 위해 뭔가 이벤트를 준비한답시고 실은 연인을 힘들게 하기도 한다. 가족을 위해 돈을 번다지만, 직장 때문에 가족을 등한시한다. 결과에 집착하다가 목적을 잊는다. 재성을 앞세우다가 인성을 잃기 때문이다.

제 손으로 살인을 저지르지는 않았더라도 감정에 찬 악담을 쏟아내는 엘렉트라 역시 인간다움을 잃었기는 마찬가지다. 독립심 강하고 고집 센 엘렉트라는 비겁의 성향을 갖고 있다. 비겁이 너무 강해도 인성은 힘을 잃는다. 비겁을 생하는 힘인 인성이, 자식 키우는 어머니처럼, 비겁을 낳고 키우느라 지치고 병드는 셈이다.******

***** 자왕모쇠(子旺母衰). 자식들 무럭무럭 키우느라 어머니는 쇠약해진다.

엘렉트라는 속상한 자기 마음만 억울하고, 어머니 속이 문드러지는 걸 모른다. 가슴속이 자기애(비겁)로 가득 차 모성애(인성)가 있을 자리가 없는 탓이다.

부모는 자식 잘되라고 공부를 시킨다. 자식의 미래를 위해서 좋은 성적을 내게 만들고 좋은 학교를 보내려 한다. 하지만 간혹 자식의 미래를 위해서가 아니라 부모의 체면을 위해 자식을 닦달하기도 한다. 비겁의 자기 인정 욕구가 인성의 모성애를 빨아들인 결과다. 겉보기에 자식을 위한 헌신이 실은 지나친 자기애의 표출일 수도 있다.

허상 속을 헤매는 의심

어머니 살해라는 충격적인 일을 저지른 남매 앞에 아이기스토스가 나타난다.* 영악한 아이기스토스는 의심이 많다. 그래서 속사포처럼 질문을 쏟아내며 오레스테스가 죽었다는 말이 사실인지 확인해나간다. 하지만 오레스테스가 죽었다는 소식이 너무 반가웠던 탓일까. 아이기스토스의 질문과 의심은 진실을 비껴간다.

---

* 아이스킬로스와 에우리피데스는 아이기스토스를 먼저 살해하고, 클리타이메스트라를 나중에 살해하도록 비극을 구성했다. 소포클레스는 클리타이메스트라 살해를 아이기스토스 살해보다 앞에 배치해 모친 살해라는 충격적 사건의 의미를 최소화했다.

아이기스토스	오레스테스의 죽음을 전한 사람들은 어디에 있느냐?
엘렉트라	안에요. 여주인의 심장으로 가는 길을 찾았죠.
아이기스토스	오레스테스가 분명히 죽었다더냐?
엘렉트라	그뿐이겠어요. 시체를 보여주던걸요.
아이기스토스	내가 직접 봐야겠다.
엘렉트라	그래야죠. 그게 볼 만한지는 모르겠지만.
아이기스토스	웬일로 네가 기쁜 소식을 다 전하는구나.
엘렉트라	이게 기뻐할 만한 일이라면, 계속 기뻐하세요.
아이기스토스	자, 이제 문을 열고 모두에게 보여줘라. 이 시신에 희망을 걸고 있다면, 그 입 닥치라고.

의심은 '내 어머니가 맞나?'를 본질로 하는 편인이 만들어내는 기능이다. 하지만 그 의심은 '내 어머니가 맞다'는 확신을 얻으려는 질문이다. 편인의 의심이 적절하면 주변을 꼼꼼히 관찰하고 이것저것 확인해 남들이 보지 못하는 이면의 진실을 찾아내는 능력이 된다. 하지만 지나치면, 남들에게는 존재하지 않는 자기만의 세계로 빠져든다. 너무 많은 생각이 한꺼번에 머릿속에 떠오르다 보니 정작 객관적인 진실을 파악하는 단서를 놓치고 만다. 천재라는 사람들이 일상생활에서는 곧잘 바보로 전락하는 이유이기도 하다. 속칭 '4차원'이라고 불리는 사람들이 타인과의 대화를 제멋대로 해석해 의사소통에 어려움을 겪는 이유이기도 하다.

편인, 정인 할 것 없이 인성이 강한 사람들은 행동력이 약하다.[*] 아이기스토스만 해도 모든 남자들이 트로이 전쟁에 나갔을 때 혼자 궁정을 지켰고, 아가멤논 살해를 모의해놓고 정작 칼을 손에 잡아야 할 순간에는 뒤로 빠졌다. 목숨이 경각에 달린 순간에도 아이기스토스는 칼은커녕 꽃병이라도 잡고 휘두르는 저항 한 번 하지 않는다.

인성이 강한 사람들, 쉽게 말해서 마마보이다. 결정적인 순간 클리타이메스트라의 치마폭에 숨었던 아이기스토스처럼, 정정당당히 시험 볼 생각하지 못하고 부모 찬스로 스펙 위조하고, 대학생씩이나 되어선 대학교수 하는 부모에게 대리 시험을 보게 하는 사람들이 인성 과다다. 훈련이 힘들다고 부모가 군대에 전화하게 하고, 취직해서도 아버지가 출근시켜주는 자식들이다. 이런 사람들은 배운 게 아무리 많은들, 할 줄 아는 건 아무것도 없다.

그러나 인성이 많으면 행동이 없는 대신 생각이 많다. 당면한 문제를 행동으로 해결하지 못하는 대신 문제의 본질을 꿰뚫어본다.

오레스테스   안으로 들어가. 얼른. 말싸움하자는 게 아니라 널 죽이겠다는 말이야.

---

[*] 생각과 감정을 말과 행동으로 드러내는 힘이 식상이다. 인성은 식상을 극한다. 생각이 너무 많으면 아무 행동도 하지 못하는 원리다.

아이기스토스   왜 안으로 밀어 넣어? 정의롭다면 왜 어둠이 필요해? 왜 여기서 못 죽여?

오레스테스   명령하지 마. 우린 네가 아버지를 죽인 곳에서 널 죽일 거야.

아이기스토스   이 집은 우리 집안이 겪은 모든 살인을 다 지켜보겠구나. 곧 일어날 살인까지.

오레스테스   적어도 네 죽음을 보리라고는 말할 수 있지.

아이기스토스   네가 떠벌리는 그 예지력이 네 아버지에겐 없었지.

(중략)

오레스테스   칼로 이룬 정의가 악을 억제할 수 있지.

오레스테스는 자신이 저지르는 살인의 의미를 아버지 복수로 국한한다. 그래서 살인 장소도 아버지가 살해된 집 안의 욕조로 정한다. 자신의 행위는 어디까지나 칼로 행하는 정의의 심판이다. 하지만 아이기스토스는 오레스테스가 외면하는 진실을 들춰낸다. 오레스테스가 하는 일은 아가멤논 집안 대대로 일어났던 불행한 살인의 연속일 뿐이라고. 정의로운 복수가 아니라 숨기고 싶은 살인 행위일 뿐이라고.

〈아가멤논〉에서도 클리타이메스트라는 자신의 살인이 복수의 종결이자 피바람의 끝이라고 선언했다. 하지만 그 살인은 〈엘렉트라〉에서 또 다른 복수로 이어지고 있다. 복수가 복수의 종결이 될 수는 없다. 피로써 피를 씻을 수는 없다. 정의를 실현한다고 해서 행복해지라는 법은 없다. 그 정의는 자신만의 정의이기 때문이다.

아들의 모친 살해라는 끔찍한 장면을 그려낸 이 작품에 아이기스토스 살해 장면은 등장하지 않는다. 오레스테스가 아이기스토스를 집 안으로 데려가는 장면으로 끝난다. 어차피 아이기스토스가 죽음을 면하기는 힘들어 보인다. 하지만 작가 소포클레스가 애써 그 장면을 생략한 이유는, 어쩌면 오레스테스보다는 아이기스토스의 말에 더 끌렸기 때문이지 않을까? 복수가 정의인 적이 있더냐고, 복수를 이뤘다고 행복해진 적이 있더냐고, 복수는 또 다른 복수를 부르기만 하지 않더냐고 소포클레스는 침묵으로 강변하고 싶었던 게 아닐까?

명리요결

사주의 구성

시주(時柱)	일주(日柱)	월주(月柱)	연주(年柱)
시간(時干)	일간(日干)	월간(月干)	연간(年干)
시지(時支)	일지(日支)	월지(月支)	연지(年支)

庚乙庚壬
辰酉戌子

이런 사주에서 시간은 '경(庚)', 시지는 '진(庚)', 시주는 '경진(庚辰)'이다. 일간은 '을(乙)', 일지는 '유(酉)', 일주는 '을유(乙酉)'다. 월간은 '경(庚)', 월지는 '술(戌)', 월주는 '경술(庚戌)'이다. 연간은 '임(壬)', 연지는 '자(子)', 연주는 '임자(壬子)'다.

사주 십성(十星)

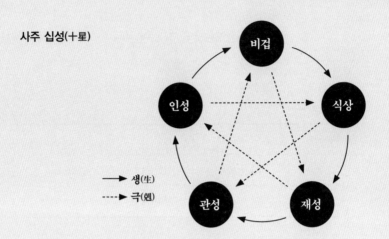

비견(比肩)	일간과 같은 오행, 같은 음양	고집, 자존심, 리더십, 왕자병(공주병)
겁재(劫財)	일간과 같은 오행, 다른 음양	승부욕, 활동적, 과격파
식신(食神)	일간이 생하는 오행, 같은 음양	집중력, 표현력, 감정 기복, 창조력
상관(傷官)	일간이 생하는 오행, 다른 음양	자기과시, 반항적, 적극적, 총명함
편재(偏財)	일간이 극하는 오행, 같은 음양	통제 욕구, 봉사, 재미, 대인관계
정재(正財)	일간이 극하는 오행, 다른 음양	객관적 평가, 현실적, 섬세함, 치밀함
편관(偏官)	일간을 극하는 오행, 같은 음양	명예욕, 명령받으면 스트레스, 의협심
정관(正官)	일간을 극하는 오행, 다른 음양	합리적, 의리파, 안정적, 보수적
편인(偏印)	일간을 생하는 오행, 같은 음양	끼(독특한 재능), 외로움, 의심, 마마보이
정인(正印)	일간을 생하는 오행, 다른 음양	덕망, 자비, 사고력, 공부, 배려, 동정심

[대운과 세운]

인정받지 못하는
수고

〈아이아스〉

트로이 전쟁의 용사들이라고 하며 대개 그리스군의 아킬레우스, 트로이군의 헥토르 정도를 떠올리지 싶다. 좀 더 관심 있게 본 사람들이라면 오디세우스, 아가멤논, 메넬라오스, 파리스 따위의 이름을 기억해낼 수도 있다. 이번 이야기의 주인공은 어지간해서는 떠오르지 않는 수많은 인물 중 한 명이다. 바로 아이아스[*]다. 브래드 피트(아킬레우스 역)가 주연한 영화 〈트로이〉에서 최초 상륙을 두고 아킬레우스와 경쟁하는 '무식하게 생긴' 싸움꾼으로 등장하는 인물이다.

　영화에서는 그다지 주목받지 못하지만 호메로스의 《일리아스》에서는 제2의 주인공이라고 해도 과언이 아닐 정도로 아이아스는 그리스군 내에서 역할이 큰 장수였다. 헥토르와 일대일 결투에서 우위를 보였고, 이후에는 헥토르가 정면 승부를 피했을 만큼 무용이 뛰어났다. 아킬레우스가 참전을 거부하는 사이 그리스군 본진

---

[*]　아이아스(Aias)라는 이름 자체도 썩 유명하지 않은데, 그나마 언급하는 경우에도 영어식 발음 그대로 '에이잭스(Ajax)'로 표기할 때가 종종 있어 가뜩이나 익숙하지 않은 사람들을 더 헷갈리게 하곤 한다.

이 무너질 위기에 몰렸을 때, 총사령관인 아가멤논도 철수를 고민하던 바로 그때 혼자 분전한 사람도 아이아스였다. 아이아스는 일곱 겹 소가죽 방패로 유명하다. 남들보다 머리 하나가 더 컸던 이 거인은 위기에 빠진 전우들을 자신의 방패로 지켜줬다. 심지어 나중에 철천지원수가 되는 오디세우스의 목숨을 구해준 적도 있다. 그래서 아이아스의 별명은 '그리스의 방벽'이었다.

'아킬레우스 버금가는 용사'로 불리던 아이아스의 위기는 아킬레우스가 죽은 다음에 찾아왔다. 아킬레우스가 입던 갑옷을 누가 물려받느냐를 두고 경합이 벌어졌다. 아킬레우스의 어머니인 테티스 여신은 '그리스군에서 가장 용맹한 자' 또는 '트로이군에게 가장 큰 두려움을 불러일으키는 자'에게 갑옷이 돌아가야 한다고 했다. 그리스군 총사령관인 아가멤논은 모두가 탐내는 갑옷을 특정인에게 줘서 나머지 모두에게 미움을 받는 부담을 피하려 묘수를 냈다. 갑옷의 주인으로 누가 적합한지 그리스군의 투표에 부친 것이었다.*

투표를 앞두고 후보들에게 연설 기회가 주어졌다. 몸으로 싸우는 데 익숙했던 아이아스였기에 말로 싸우는 데에는 미숙했다. 경합의 승리는 오디세우스에게 돌아갔다. 당연히 자신의 몫이어야 할 갑옷을 빼앗겼다고 여긴 아이아스는 분노했다. 아이아스는

---

* 어떤 판본에서는 그리스군이 아닌 트로이군 포로들에게 정하도록 했다고 전해진다. 이들은 자신들을 괴롭힌 아이아스를 골탕 먹이기 위해 오디세우스를 갑옷의 주인으로 뽑았다고 한다.

투표로 갑옷의 주인을 결정한다는 아가멤논의 발상 자체가 오디세우스에게 갑옷을 주려는 꼼수라고 생각했다. 아이아스는 아가멤논과 오디세우스를 죽이려 나섰다. 하지만 아테나 여신이 개입해 아이아스를 미치게 만들었다. 아이아스는 군대의 식량으로 키우던 가축들을 아가멤논 패거리라고 여기곤 모조리 도륙했다. 오늘날로 말하자면 사령관을 죽이려다 군대의 식량 창고를 폭파한 셈이다. 바로 이 지점에서 소포클레스의 비극 〈아이아스〉는 시작한다.

오디세우스는 가축을 도살한 아이아스를 추격 중이다. 아테나 여신이 나타나 사건의 전말을 전해준다. 아이아스는 아가멤논과 메넬라오스의 목숨을 노리고 그들의 막사 앞까지 갔지만, 아테나 자신이 아이아스를 미치게 만들어 사람 대신 가축을 살육하게 했다고. 아테나는 오디세우스가 보는 앞에서 아이아스를 불러낸다. 여전히 아가멤논에게 복수했다고 믿는 아이아스를 조롱하며, 오디세우스에게는 '신들에게 주제넘게 굴지 말라'는 교훈을 일러준다.

아이아스가 이끄는 함대의 선원들은 자신들의 대장이 저지른 일을 차마 믿을 수 없다. 제발 아이아스가 나타나 사실이 아니라고 말해주기를 간절히 소망하고 있다. 하지만 아이아스의 아내 테크멧사가 아이아스가 저지른 일을 말해주자 한 가닥 희망마저 잃었다. 군대의 보급품을 약탈한 아이아스 자신도 죽음을 면하기 어렵고, 아이아스 휘하의 자신들도 덩달아 위험에 빠질 수 있었다.

뒤늦게 아이아스가 제정신을 차렸다. 간밤에 자신이 저지른 짓을 깨닫고는 수치심에 몸을 떨었다. 적들을 무찌르는 맹장이었던 자신이 온순한 짐승들을 상대로 칼을 휘두르며 잘난 척했다는 사실이 견딜 수 없이 부끄러웠다. 전쟁 동안 쌓았던 모든 공적이 도륙당한 가축과 함께 사라졌다.

하루아침에 식량을 없애버린 반역자의 신세가 된 아이아스는 군대에서 미움을 받았다. 그동안 떨친 용맹만큼이나 트로이에서도 미움을 받기는 마찬가지다. 게다가 신에게도 버림받은 처지가 된 아이아스는 갈 곳이 없다. 고향으로 돌아가자니 아버지를 볼 낯이 없고, 트로이 진영으로 쳐들어가 홀로 싸우다 죽자니 미운 아가멤논 좋은 일만 시켜주는 꼴이다. 아킬레우스가 죽은 마당에 자신에 필적하는 용사는 아무도 없다고 자부했건만 이제 오욕에 찬 삶만이 아이아스를 기다리고 있다. 아이아스가 할 수 있는 선택은 죽음뿐이었다. "고귀한 사람이라면 명예롭게 살거나, 명예롭게 죽어야 해."

아이아스는 부하들에게 자신을 죽여달라고 부탁한다. 하지만 부하들은 그 청을 들어줄 수 없다. "악은 악을 치유하지 못해요. 잘못보다 더 가혹한 벌을 주지 마세요." 아내인 테크멧사는 더 절박하게 말렸다. "당신이 죽음으로써 나를 버린다면, 난 당신 아들과 함께 노예로 전락할 거예요."* 아내보다 아들이 눈에 밟혔던 모양이다. 아이아스는 이내 아들을 부른다. 그러고는 자신의 분신과도 같은 일곱 겹 소가죽 방패를 아들에게 물려주며 유언 같은 말을 남긴다. "네 아비의 적들에게 네가 누구며 누구의 자식인지를 보여줘라."

금방 죽음을 결행할 듯 보였던 아이아스는 칼을 들고 다시 나타났을 때 태도가 달라진다. 과부와 고아가 될 아내와 아들이 불쌍하다는 생각에 단단하던 마음이 무뎌졌다며, 신의 노여움을 달래러 가겠노라고 말한다. 칼도 황야에 가서 땅에 묻어버리겠다고 선언한다. 아가멤논 형제와도 화해하겠노라고 다짐한다. 테크멧사는 안도하고 선원들은 환호한다.

아이아스가 떠난 뒤 심부름꾼이 등장해 아이아스를 혼자 두면 위험하다고 전하면서 분위기는 또 한 번 바뀐다. 아테나 여신의 분노가 지속되는 하루 동안 아이아스를 붙잡아둬야 한다는 동생의 다급한 전갈이었다. 테크멧사와 선원들이 뒤늦게 아이아스를 찾아 나서는 그 시각, 아이아스는 칼끝이 하늘로 향하도록 칼자루를 땅속에 묻고는 죽음을 준비하고 있었다. 이윽고 그는 칼 위에 몸을 던져 최후를 맞이하면서 자신을 버린 그리스군을 향해 저주를 퍼붓는다. "복수의 여신이여, 당신의 분노가 그리스군 전체를 집어삼키기를!"

테크멧사와 선원들이 시신을 발견하고 슬픔에 잠겨 있을 때, 아이아스의 동생 테우크로스도 도착한다. 하지만 이들에겐 마냥 슬

---

* 테크멧사는 아이아스가 전리품으로 얻은 전쟁 포로였다. 아이아스는 그녀에게 아내 대접을 해줬지만, 다른 그리스군의 입장에서 보면 그저 노예 신분에 불과했다.

퍼할 시간이 없었다. 메넬라오스가 나타나 아이아스의 매장을 금지했기 때문이다. 살아서는 애국자였지만, 죽을 때는 반역자였던 탓이다. 아가멤논도 뒤따라와서 메넬라오스를 거들면서 왜 아이아스가 아닌 오디세우스가 갑옷의 주인이 되었는지를 설명한다. "우리가 기댈 자는 남들 머리 뒤로 넓은 어깨가 솟아오른 사람이 아니라 현명한 두뇌를 가진 사람이야." 아이아스의 일생을 부정하는 말이다. 아가멤논 자신의 제수 헬레네 때문에 10년을 목숨 걸고 싸운 사람에게 그리스군 총사령관이 할 말은 아니었다. 노력을 인정받지 못한 좌절감과 박탈감, 소외감에 테우크로스는 치를 떤다. "당신이 아이아스를 버린다면 우리 모두를 버리게 되오."

두 사람이 칼이라도 뽑아들 기세로 대립할 때 오디세우스가 아가멤논을 말리고 나섰다. 어쨌든 아이아스는 그리스군이 자랑하는 용사였으니 그에 걸맞은 명예는 지켜줘야 한다고 주장했다. 무엇보다 아이아스의 공로를 부정하고 시신의 매장조차 금지하는 조치는 아이아스가 저지른 잘못 때문이라기보다는 아이아스가 밉기 때문이었다. 하지만 살다 보면 오늘의 친구가 내일의 적이 되는 일이 다반사다. 적이라고 부당한 대접을 받는 일은 언제든 오디세우스 자신의 일이 될 수도 있었다. 권력자인 아가멤논은 오디세우스의 말에 끝내 공감하지 못하지만, 오디세우스를 향한 신뢰의 표시로 매장을 허락한다. 테우크로스는 아이아스의 경쟁자였던 오디세우스의 호의에 고마움을 표시하지만 그의 장례 참석은 거부한다. 오디세우스가 발길을 돌리고 선원들은 장례 절차를 준비하면서 비극이 마무리된다.

〈아이아스〉를 쓴 소포클레스는 그리스 연합군이 페르시아를 물리친 살라미스 해전 승리를 기념하는 행진에서 소년 합창단으로 활동했다고 알려져 있다. 소포클레스가 활동했던 시기는 아테네가 지중해 패권을 장악한 시기였다. 육지에서 중무장 보병이 벌이는 전투가 완력과 용기의 대결이라면, 바다에서의 전투는 기술과 전략의 대결이었다. 아테네 해군이 성장하던 시기는 아테네 민주 정치가 발전하던 시기이기도 했다. 제아무리 좋은 전략도 설득력을 갖지 못하면 소용없었다. 힘의 시대가 아니라 말의 시대였다. 소포클레스 자신도 투표로 뽑히는 열 명의 장군 중 한 명으로 선출된 적이 있다. 변변한 군 경력이 없었지만, 대신 비극 작가로서 누리는 인기가 정치적 자산이었다. 지난 시대의 가치관을 대변하는 아이아스는 오디세우스 같은 인물을 필요로 하는 새로운 시대에 적응하는 데에 실패했다.

소포클레스가 살던 시대는 아테네가 스파르타와 늘 전쟁을 벌이던 때다. 우직하지만 나약한 아이아스를 복권하면서 아가멤논과 메넬라오스 형제를 나쁜 놈으로 묘사하는 이유도 메넬라오스가 스파르타의 왕이기 때문이다. 비단 〈아이아스〉뿐만이 아니다. 아테네 출신 작가들이 쓴, 우리가 '그리스 비극'이라고 부르는 작품 모두에서 스파르타는 '나쁜 놈'으로 등장하기 일쑤다. 반면 아테네는 늘 '선택받은 땅'으로 묘사되는데, 아이아스의 고향 살라미스는 페르시아의 침략을 받았던 당시 아테네 시민들이 피난을 갔던 섬이다. 바로 살라미스 해전의 그 살라미스다. 아테네에서 아이아스가 복권받을 이유가 충분했던 셈이다.

남자다움의 '끝판왕'

《일리아스》에서 아이아스는 믿음직스러운 장수였다. 아이아스가 포위당해 위기에 빠진 오디세우스를 구하러 나서자, 아이아스의 등장만으로도 트로이 병사들은 꽁무니를 내뺐다. "아이아스가 탑처럼 생긴 방패를 들고 가까이 나아가 오디세우스의 곁에 서자 트로이아인들은 겁이 나서 뿔뿔이 흩어졌다."(《일리아스》 11권) 어려운 일이 있으면 사령관도, 병사들도, 아이아스를 찾아 나섰다. 아이아스 자신도 어려운 일에 몸 사리지 않고 앞장섰다. 오히려 자신의 힘을 쓰지 못해 안달이었다. "창을 잡고 있는 내 무적의 팔들도 근질근질하오. 그리고 안에서는 용기가 솟고, 아래로 두 발은 날 것만 같소."(《일리아스》 13권) 아이아스에게 승부란 언제나 목숨 걸고 하는 진지한 싸움이었다. "부끄럽지도 않소. 이제야말로 죽든지, 아니면 살아서 함선들을 파멸에서 구할 때요."(《일리아스》 15권)

언뜻 봐도 아이아스는 독립적이면서도 원칙을 지키는 경금(庚金)과 세상 모두를 혼자 구하겠다는 병화(丙火)의 힘으로 움직이는 사람이다. 둘 다 자칫 독선으로 빠지기 쉬운 요소들이다. 어려움에도 굴하지 않고 튀어나가는 갑목(甲木)과 한 점 망설임 없이 칼을 휘두르는 신금(辛金)의 힘도 느껴진다.

우선 눈에 띄는 특징은 자신감과 배짱이다. 게다가 어마어마한 전투력을 과시한다. 다른 사람을 시키느니 자신이 앞장선다. 누가 시켜서 뭔가를 하기보다는 누군가를 이기고 싶어서 한다. 옆에서 칭찬이나 응원이라도 해주면 제 몸이 부서지는 한이 있더라도 신나서 뭔가를 한다. '니 잘한다'는 칭찬을 듣지 못하면 안달복달한다. 자존감 하나로 먹고 사는 비견(比肩)의 특징이다.

비견은 고집도 세다. 성격도 급하다. 자기 마음대로 안 되면 곧잘 주먹질로 해결하려 든다. '네 말이 맞다'는 말을 들어야 직성이 풀린다. 차분하게 궁리하거나 묻지 않는다. 일단 덤벼들어 몸으로 부닥쳐본다. 심하게 말하면 끓는 물이 뜨겁다는 어머니의 경고를 무시하고 직접 손을 넣어보는 아이 같다.

비견의 특징이 좀 더 극단적으로 보인다면 겁재(劫財)에 해당한다. 친구와 달리기를 하니까 재미있어서 좋고, 이기니까 더 좋은 경우가 비견이라면, 겁재는 이기기 위해 달리기를 하는 격이랄까. 겁재는 지고는 못 산다. 어떻게든 이기려 하다 보니 무리수를 두기 쉽다. 좋게 말하면 모험적이다.

겁재는 남들이 꺼리는 일에도 선뜻 앞장선다. 자기 자신마저 이기고야 말기 때문에, 해야겠다고 마음먹은 일은 끝장을 본다. 대입 3수, 사시 9수와 같은 전설적인 이야기의 주인공들은 포기할 줄 모르는 겁재의 힘을 갖고 있다. 하지만 좋게 말하면 끈기이고 애착이지만, 나쁘게 말하면 집착이다. 좋게 말해 '열 번 찍어 안 넘어가는 나무 없다'이고, 나쁘게 말하면 스토킹인 셈이다. 그 집착의 대상이 무엇이냐에 따라 겁재의 성패가 결정된다.

힘든 일에 앞장서는 희생으로 말하자면 편관(偏官)도 뒤지지 않는다. 다만, 비견이나 겁재는 '나 잘났음'을 인정받기 위해서 나선다면, 편관은 '모두를 위해서' 하는 책임감에서 나선다. '나 아니면 누가 하랴' 하는 마음으로 가장 먼저 나서지만 '나를 따르라' 하는 요구가 수반된다는 점도 차이점이다. 어려운 일에 앞장서는 편관의 행동은 사실 모두를 어려운 일에 내모는 명령의 변형인 셈이다. 하지만 말만 앞세우는 비겁한 짓은 안 한다. 편관은 자신의 뜻을 행동으로 보여준다. 사실 말만 앞세우는 사람을 가장 싫어하는 유형이 바로 편관이다.

편관은 명령을 입에 달고 산다. 어릴 때도 골목대장이다. 일을 맡기면 어떤 난관도 기꺼이 헤쳐나간다. 문제는 알아서 하도록 내버려두지 않고 시시콜콜 간섭할 때 생긴다. 권한이 주어지지 않으면 편관은 아무 일도 하지 못한다. 그렇다고 상관을 무시하지는 않는다. 오히려 죽이 맞는 상관과는 평생 인연을 이어갈 정도로 의리를 따진다. 단, 편관에게 한번 나쁜 놈으로 찍히면 그 낙인 역시 평생 간다.

편관은 기본적으로 자신을 억압하는 성분이기 때문에, 자칫 두려움이 많고 불안해서 조심조심 몸을 사리는 형태가 되기도 한다. 주변을 피곤하게 만들 정도의 과잉 자신감을 실제로 행동에 옮기려면 편재(偏財)가 있어야 한다. 신호등(정관)만 있으면 안 되고 교통경찰(편관)도 있어야 하고, 나아가 실제 단속(편재)도 해야 운전자들이 말을 들어먹는 법이다.

편재는 통제와 관리 능력이다. 다만, 꼼꼼하고 치밀한 결과물보다는 즉각적이고 신속한 결과물을 원한다. 철저히 분석한 결과에 따라 움직이기보다는 느낌이 좋으면, 내키면 지르는 기분파다. 당장 손해가 니도 싱관없기 때무에 남 좋은 일도 잘한다. 행동도 제빠르다. 대신에 경박하고, 성급하고, 조바심을 낼 때가 많다.

아이아스는 요령을 피우는 일이 없다. 융통성 없이 자기 일을 우직하게 한다. 식신(食神)의 기운이다. 전문가라는 호칭을 듣거나 한 분야에서 뭔가 성취를 이뤄내려면 식신이 있어야 한다. 남들이 뭐라 하거나 말거나 한 우물만 파는 꾸준함과 집중력이 어느 순간 모두가 그 사람을 우러러보게 만드는 힘이 된다. 이렇게 전문가가 된다면, 적어도 밥 벌어 먹고사는 데에는 걱정이 없을 테니, 식신은 말 그대로 먹을 복이 된다. 대신 세상이 바뀌면 적응이 늦고 남들의 업신여김을 받기도 한다.[*]

아이아스는 스스로 남자다움을 과시하고, 남들에게도 '남자'가 되기를 요구한다. 부끄러움을 꺼리고 영광을 좇는다. "친구들이

---

[*] 庚庚辛辛
申寅巳亥
《일리아스》에 등장하는 특징을 토대로 삼아 재미로 만들어본 아이아스의 사주다. 실재로는 존재하지 않는 사주다. 신해년의 사(巳)월은 계사(癸巳)월이 된다.

여. 사나이답게 행동하고 명예를 존중하시오. 격렬한 전투들에서 피차 남 앞에서의 체면을 존중하시오. 명예를 존중하는 자들은 죽는 자보다 사는 자가 더 많을 것이나 도망치는 자들에게는 명성도 구원도 없을 것이오."《일리아스》15권) 아이아스에게 영광을 얻는 단 하나의 방법은 행동이다. 말만 앞세워서는 아무것도 할 수 없다. 오로지 행동이 성취를 만들어낸다. "구원은 팔에 있고 미지근한 전쟁에 있지 않소이다."《일리아스》15권)

힘이 뻗쳐 있는 아이아스를 보고 있자면 《주역》의 대장괘(大壯卦, ䷡)가 떠오른다. 글자 그대로 풀이하면 '크게 씩씩함'이다. 의기소침해 풀이 죽어 있는 모습과 비교한다면 바람직해 보인다. 그런데 《주역》은 주의를 당부한다. "바르면 길하다(貞吉[정길])." 대장괘는 하늘(☰) 위에서 우레(☳)가 번쩍이는 모양새다. 가뜩이나 높은 하늘 꼭대기에서 꽝꽝거리며 위세를 과시하는 꼴이다. 탁 트인 공간에서 역동의 기운을 뿜어낸다. 한마디로 힘이 뻗친 상황이다. 이렇게 힘이 뻗칠 때의 과제는 함부로 힘자랑하지 않고 써야 할 곳에만 힘을 쓰는 일이다. 남들이 인정해주든 인정해주지 않든, 자기 할 일에 충실한 식신의 힘이 필요하다. 《주역》이 말하는 "바르면 길하다"의 뜻이다. 단속할 대상은 다른 사람이 아니라 자기 자신이다. 주역의 경고처럼 뻗치는 힘을 갖고 "주먹질에나 씩씩하면(壯于趾[장우지]) 바르다 해도 흉하다(貞凶[정흉])".

죽 쒀서 남 주는 팔자

아이아스는 자타가 공인하는 '그리스에서 아킬레우스 다음 가는 용사'인데, 막상 결정적인 승리를 거둔 적이 없다. 헥토르와 대결에서 사실상 승기를 잡았지만, 마지막 숨통을 끊어놓는 데에는 실패했다. "아이아스의 강한 창은 번쩍이는 방패를 지나 정교하게 만든 헥토르의 가슴받이를 뚫고 들어갔다. 창은 곧장 그의 옆구리 옆을 지나 윗옷을 찢었으나 그는 몸을 틀어 검은 죽음의 운명을 피했다."(《일리아스》 7권) 두 사람은 밤이 됐다는 이유로 싸움을 멈추고 헥토르는 칼을, 아이아스는 혁대를 서로 선물로 교환하고 헤어졌다.

아킬레우스가 자신의 갑옷을 입고 출전했다가 전사한 파트로클로스를 추도하는 운동경기를 열었을 때, 아이아스는 오디세우스와 씨름으로 맞붙었다. 하지만 역시 승부를 내지 못했다. "오디세우스는 아이아스를 넘어뜨려 땅에 메어칠 수가 없었고, 아이아스도 오디세우스의 힘에 제지되어 그럴 수가 없었다."(《일리아스》 23권) 아킬레우스는 두 사람 모두 승리자라며, 상품을 둘 모두에게 주었다.

노력의 결과를 만들어내는 힘을 명리학에서는 재성(財星)으로 표현한다. 보통 사람에게는 노동의 대가, 즉 돈을 버는 방법으로 주로 해석된다. 재성 중에서 정재(正財)는 자신에게 필요한 가치를 파악하고 획득하는 능력이다. 당장 돈이 없으면 밥을 굶기 때문에, 정재는 돈이 꼬박꼬박 들어와야 마음이 편하다. 그래서 안정적인 직장을 선호한다. 현실적이다. 당장 밥벌이에 보탬이 되어야 일을 한다. 하지만 그 밥이라는 게, 아무리 잘 먹어도 하루 세끼다. 정재가 뜻하는 돈은 큰 규모가 아니다. 좋게 말하면 꼼꼼하고 치밀하다. 나쁘게 말하면 쩨쩨하다. 더 나쁘게 말하면 인색하다. 돈이 안 들어올 때를 대비해야 하는 탓이다. 일단 제 주머니에 들어간 돈은 쉽사리 내놓지 않는다.

반면 편재(偏財)는 사회가 인정하는 가치를 파악하고 획득하는 능력이다. 편재가 하는 일은 사회에 보탬이 될 뿐 당장 내 배를 채워주지는 않는다. 쉽게 말해 남 좋은 일이다. 그러니 일할 때는 신나서 보람차게 하지만, 내키지 않으면 안 해도 그만이다. 하고 싶을 때만 일하니 매일 출근하는 월급쟁이는 취향이 아니다. 하고 싶은 일만 한다. 그러다가 큰 프로젝트를 성공시키면 대박이 터진다. 돈의 액수가 정재에 비할 바가 아니다. 당장 끼니 해결도 못 하면서 억 단위 돈을 우습게 말하는 뻥쟁이가 되기도 한다. 남의 돈 빌려다가 일을 벌인다. 벌면 크게 벌지만, 잃으면 크게 잃는다.

아이아스가 일하는 방식은, 편재다. 자신은 신나서 하지만 실속이 없고 남 좋은 일만 시켜주기 일쑤다. 헥토르와 싸우러 나갈 때도, 아킬레우스의 갑옷을 두고 오디세우스와 연설 대결을 벌일 때도, 심지어 죽으러 갈 때도, 계획이라고는 없다. 그저 내키는 대로, 충동적으로 말하고 행동한다. 상대가 어찌 나올지, 자신의 행동이 어떤 결과를 불러일으킬지 계산하지 않는다. 그러니 그 결과가 자신에게 유리하지 않은 건, 어쩌면 당연하다.

품만 들이고 결과물을 누리지 못하는 더 큰 이유는 비견(比肩)과 겁재(劫財) 때문이다. 예전의 명리학 책은 비견은 친형제, 겁재는 서자 형제라고 설명했다. 친형제만 있어도 유산을 나눠 가져야 하니 자신의 몫이 줄어드는데(群比爭財[군비쟁재]), 겁재까지 있으면 상속권도 없는 자식까지 유산을 빼앗겠다고 덤벼드는 꼴(群劫爭財[군겁쟁재])이 된다. 겁재라는 이름 자체가 '재산을 겁탈한다'는 뜻이다. 친형제인 비견은 유산 다툼을 하더라도 상식선에서 신경전을 벌이는 정도이지만, 어차피 상속권이 없는 서자 형제는 인정사정 보지 않고 죽자 살자 달려든다.

비견과 겁재를 갖고 있으면 전투력은 급상승하지만, 정작 전리품을 나눠 갖거나(비견) 빼앗기는(겁재) 꼴이 된다. 고생은 고생대로 하고, 실속은 챙기지 못하는 셈이다. 명리학에서 군비쟁재(群比爭財), 군겁쟁재(群劫爭財)라고 표현하는 상황이다. 전리품(재성)이 충분히 많다면 사이좋게 나눠주면 그만이다. 하지만 재성이 하나뿐이라면 죽 쒀서 남 주는 팔자가 된다. 아이아스가 꼭 그렇다. 무엇이든 나눠 갖고 빼앗아가는 비견과 겁재는 편관(偏官)이 이룩한 영광마저도 나누고 빼앗는다.

세상만사가 그렇듯 비견과 겁재가 나쁘기만 하지는 않다. 편관은 기본적으로 일간을 극하는 힘이다. 말하자면 자신을 잡아먹으러 온 호랑이다. 비견과 겁재는 함께 호랑이와 싸우는 동맹군이 된다. 동맹군이 많으면 호랑이를 잡아서 타고 다닐 수도 있다. 호랑이를 앞세운 동맹군이라면, 천하무적이 된다. 명리학에서는 편관과 겁재의 힘이 서로 균형을 이루면(殺刃相停[살인상정]) 군인으로 출세할 팔자라고 봤다. 자신을 죽일 수도 있는 무기가 비견과 겁재 덕분에 남들을 제압하는 무기가 되는 셈이다. 적군이 될 수도, 동맹군이 될 수도 있는 존재가 비견과 겁재다. 비겁이 많은 사람은 이들을 동맹군으로 만드는 데에서 인생의 성패가 갈린다.

이 세계를 '힘에의 의지'라고 했던 프리드리히 니체는 적이야말로 자신을 강하게 만드는 힘이라고 했다. 허약한 적을 상대하면 나 자신도 약해지고, 강력한 적을 상대하면 나 자신도 강해지기 때문이다. "그대들은 증오해야 할 적만을 가져야 한다. 경멸할 수 있는 적을 가져서는 안 된다. 그대들은 적을 자랑스럽게 여겨야 한다."《차라투스트라는 이렇게 말했다》 겁재의 역할이 딱 그렇다. 나 자신을 강하게 만드는 힘이다. 회의실에서 자리만 채우고 있다가 프로젝트가 성사되면 공을 가로채가는 얌체 동료를 미워할 필요도, 원망할 필요도 없다. 그 역시 나 자신을 강하게 만드는 힘이다.

"노래하소서, 여신이여. 아킬레우스의 분노를!"《일리아스》의 첫 문장이다. 호메로스가 트로이 전쟁의 서사를 통해서 하고 싶었던 말은 다름 아닌 아킬레우스의 분노다. 왜 분노했느냐? 총사령관인 아가멤논이 아킬레우스의 전리품인 여인 브리세이스를 빼앗아간 탓이다. 아킬레우스는 고작 여자 하나 때문에 분노했던 걸까? "치열한 전투의 노고를 더 많이 감당해낸 것은 내 팔이었지만 분배할 때에는 아가멤논의 몫이 월등히 컸으며, 나는 지치도록 싸

운 뒤 보잘것없는 물건을 소중히 간직한 채 함선들로 돌아오곤 했소."《일리아스》1권)

아킬레우스가 분노한 이유는 노고에 대한 대가를 받지 못했기 때문이다. 자신의 노력이 인정받지 못했기 때문이다. 아이아스가 분노해서 아가멤논과 오디세우스를 죽이려 했던 이유와 정확히 일치한다. 아킬레우스도 칼을 뽑아들고 아가멤논을 죽이겠다고 다짐한 적이 있다. "이제 곧 이가멤논은 자신의 교만 때문에 목숨을 잃게 될 것이오." 하지만 그 당시의 아이아스는 아킬레우스의 분노를 이해하지 못했다. 그 자신도 겪을 분노에 공감하기는커녕 아킬레우스를 속 좁은 놈 취급한다. "신들은 한낱 소녀 때문에 아킬레우스 당신의 가슴속에 가혹하고 화해할 수 없는 분노를 불러일으켜 놓았구려."

노고를 쏟아부으면서 보상에 관심 없는 아이아스의 모습은 편관의 희생정신이기도 하지만, 무엇보다 자신이 하고 싶은 일을 하는 활동 무대를 즐기는 식신(食神)의 힘이다. 식신은 누가 시키지 않아도, 남들이 뭐라 하든, 자신이 하고 싶은 일에 몰두하는 힘이다. 식신의 1차 관심사는 돈이 아니라 일 자체다. 일의 결과로 돈이 따라오면 좋지만, 아니라도 개의치 않는다. 대개 일을 하면 크든 작든 돈도 따라오기 마련이다.

하지만 아이아스도 아킬레우스의 갑옷으로 상징되는 '그리스 최고의 전사'라는 명예를 빼앗기자 폭주하고 만다. 아킬레우스를 속 좁은 놈 취급하던 대인배 노릇은 '내로남불'의 위선이었나? 보상이 주어지든 말든 묵묵히 자기 할 일에 충실하던 아이아스의 성격에 갑자기 변화가 생겼다.

아이아스가 변한 이유

"아들아, 창을 쥐고 승리를 향하여 떠나거라. 신의 도움이 항상 함께하기를!" 트로이 출정에 나설 때 아이아스의 아버지가 해준 충고다. 하지만 아들은 우쭐대며 대꾸했다. "아버지도 참, 신의 도움을 받는다면 아무나 다 승리를 챙기지요. 전 신의 도움 없이도 이길 수 있어요." 한 번은 아테나 여신이 전투 중에 아이아스를 도와주려 한 적이 있다. 그때 아이아스는 신의 도움을 거부했다. "여신이시여, 가서 다른 사람이나 도와주세요."

아이아스의 비견과 겁재가 자신감을 넘어 오만함으로 표출되는 장면들이다. 이런 사람은 자신이 잘났다고 여기기 때문에 다른 사람이 가르치려 드는 꼴을 참지 못한다. 자의식 강한 '요즘 것들'이 어른의 잔소리를 '꼰대질'이라고 비하하며 거부하는 이유와 똑같다. 이런 사람들을 인도하려면 훈계보다는 다른 사람과 경쟁을 시키는 방식이 효과적이다. 아니면 잘나가는 사람을 롤모델로 제시해도 좋겠다. 비견과 겁재의 힘이 그 사람을 이겨먹으려 최선을 다하기 때문이다.

가르침을 기꺼이 받아들이는 힘은 정인(正印)과 편인(偏印), 인성(印星)이다. 가르침도 수용하고, 주어진 상황도 받아들인다. 가르침을 수용하니 공부를 잘한다. 주어진 상황을 받아들이니 참을성도 강하다. (참을성이 강하니 엉덩이가 무거워 공부를 잘하게 될 수도 있겠다.) 인성이 많으면 수동적이고 의존적인 성향이 되는 단점도 있지만, 인성이 없으면 욱하는 성질에 걸핏하면 흥분할 수 있다. 특히 비겁과 겁재가 많으면 욱하는 성격이 폭력적으로 나타나기도 한다. 딱 아이아스의 성격이다.

영문도 모르는 가축들을 도살한 뒤 아이아스는 다시 아테나 여신과 마주했다. 이때의 아이아스는 신의 도움 따위는 필요 없다고 큰소리치던 아이아스가 아니었다. "여신께서는 지난밤에 그랬듯이 저의 든든한 후원자가 되어주십시오." 아이아스에게 전에 없던 의존 성향이 나타났다. 특히나 신에게 기대는 마음은 편인의 작용이다. 아이아스에게 존재하지 않았던 편인이 갑자기 생겨난 결과다.

정인은 친어머니의 사랑, 편인은 새어머니의 사랑으로 자주 거론된다. 친어머니는 먹기 싫다는 밥을 쫓아다니면서 먹여주지만, 새어머니에게는 밥을 달라 말하기도 조심스러워 눈칫밥을 먹는다. 편인이 있으면 언제 밥을 달라 할지, 언제 안아달라 할지를 본능적으로 알아낸다. 편인은 촉이 좋다. 눈치가 빠르다. 새엄마에게 마냥 안아달라, 놀아달라 하지 못하니 혼자 보내는 시간이 많고, 그래서 잡생각이 많다. 상상과 공상, 망상이 꼬리에 꼬리를 물고 자기만의 세상을 만들어낸다. 새엄마에게 버림받으면 어떡하

나 하는 불안감에 아무것도 믿지 못하는 편인은 의심쟁이이기도
하다.

"상황을 타개하는 사람들은 힘세고 어깨 넓은 사람이 아니라
머리를 쓰는 사람이라네. 황소가 아무리 힘이 세더라도 작은 채찍
하나로 말을 잘 듣게 할 수 있지." 아이아스의 동생 테우크로스에
게 한 말이긴 하지만, 최전선에서 피 흘리며 싸우는 전사들을 보
는 아가멤논의 시각을 단적으로 보여준다. 총사령관으로서 해서
는 안 되는 말이다. 하지만 입 밖에 내지 않을 뿐, 코피 흘려가며
밤새 일하는 현장 직원들을 바라보는 재벌 회장들의 마음가짐은
얼마나 다를까 싶기도 하다.

한 번도 아가멤논의 공정함을 의심하지 않았던 아이아스는 아
킬레우스의 갑옷을 빼앗긴 다음에야 비로소 눈치챘다. 병사들의
투표로 아킬레우스의 갑옷을 받을 사람을 결정하는 방식 자체가
'최고의 용사'라는 영예를 오디세우스에게 주려는 꼼수였다는 사
실을. 우직하기만 했던 아이아스에게 의심과 눈치라는 새로운 성
분이 추가됐다. 바로 편인의 힘이다.*

기존에 있던 관성의 명예욕은 새로 들어온 편인의 의심을 더 심
각하게 만든다.** 일단 자리싸움에 발을 들이면 주변 모두를 경쟁

---

* 앞서 가정했던 아이아스의 사주에 빗대 본다면, 가축을 도살하고 자살을 감행하는 작
  품 속의 아이아스가 맞이한 대운 또는 세운은 무진(戊辰)이 될 듯하다. 순전히 재미
  로 해보는 상상이지만, 사건이 일어난 해는 '무진년'이었을지도 모른다.

** 관성은 인성을 생한다.

자로 여기고 의심하기 마련이다. 게다가 편인은 또한 겁재를 강화시킨다.*** 가뜩이나 강한 자의식은 오만을 넘어 폭력성까지 띠게 된다. 상대의 의도를 끝없이 의심하고 멋대로 해석하고는 '나쁜 놈'으로 단정한다. 상대에게 변명의 기회도 주지 않고 자신의 머릿속에서 모든 추론을 끝내고 결론을 내린다. 자리싸움에 눈이 돌아가면 못할 짓이 없어지는 상황이다.

아테나	네 창을 아가멤논 형제에게 찔러 넣었느냐?
아이아스	그놈들은 이제 다시는 나 아이아스를 모욕하지 못해요.
아테나	죽였다는 뜻이지?
아이아스	맞아요. 어디 죽어서도 내게서 아킬레우스의 갑옷을 빼앗아가 보라죠.

"이제야 알겠어. 나는 적을 미워하더라도 나중에 친구가 될 수 있을 만큼 미워해야 해. 친구를 도와야 하겠지만, 언젠가 적이 될 수 있다는 점은 감안해야지." 아이아스의 이 말은 언뜻 자신을 배신한 아가멤논과 자신의 경쟁자인 오디세우스를 용서하는 말처럼 들린다. 절망 끝에 '그러려니' 하고 복수를 포기하고 세상과 타협하려는 태도로 보이기도 한다. 그러나 아이아스는 이 말을 하고

*** 인성은 비겁을 생한다. 특히 편인은 겁재를 생한다.

곧장 스스로 목숨을 끊었다. 편인이 강화한 겁재의 폭력성이 스스로에게 칼을 겨눈 결과다. 아이아스가 뭔가를 포기했다면 아가멤논을 향한 복수가 아니라 인생 그 자체였다.

없던 편인이 아이아스에게 생기면서 식상을 망가뜨린다.* 편인이 밥그릇을 뒤집어엎는다는 편인도식(偏印倒食) 상황이다. 학생이 공부는 안 하고 학습 계획표만 짜고 있는 모양새다. 명품을 사겠다고 백화점 문이 열리기도 전에 가서 몇 시간씩 줄 서서 기다려 지갑까지 꺼냈다가 마지막 순간 '참자' 결심하고 도로 집어넣는 상황이다. 할 말은 많은데 끝내 말하지 않는 상황이다. "밥 주세요"라는 한마디를 못해서 '어련히 알아서 주겠지' 하고 있으면 밥 한 그릇도 못 얻어먹는다. 극단적으로 가면 '하면 뭐 하나' 하는 자포자기의 마음이 된다. 해도 안 되는 게 세상인데, '하면 뭐 하나' 해서는 되는 일이 있을 턱 없다.

문제는 이 식상 덕분에 아이아스는 보상 따위는 신경 쓰지 않고 묵묵히 자기 일을 할 수 있었다는 점이다. 식상이 사라지고 재성만 남으면, 일은 안 하고 월급만 받아가겠다는 마음 상태가 된다. 과정 자체를 즐기는 식상이 파괴되고, 대신 결과로만 판단하는 재성만 남게 된다. 말하자면 결과 지상주의다. 아이아스에게 식상이 있을 때는 헥토르와 한판 승부 자체를 즐기고, 최후의 영광을 얻을 기회는 다음으로 미룰 여유를 보여주었지만, 재성만 남으면 상

---

* 인성은 식상을 극한다.

황이 다르다. 아킬레우스의 갑옷이라는 상품을 놓고 경쟁을 벌였으면 반드시 상품을 거머쥐어야만 한다. 식상이 작동하던 과거의 아이아스였다면 달라진 경기 규칙을 연구해 이길 방법을 연구하며 재미를 느끼고, 설령 지더라도 경쟁을 즐긴 자체로 보람을 찾았을지도 모른다.

뒤틀린 눈과 마음

아이아스는 아가멤논과 메넬라오스의 목숨을 노렸다가 가축을 도살했다. 아테나 여신이 스스로 말했듯 "그자의 눈에 제어하기 힘든 미망을 들이부어" 벌어진 일이다. 선원들도 평소의 아이아스라면 저지르지 않았을 어리석은 짓이라고 말한다. "아마도 신이 당신을 발광시켰겠지요." 사람은 대개 이해할 수 없는 일을 마주하면 '신의 뜻'을 떠올리기 마련이다.

확실히 아이아스는 평소에 하지 않는 짓을 했다. 단지 '미쳤다'는 단어만으로는 표현할 수 없다. 마치 다른 사람이 된 듯한 모습이다. "아이아스는 울었어요. 전에는 결코 그렇게 울지 않았어요. 겁쟁이들이나, 그리고 상처받은 사람들이나 그렇게 엉엉 운다고 내게 늘 타일렀거든요."

아테나   그대가 얼굴을 바짝 갖다 대어도 아이아스는 보지 못한다.

오디세우스   왜 못 보죠? 그는 평소와 똑같은 눈으로 보고 있
는데.

아테나   여전히 눈을 뜨고 있고 반짝거리지만, 내가 그 눈
을 흐리게 만드니깐.

살다 보면 무언가에 씐 듯 행동할 때가 있다. 아이아스가 딱 그
랬다. 아이아스 스스로도 말했다. "내 눈과 마음이 무언가에 사로
잡혔고, 내 눈과 마음이 향하던 곳에서 뒤틀리고 말았다." 사랑의
콩깍지가 눈에 씌면 남들 눈에 뻔히 보이는 연인의 결점을 보지
못한다. 오로지 공만 쫓는 어린아이에겐 달려오는 자동차가 보이
지 않는다. 승리의 쾌감에 눈이 멀면 규칙은 안중에 없어진다. 아
이아스를 가장 가까이에서 보아왔던 테크멧사가 상황을 가장 정
확하게 파악했는지도 모른다. "격렬한 폭풍이 아이아스의 마음속
에 휘몰아치고 있어요."

우리가 흔히 말하는 운명은 '운(運)'과 '명(命)'으로 구성돼 있
다. 명은 태어나는 순간 결정된 사주팔자다. 태어난 날짜와 시간이
고정돼 있으니 팔자 자체는 달라지지 않는다. 명은 고정불변이다.
변하는 것은 운이다. 바로 이 운이 마음에 휘몰아치는 격렬한 폭
풍, 눈과 마음을 뒤틀리게 하는 무언가가 되어 인생에 변화를 일
으킨다.

사주팔자는 머리와 몸에 각인된 태어난 해, 달, 날, 시각의 환경

이다. 태어날 당시의 기후 환경이 성격에 미치는 영향이 크다면, 당장 하루하루 살아가고 있는 현재의 기후 환경 역시 몸과 머리에 영향을 미치기 마련이다. 더우면 만사 귀찮아지고, 추우면 나돌아 다니기를 꺼리고, 봄날엔 밖으로 나가고 싶어지는 바로 그 기분이다.

계절은 누구에게나 똑같이 찾아오지만, 각자가 타고난 팔자에 따라 미치는 영향은 다르다. 감성 돋는 가을과 함께 우울증도 함께 찾아오는 경향이 있다. 계절과 동반하기 때문에 계절성 우울증이라고 부르는데, 대개 봄이 오면 사라진다. 타고나기를 차분하고 생각 많은 수(水)의 기운을 안고 태어났다면, 찬바람과 함께 들어오는 수 기운이 우울증을 불러오는 탓이다. 가뜩이나 많은 수 기운에 수 기운이 더해져 넘치게 된 결과다.

목(木)과 화(火)로 가득 찬 팔자로 태어났다면 찬바람 부는 계절이 전혀 다른 영향을 미친다. 늘 밖으로만 나돌다가 집 안에서 책이라도 몇 줄 읽어볼 생각을 하게 된다. 남들에게만 관심을 갖다가 내면의 목소리에 귀를 기울여보기도 한다. 운동장에서 공만 차다가 문득 사색의 시간을 갖기도 한다. 타고난 팔자에 모자랐던 수 기운을 계절이 보충해준 탓이다.

따지고 보면 이런 기운의 변화는 하루에도 여러 번 일어난다. 해가 뜨고 하루를 시작할 때는 왠지 무슨 일이든 잘 풀릴 듯한 희망에 들뜬다. 기온이 올라가는 한낮에는 아무래도 밖에서 보내는 시간이 많아진다. 밤이 되면 집으로 돌아온다. 가까운 사람들과 친밀한 시간을 보내거나, 혼자서 하루를 반성한다. 그렇게 본다면 운은 매시간 변하고 있다.

운의 흐름은 하루 단위로 끊어서 보기도 한다. 그 운을 '일운 (日運)', 더 흔한 말로는 '일진(日辰)'이라고 한다. '일진 사납다'고 할 때의 그 일진이다. 한 달 단위로 운을 끊으면 '월운(月運)'이라고 부른다. 1년 단위가 되면 '세운(歲運)'이라고 한다. 연초에 보는 '신년 운세'가 바로 세운을 보는 일이다.

흔히들 잘못 알고 있는 말은 '대운(大運)'이다. '대운이 들어왔다'는 말을 흔히 쓰는 바람에 대운을 '좋은 운' 정도로 오해하기 쉬운 탓이다. 대운은 그저 10년 단위의 운을 이르는 말이다. 대운이 들어오기로 말하면 늘 들어와 있다. 다만 아이아스처럼 미친 짓을 하게 만드는 힘이 될 수도 있고, 흔히 쓰는 대로 만사형통의 기운이 될 수도 있다.

봄의 기운이자 해가 떠서 하루를 시작하는 기운인 목(木) 기운이 대운이나 세운으로 들어오면 무슨 일이든 할 수 있다는 자신감이 마음속에 자리 잡는다. 평소 소심한 사람이었다면, 이 자신감이 새로운 일에 과감하게 도전하는 동력이 된다. 반면 평소에도 겁 없는 사람이라면 함부로 일을 벌여 사고 칠 위험이 있다.

어려서는 부모의 사랑을 담뿍 받고, 공부에 재미를 느낄 나이에 인성 대운이 들어오고, 열심히 일하며 뜨겁게 연애할 젊은 날에 식상 대운이 들어오고, 결혼하고 재산을 불리고 승진할 나이에 재성과 관성 대운이 들어온다면, 일생을 살면서 필요한 때에 필요한 대운이 작용하는 셈이다. 고속도로를 타고 가면서 필요할 때마다 주유소가 나타나는 격이다.

타고난 사주팔자는 물론 중요하지만 살면서 마주하는 대운과 세운도 못지않게 중요하다. 여름을 살기에 적합한 사주를 타고났는데 대운에는 겨울 기운이 가득하다면, 수영복만 입고 한겨울을 나는 기분으로 인생을 살아야 한다. 반면 수영복만 입고 태어난 팔자인데, 대운이 여름 기운이라면 폼은 좀 안 나더라도 먹고사는 데에는 아무 지장이 없는 인생이다.

강력한 비견, 겁재와 편관의 힘으로 마구 폭주할 위험을 안고 있던 아이아스는 식신의 힘으로 훌륭하게 제 몫을 하며 잘살고 있었다. 아이아스가 영원한 2인자의 한계를 넘어 1인자의 영광을 누리려면 정재운이 필요했다. 이 정재는 식신과 편관을 중재해* '모 아니면 도'라는 식의 극단적인 성격을 부드럽게 만들어 아이아스에게 부족했던 2%를 채워줄 수 있다. 아이아스의 인생을 꽃피게 해주는 이 정재에 해당하는 기운을 명리학에서는 '용신(用神)'이라고 한다. 또 이 용신에 힘을 보태주는 오행(아이아스의 경우에는 식신)을 '희신(喜神)'이라고 한다. 멀쩡하게 살던 아이아스는 편인운

---

* 식상(식신)은 관성(편관)을 극한다. 그런데 재성(정재)이 함께 있으면 식상은 재성을 생하고, 재성은 관성을 생하는 상생 관계가 된다. 수(水)와 화(火)만 있다면 불을 꺼버리거나 물을 말려버리는 극단적인 대결 구도가 만들어진다. 그런데 여기에 목(木)이 함께 있으면 물은 나무를 키우고, 나무는 불을 키워줘, 결과적으로 물도 불을 키워주는 힘이 된다.

을 만나면서 인생이 꼬여버리고 말았다. 용신이나 희신을 망가뜨리는 이런 기운을 명리학에서는 '기신(忌神)'이라고 부른다.

사주에서 가장 필요로 하는 기운이 바로 용신이다. 사주풀이의 핵심은 용신 찾기라는 주장이 있을 정도로 용신은 명리학의 핵심 개념이다. 그런데 용신만큼 논쟁적인 개념도 없다. 같은 사주를 두고 내로라하는 전문가들도 서로 다른 용신을 뽑는다. 그래서 명리학 교과서들은 용신 찾는 방법을 다양하게 소개한다. 차라리 길이 하나라면 그 길을 좇아가겠건만, 길이 여러 개라고 하니 초보자로선 오히려 길을 잃을 지경이다.

대운이나 세운에 용신이 들어오면 만사형통이고 운수대통이라고 한다. 사주에 필요했던 '부족한 2%'를 채워주는 힘이기 때문이다. 아이아스처럼 일간이 너무 강해서 폭주한다면 힘을 빼주는 기운이 필요하다. 반면 일간이 너무 약해서 줏대 없이 휘둘리고 세상이 요구하는 역할을 감당하지 못한다면 힘을 보태줄 필요가 있다. '억부(抑扶)용신'이라고 해서 사주가 신강한지 신약한지를 먼저 보고, 신강하면 억제하고, 신약하면 부축해주는 기운을 말한다. 같은 관성운이라고 해도 신강한 사주에게는 살이 권력으로 변해(假殺爲權[가살위권]) 출세운이 되지만, 신약한 사주에는 수갑 찰운세로 작용하기 때문이다.

또는 '조후(調候)용신'으로 사주의 균형을 맞추려는 노력도 있다. 겨울의 기운인 수(水)와 가을의 기운인 금(金)이 너무 많으면 '사주가 춥다'고 한다. 이럴 때는 봄의 기운인 목(木)이나 여름의 기운인 화(火)로 기후를 적절하게 맞춰줄 필요가 있다. 수의 기운이 넘쳐 우울증에 걸릴 지경인 사람에게 화(火)의 활달함을 불어넣는 격이다. 억부용신의 중심이 일간이라면 조후용신은 사주 전체, 그중에서도 월지가 중요하다는 점이 차이다. 이 밖에 통관(通關)용신,[*] 전왕(專旺)용신,[**] 병약(病藥)용신,[***] 격국(格局)용신[****] 도 사주에 필요한 기운을 찾는 방법이다.

생각해보면 '인생에서 가장 필요로 하는 기운'이 용신이라면, 용신을 뽑는 방법이 다양한 것은 오히려 당연하다. 바람직한 인생, 성공한 인생에 대한 견해가 다양하기 때문이다. 누군가에게는 사회적인 지위와 명성이, 누군가에게는 인격적인 완성이, 누군가에겐 사랑하는 사람들과 긴강하게 오래 사는 게 인생의 목표다.

아킬레우스는 '트로이 전쟁에 뛰어들면 불멸의 영광을 얻지만 일찍 죽고, 참전하지 않으면 오래 살지만 명성을 얻지 못한다'는

---

[*] 상극 관계의 두 오행이 각각 세력을 이뤄 대립할 때 이들을 연결시키는 기운이 용신이다. 화(火)와 수(水)가 맞설 때 목(木)이 개입하면 상극의 관계가 상생의 관계로 변한다.

[**] 사주 여덟 글자 중 한 오행이 6~7개를 차지할 경우 애써 균형을 잡으려 하기보다 편중된 오행에 힘을 실어주는 방식의 용신. 어차피 억제할 수 없다면 성질대로 살도록 놔두라는 뜻이다.

[***] 일간이나 용신의 힘이 과도하거나 심하게 부족할 때 '병들었다'고 표현한다. 넘치거나(太過[태과]) 부족한(不及[불급]) 기운을 덜거나 더해주는 기운은 '약'에 비유하는데, 결과적으로 억부용신과 비슷하다.

[****] 일간과 월지의 관계로 격을 정하고, 신강 신약에 따라 용신을 정한다. 과거에는 어떤 힘으로 세상을 살고, 어떤 지위까지 오를지를 격으로 판단했는데, 요사이에는 격이라는 개념 자체를 잘 쓰지 않는다.

신탁을 듣고 '불멸의 영광'을 택했다. 불멸의 영광을 얻자면 아무래도 관성과 재성을 잘 활용하는 인생이 될 테고, 사랑하며 오래 사는 인생은 식상과 인성을 잘 활용하는 인생일 가능성이 많다. 부자가 되는 데에 필요한 용신과 건강한 삶을 누리는 데에 필요한 용신을 각각 두고서 어느 게 진짜 용신이냐고 싸우면 누구 말이 맞는다고 해야 할지 모르겠다. 다만, 자신이 생각하는 인생의 가치가 무엇인지 스스로 답할 수 있다면 용신 찾기도 한결 수월하지 않을까 싶다.

타고난 사주팔자가 자동차라면 대운과 세운은 도로에 흔히 비유된다. 타고나길 벤츠로 타고났더라도 다니는 길이 줄곧 모래펄이나 울퉁불퉁 비포장도로라면 제 기능을 발휘하지 못한다. 반면 싸구려 경차로 태어났더라도 잘 닦인 고속도로를 대운으로 만난다면 최고 속도를 내며 제 몫의 인생을 구가한다. 그래서 사주풀이를 할 때는 타고난 팔자를 본 뒤 대운의 흐름을 살핀다.

그리스군 최고의 예언자였던 칼카스는 "아테나 여신의 노여움이 오늘 하루만 아이아스를 괴롭힌다"며 "오늘 하루만은 무슨 수를 써서라도 아이아스를 온종일 막사 안에 붙들어두고 밖에 나가지 못하게 하라"고 명했다. 대운이라면 10년, 세운이라면 1년만 작용한다. 10년이 지나고, 1년이 지나면 새로운 운을 맞는다. 현재 재물복이 좋다고 해서 언제까지나 좋다는 법은 없다. 10년이나 20년이 지나면 운이 다하고 새로운 운에 맞춰 살아야 한다. 현재 운이 최악이라고 해서 언제까지나 비참하게 살라는 법도 없다. 올해가 안 좋으면 내년에 풀릴 수도 있다.

한밤중에 가슴 절절하게 써내려간 연애편지를 밝은 날에 다시 보면 얼굴이 화끈거려 견디기 어려울 때가 많다. 한밤중에는 감성 넘치는 수(水) 기운이 지배하기 때문에 평소 같으면 손발 오그라들 만한 사랑 고백도 과감하게 할 수 있는 탓이다. 하지만 화(火) 기운이 지배하는 한낮이 되면, 한밤을 지배하던 감성은 사라진다. 간밤에 미친 짓을 한 느낌이다. 한밤에 씨내려간 연애편지를 네게 부치지 못하는 이유다.

아킬레우스를 대신해 참전했던 파트로클로스가 헥토르에게 죽임을 당한 뒤 그리스군의 패색이 짙어지자 아이아스는 기도한다. "아버지 제우스여. 아카이오이족의 아들들을 안개에서 구해주소서. 대기를 맑게 하시고 눈으로 볼 수 있게 해주소서. 우리가 죽는 것이 그대의 기쁨일진대 제발 햇빛 속에서 죽이소서."(《일리아스》 17권) 죽을 때 죽더라도 어쩌다 죽는지, 자신이 어떤 상황에 처해 있는지나 알고 죽겠다는 뜻이다.

돈을 내고 사주 상담을 하러 가면 대개 "올해 승진할 수 있을까요?", "시험에 합격하나요?", "결혼은 언제쯤 할 수 있나요?" 같은 질문을 던진다. 그 질문에 대한 답은 대운과 세운을 분석해서 나온다. 관운이 살아난다면 "승진을 기대해도 좋겠네요", 남자의 경우 재운이 살아난다면 "올해 결혼할 수 있겠네요" 같은 답을 듣게 된다.

사주를 공부해서 자기 사주를 자기가 보면 좀 더 큰 그림을 볼 수가 있다. 대운과 세운을 분석해서 '올해는 재운이 트이니까 생각해뒀던 사업을 의욕적으로 추진해볼 만하군' 또는 '올해는 재운이 별로 좋지 않으니 사업을 벌이기보다는 수세적인 관리 태세를 취하는 편이 좋겠군' 같은 판단을 내릴 수 있다.

인생이라는 고속도로를 운전하면서 전방에 정체 구간이나 사고 구간이 기다리고 있다는 사실을 안다면 적어도 직진할지, 우회할지 선택을 할 수 있다. 급할 것 없다면 느긋하게 정체 구간을 통과하며 동승자와 우애를 돈독하게 하는 시간으로 활용할 수도 있다. 급하다면 다른 길로 우회해서 사고 구간을 피할 수도 있다.

정체 구간에 들어서면 아무리 가속 페달을 밟아봤자 앞으로 나가지 못한다. 오히려 사고를 유발할 뿐이다. 이미 정체 구간에 들어섰을 경우, 사주를 공부한 사람이라면 조급하게 굴지 않고 느긋하게 언제쯤 정체가 풀리는지를 짐작할 수가 있다. 다시 신나게 달릴 수 있는 때가 언제인지만 알아도 정체 구간의 답답함은 한결 가벼워진다. 대운과 세운을 통한 사주풀이는 활용하기에 따라서 인생의 네비게이터 역할을 한다. 하지만 잊어서는 안 된다. 네비게이터가 있어도 결국 운전하는 사람은 자기 자신이다. '올해 승진한다'는 말은 점집에 가서 들을 말이다. 사주풀이를 한다면 '승진운이 있으니 열심히 달려보시죠' 정도의 말이 고작이다.

사랑꾼의 변신

아이아스가 스스로 목숨을 끊은 뒤 망연자실한 유족들 앞에 메넬라오스가 나타나 매장 금지령을 내린다. 아이아스는 그리스군 총사령관을 살해하려 했고, 그리스군의 식량을 못 쓰게 만든 반역자라는 이유였다. 물론 유족들은 순순히 물러나지 않았다. 그러자 덜떨어진 동생 메넬라오스를 대신해 형인 총사령관 아가멤논이 직접 나섰다. 그리스군의 결정에 불복하고 오히려 지휘부에 원한을 품은 아이아스를 내버려뒀다가는 군대의 기강이 무너질 수 있다는 것이 매장 금지 이유였다. '그리스군의 방벽'이라고 불렸던 아이아스의 공로는 전혀 인정받지 못했다. 이때 오디세우스가 아가멤논을 말렸다.

오디세우스	아무리 아이아스가 밉더라도 그를 모욕하는 건 정의롭지 않아요.
아가멤논	오디세우스 당신이 나에 맞서 아이아스의 편에 서겠다는 거요?
오디세우스	그래요. 나는 아이아스를 미워해요. 하지만 미워할 만할 때만 미워했어요.
아가멤논	당신이 지금 편들려는 자가 어떤 자인지 똑바로 생각하시오.
오디세우스	아이아스는 내 적이었죠. 하지만 고귀한 사람이

았어요.	
아가멤논	뭐 하자는 거요? 죽은 적을 존중하겠다는 뜻이오?
오디세우스	내게는 아이아스의 위대함이 적대감보다 더 무
	겁군요.

오디세우스는 원래 신혼의 단꿈에 빠져 트로이 전쟁 참전을 거부했던 사람이다. 전쟁 영웅으로서 영광을 누리기보다는 아내 페넬로페와 달콤한 사랑을 나누길 즐기던 이 사람은 관성보다는 식신이 발달한 사람이다.* '해야 하는 일'보다는 '하고 싶은 일'을 하는 성격이다. 이런 사람은 업무 지시를 받아도 그 일을 왜 해야 하는지 납득이 되지 않으면 집중하지 못한다. 그래서 게으르다는 평판을 받을 수도 있지만, 본인이 하고 싶은 일을 만나면 남다른 집중력을 발휘한다. 오디세우스가 누구도 떠올리지 못한 '목마'를 생각해내 전쟁을 끝낸 힘이 바로 식신이다.

《일리아스》에서 아가멤논은 난데없이 철수 명령을 내려 그리스 군을 혼란에 빠뜨린 적이 있다. 그때 테르시테스라는 독설가가 군중심리에 기대 혼란을 부추기고 있었는데, 오디세우스는 논쟁으로 설득하는 대신 지위를 이용한 매질을 가해 단숨에 제압하고 말았다. "모두가 왕이 될 수는 없다. 지배자가 많다는 것은 결코 좋은 일이 아니다."《일리아스》 2권) 오디세우스의 취약했던 관성이

---

* 식상은 관성을 극한다. 그중에서도 상관은 정관을, 식신은 편관을 정면으로 극한다.

강화된 모습이다. 《일리아스》의 배경은 트로이 전쟁을 시작한 지 9년이 지난 시점이다. 대운이 바뀌었을 법한 시기다.

〈아이아스〉에서는 오디세우스 자신이 아가멤논의 방침에 반기를 들고 있다. 또 한 번 운이 바뀌었는지 모른다. 혹은 같은 대운이 흐르는 가운데 새로운 세운이 작용했는지도 모른다. 오디세우스는 정의의 이름으로 권력을 비판한다. 권력에 대항하는 무기는 말발이다. 상관(傷官)의 힘이다.

예전의 명리학은 상관을 무척 안 좋게 봤는데, 무엇보다 정관을 망가뜨리기 때문이다. 상관이라는 이름 자체가 '관(官)에 상처(傷)를 낸다'는 뜻이다. 관은 지금에 와서야 회사를 비롯해 각종 조직, 나아가 명예를 뜻하지만 과거에는 국가 그 자체였다. 말하자면 상관은 반역의 기운이었던 셈이다.

주변에 보면 똑똑하고 일도 잘하는데 유독 승진에서는 물을 먹는 사람들이 있다. 이런 사람들은 대개 남들은 그러려니 하고 넘어가는 회사의 부조리를 콕 짚어낸다. 윗사람의 지시가 잘못됐다면 결국에는 따를지라도 기어이 한마디를 하고 넘어간다. 내키지 않는 일은 일부러 뭉그적거리다 마감 시한을 어기기 일쑤다. 관성은 작게 보면 윗사람이다. 상관은 쉽게 말해 윗사람에게 대드는 기운이니 이런 사람에게 출셋길이 트일 턱이 없다.[**]

[**] 여자 사주에서 관성은 남편을 뜻하기도 한다. 그래서 고전 명리학에서는 여자 사주에 상관이 많으면 남편을 깔본다고 해서 좋지 않게 봤다.

나이 어린 사람의 사주를 볼 때 상관이 강하면 '자격증을 따라'는 충고를 듣기 마련이다. 바꿔 말하면 평범한 월급쟁이 생활에는 맞지 않는다는 뜻이다. 변호사니 의사니 대개 자격증 있는 사람들은 정떨어지는 말버릇을 갖고 있어도 능력으로 인정받는다. 자격증이란 '입바른 소리할 자격'을 주는 건지도 모른다. 이런 상황을 두고 '상관이 도장을 차고 있다(傷官佩印[상관패인])'고 하는데, 실제 의미는 훨씬 더 깊다.

잘난 척하는 상관이 힘을 가질 수 있는 이유는 강자 앞에서 당당하지만 약자에게는 연민을 깔고 있기 때문이다. 바꿔 말하면 약자에 대한 연민을 잃어버리면 상관은 힘의 근거를 상실한다는 뜻이기도 하다. 젊은 시절 권력에 맞서 저항하다 나이가 들어 권력이 됐을 때 더 이상 과거의 용기도, 총명함도, 설득력도 갖지 못하는 이유는 그 자신이 강자 앞에 약하고 약자 앞에 강한 삶을 살기 때문이다. 상관의 힘으로 출세했지만 더 이상 상관을 쓰지 못하는 탓이다.

상관이 정인을 만난다면* 상관 특유의 얄미운 말투가 사라지고 말투도 부드러워진다. 대신 약자에 대한 연민을 강화할 수 있다. 정인은 있는 그대로 인정하고 받아들이는 힘이다. 존중하는 힘이다. 현재의 상황도, 상대방의 입장도 있는 그대로 받아들인다. 부당한 지시를 내리는 윗사람에게 야멸찬 한마디를 날리려다가도

---

* 인성은 식상을 극한다. 특히 정인은 상관을 극한다.

'저 양반인들 좋아서 저럴까'를 한번 떠올리는 힘이다. 자칫 인신 공격과 감정 소비로 이어질 위기를 상황 개선을 위한 토론으로 유도하는 힘이다. 그러면서도 연민은 잃지 않는다.

아가멤논	사람이 뭐 그리 오락가락하오?
오디세우스	누구나 친구였다가 적이었다가 하죠.
아가멤논	당신 말대로 하면 남들이 겁쟁이라 부를 거요.
오디세우스	아뇨. 용감하고 정의롭다고 할 겁니다.
아가멤논	나더러 시신 매장을 허락하라는 말이오?
오디세우스	맞아요. 언젠가는 나도 똑같은 처지가 될 테니까요.
아가멤논	세상만사 결국은 자기 자신을 위해 일하는구려.

오디세우스는 아이아스가 이룬 공로를 깡그리 부정당할 때 유족이 마주할 상실감과 박탈감을 이해한다. 약자에 대한 연민이다. 그러나 동시에 총사령관으로서 내린 명령을 번복할 때 체면이 깎인다고 느낄 아가멤논의 기분도 이해한다. 그렇기에 겁쟁이라는 비난 대신 용감하고 정의롭다는 칭송을 들으리라는 말로 아가멤논의 체면을 세워준다. (〈아가멤논〉에서 봤듯이 아가멤논은 사람들의 칭찬에 유독 약한 사람이다. 오디세우스는 아가멤논의 그런 성격까지 받아들였기에 맞춤형 설득을 구사할 수 있었다.) 상관이 흔히 하는 방식대로 아가멤논을 '나쁜 놈'으로 만들었다면 아이아스를 매장하도록 돕기

는커녕 오디세우스 자신이 총사령관 눈 밖에 나는 결과만 초래했을 가능성이 많다. 혹시 상관의 영향으로 직장에서 능력만큼 대접을 받지 못하고 있다면 상대의 입장을 이해하는 정인의 힘을 키워보면 어떨까.

정인은 '나'를 강화시키는 힘이다.[*] 가르침을 받아들여서 내 것으로 만드는 학습 능력, 받아들여서 내 것이 된 사랑을 되돌려줄 줄 아는 다정다감함이 정인이다. 남의 아픔을 나의 아픔으로 받아들이는 힘, 남의 기쁨을 함께 기뻐하는 힘, 남의 일을 내 일로 받아들이는 공감력이 정인이다. 경쟁자의 불행을 고소해하기보다는 "나도 똑같은 처지가 될 수 있다"며 애통해하는 오디세우스의 마음이다.

오디세우스의 목표가 아가멤논을 무너뜨리고 총사령관의 위세를 얻는 것이었다면 정인은 기신에 해당한다. 상관을 약화시켜 권력에 도전하는 힘이 약해지기 때문이다. 하지만 오디세우스의 목표가 사랑하는 사람과 해로하는 것이라면 정인은 용신이거나 희신이다.

오디세우스는 트로이 전쟁을 끝내고 10년 만에 귀향길에 오르지만 사랑하는 아내 페넬로페를 다시 품 안에 안기까지는 10년이 더 걸린다. 《오디세이아》를 채우게 될 개고생을 무려 10년 동안 사방팔방 떠돌면서 하기 때문이다. 오디세우스는 아내를 두고 키

---

[*] 인성은 비겁을 생한다. 특히 정인은 비견을 생한다.

르케나 칼립소 같은 딴 여자들과 몇 년씩이나 살림을 차리기도 했다. 강한 재성운[**]이 들어온 결과가 아닌가 싶다.

재성이라면 여자를 뜻하기도 하지만 뭐니 뭐니 해도 돈을 뜻한다. 말하자면 돈벼락을 맞은 셈이다. 과연 좋은 일일까? 재성은 그 자체로 관성을 생하는 힘이다. 재성이 과도하면 없던 관성도 생긴다(財旺生殺[재왕생살]). 사람들이 돈을 벌고 나면 명예를 탐내는 이치다. 하지만 관성이란 늘 양날의 칼이다. 그 자신이 휘두를 수도 있지만, 자신이 그 칼에 베일 수도 있다. '재왕생살(財旺生殺)'을 글자 그대로 풀이하면 돈을 너무 탐내다간 제 명에 못 사는 수가 있다는 뜻이 된다. 오디세우스는 강력한 재성의 유혹을 극복하고 키르케나 칼립소의 품속을 떠났기에 《오디세이아》의 주인공이 될 수 있었다.

《일리아스》를 읽어도, 아이스킬로스의 〈아가멤논〉을 읽어도, 소포클레스의 〈아이아스〉를 읽어도 아가멤논은 도무지 정이 가지 않는 인물이다. 명색이 최고 사령관이면서 사욕을 탐하느라 군대 전체를 위기에 빠뜨리질 않나, 권력욕에 눈이 멀어 딸의 목숨을 희생시키질 않나, 자신에게 대들었다는 이유로 평생 헌신했던 장수의 명예를 짓밟지를 않나. 하지만 아킬레우스의 갑옷을 오디세우스에게 준 결정만은 비난할 수 없다. 투표라는 절차를 거쳐 정당성을 확보하기도 했거니와, 결국 전쟁 승리에 결정적인 기여를

[**] 재성은 남자 사주에서 아내(혹은 애인)를 뜻한다.

한 사람은 오디세우스가 맞기 때문이다.

우리는 흔히 푸념한다. '내가 겨우 이런 대접 받자고 그토록 고생했던가!' 보상은 자신의 고생에 비해 늘 부족하게 느껴지기 마련이다. 하지만 노력이 꼭 결과로 이어지라는 법은 없다. 보상은 결과에 대해 주어진다. 노력의 대가는 격려다. 때로는 말로, 때로는 물질로 주어지겠지만, 격려는 기분의 문제다. 자존심을 세워주고, 비록 보상의 크기가 작더라도 소외감을 느끼지 않도록 배려하는 일이다.

평생 헌신한 장수를 채찍 하나로 다스릴 수 있는 황소 취급한 점이야말로 아가멤논이 낙제점을 받아야 할 대목이다. 냉철한 이성적 판단은 행동을 만들어내지 않는다. 뜨거운 사랑이나 격렬한 분노가 물불 가리지 않는 행동을 만들어낸다. 설령 아테나 여신이 아이아스에게 광기를 불어넣었다 할지라도 이미 가득 차오른 저수지에 마지막 물 한 바가지를 부어 넘치게 한 격일 뿐이다. 아가멤논의 부당함에 이미 분노하고 있던 차에 아이아스는 아테나 여신의 개입을 맞이했다. 아이아스는 불운했고, 아가멤논은 부당했다. 부당 위에 덮친 불운이 아이아스를 폭주하게 했다.

명리요결

대운(大運)

77	67	57	47	37	27	17	7
戊午	丁巳	丙辰	乙卯	甲寅	癸丑	壬子	辛亥

사주를 뽑으면 확인할 수 있는 대운의 예시다. 7세부터 10년 동안 辛亥(신해) 대운이, 17세부터 10년 동안 壬子(임자) 대운이 작용하는 식이다. 이 사주의 경우 초년에는 수(水)의 기운이, 중년에는 목(木)의 기운이, 노년에는 화(火)의 기운이 큰 대운의 흐름이 보인다. 대운은 어떤 사람은 2세부터, 어떤 사람은 3세부터, 어떤 사람은 4세부터라는 식으로 각각 다른 10년의 시작 나이가 있다. 그 대운의 시작 나이를 '대운수'라고 하는데, 뽑는 방법이 꽤나 복잡하다. 요즘에는 인터넷 만세력에 생년월일만 써넣으면 알 수 있기에 자세한 설명은 생략한다.

반면 세운은 그 해에 해당하는 갑자다. 2022년이라면 임인년이므로 壬寅(임인) 세운이 작용한다. 단, 주의할 점은 세운이 시작하는 시점은 양력 새해인 1월 1일도 아니고, 음력설도 아니고, 입춘부터라는 점이다.

용신(用神)

특정 사주에 가장 필요한 기운.

- 억부(抑扶)용신: 일간이 신약하면 힘을 보태주고 신강하면
  힘을 빼주는 기운.
- 조후(調候)용신: 사주 전체를 놓고 기후를 조절하는 기운.
  金, 水가 강하면 木, 火를, 木, 火가 강하면 金, 水를 쓴다.

이 밖에 통관(通關)용신, 전왕(專旺)용신, 병약(病藥)용신, 격국
(格局)용신 등이 있다.

6

[합충이 만드는 운명의 파란]

운명이
파멸을 낳는 순간

〈트라키스 여인들〉

그리스 신화를 통틀어 가장 유명한 영웅을 꼽자면 헤라클레스를 빼놓을 수 없다. 인간으로 태어나 끝내 신의 반열에 올랐으니 가장 성공한 영웅일지도 모른다. 하지만 가장 고생한 영웅이자 가장 불행한 영웅이기도 하다. 어쩌면 고생했기에 성공했고, 불행했기에 영웅인지도 모른다.

　제우스의 혼외 자식 모두가 그렇지만, 헤라클레스는 유독 헤라의 미움을 심하게 받았다. 갓난아이일 적에 요람 속에서 헤라가 보낸 구렁이를 상대해야 했고, 헤라가 불어넣은 광기로 제 친자식을 제 손으로 죽이는 만행을 저지르기도 했다.* 헤라클레스의 모험 이야기로 가장 유명한 '열두 가지 과업'은 바로 자식을 제 손으로 죽인 만행에 대한 속죄였다. 헤라 때문에 평생 죽을 고생을 하고도 이름의 뜻은 '헤라의 영광'이니 무엇을 위한 모험이고 고생인가 싶다.

---

* 　헤라클레스가 광기에 빠져 첫 번째 아내 메가라와의 사이에서 낳은 친자식들을 살해하는 사건은 에우리피데스의 〈헤라클레스〉에서 다루어진다.

〈트라키스 여인들〉은 전 세계를 돌아다니며 용맹을 떨친 헤라클레스가 최후를 맞는 장면을 다룬 이야기다. 눈에 보이는 모든 적과의 싸움에서 승리한 헤라클레스는 이미 죽은 자의 사술과 아내의 사랑받고 싶은 마음 때문에 죽음에 이른다. 어이없는 죽음이었지만, 다른 누구를 원망할 수 없는 그 자신이 자초한 죽음이기도 했다.

비극은 헤라클레스의 두 번째 아내 데이아네이라의 독백으로 시작한다. 영웅 행세하느라고 늘 밖으로만 도는 남편을 둔 아내는 서럽고 외롭다. 하지만 당장은 1년 넘도록 소식이 끊긴 남편 걱정이 먼저다. 평소답지 않게 헤라클레스가 유언처럼 읽히는 편지를 남기고 떠났기 때문이다.

헤라클레스는 지난 1년 동안 리디아 여왕 옴팔레 밑에서 종살이를 하고 이때는 에우리토스 왕과 전쟁을 벌이는 중이었다. 뒤늦게 이 사실을 알게 된 데이아네이라는 아버지를 도우라며 아들 힐로스를 헤라클레스가 있는 곳으로 보낸다.

동네 여자들(트라키스 여인들)에게 불안한 마음을 털어놓으며 노심초사하던 데이아네이라에게 남편 헤라클레스가 전쟁에서 승리했고, 돌아오고 있다는 소식이 들려온다. 이윽고 남편의 심복인 리카스가 포로들을 이끌고 귀환했다. 에우리토스 왕이 헤라클레스를 모욕했고, 그 앙갚음으로 헤라클레스는 에우리토스 왕의 아들 이피토스를 죽였고, 살인에 대한 속죄로 옴팔레 여왕 밑에서 종살이를 했으며, 종살이를 하게 만든 복수로 에우리토스 왕을 공격했다고 리카스는 그동안의 일들도 함께 전했다.

데이아네이라는 남편의 승전 소식과 무사 귀환 예고에 기뻐하지만, 포로로 끌려온 여인들에게는 동정을 금할 수 없다. 특히나 고생이라고는 안 해봤을 법한 처자 하나에 눈길이 갔다. 별 뜻 없이 그 처자가 어느 집 딸이냐고 물었더니 리카스는 "제가 어떻게 알겠어요? 왜 제게 물으시죠?"라며 발끈한다.

리카스가 자리를 비우자 동네 사람 하나가 선혀 다른 진실을 전한다. 헤라클레스가 먼저 딸을 첩으로 달라고 에우리토스 왕에게 요구했고, 거절당하자 그의 아들을 죽였고, 그에 대한 속죄로 옴팔레 여왕의 종살이를 했으며, 무력으로 딸을 빼앗기 위해 에우리토스 왕을 공격했다고. 리카스가 데이아네이라에게 오는 길에 동네 사람들에게 이미 다 떠벌렸다. "저 소녀를 향한 헤라클레스의 애욕이 에우리토스의 도시를 파괴했어요."

데이아네이라는 리카스를 다그치는 대신 안심시켰다. "사랑을 누가 말리겠어요. 이런 일로 남편을 나무란다면 내가 미친년이죠." 리카스는 숨겼던 진실을 털어놨다. "무엇이든 주먹으로 제압하던 헤라클레스가 저 소녀를 향한 사랑에는 완패하고 말았어요."

데이아네이라는 배신감에 치를 떨었다. "내가 남편이라고 부르는 헤라클레스가 저 젊은 여인의 남자가 될까 두려워요." 하지만 겉으로 화를 내지는 않는다. "교양 있는 여자가 화내면 못쓰죠." 그렇다고 가만히 있지도 않았다. 오래전 받아두었던 사랑의 미약을 꺼냈다. 자신을 강간하려다 헤라클레스에게 죽임을 당한 괴물

네소스의 피였다. 데이아네이라는 남편이 다른 여자에게는 눈길을 주지 않고 자신만 사랑해주기를 바라는 마음을 담아 '미약'을 바른 옷을 헤라클레스에게 승전 선물로 보냈다.

선물을 들고 리카스가 출발한 직후 데이아네이라는 뭔가 잘못됐음을 직감했다. 네소스의 피를 묻힌 솜뭉치가 햇볕에 노출되자 저절로 오그라들며 톱밥처럼 바스러지는 모습을 목격한 탓이다. 자기 때문에 죽은 네소스의 말을 믿었던 자신의 순진함을 한탄해보지만 이미 늦었다. 곧이어 헤라클레스에게 보냈던 아들 힐로스가 돌아와 아버지가 죽게 생겼다며 어머니에게 원망을 쏟아냈다. 데이아네이라가 보낸 옷은 승전 감사 제사를 올리던 헤라클레스의 피부에 들러붙어 살을 파고들어갔다. 헤라클레스는 고통에 몸부림치며 옷을 가져온 리카스를 단숨에 바위에 던져 죽여버리고, 옷을 보낸 아내를 저주했다. 사랑의 미약이 죽음의 저주가 됐음을 알게 된 데이아네이라는 조용히 방 안에 들어가 스스로 목숨을 끊었다. 집 안의 제단, 손때 묻은 세간, 체취 묻은 침대에 차례로 작별 인사를 했지만, 남편에게는 어떤 말도 남기지 않았다.

죽어가는 헤라클레스는 잠깐씩 고통이 가벼워질 때도 있었다. 헤라클레스는 온 세상의 괴물을 물리치고도 여인의 손에 죽어야하는 사실에 화를 내고, 자신이 고통에 무력한 여자 같은 모습을 보인다는 사실을 부끄러워했다. 죽어가는 와중에도 자신을 해친 아내를 죽이겠다고 고함을 질러댔다. 보다 못한 아들이 전후 사정을 설명해준 다음에야 자신에게 닥친 운명을 이해하고 받아들였다. 헤라클레스는 에우리토스와의 전쟁이 끝나고 '모든 노고로부터 자유로워진다'는 신탁을 들은 적이 있다. 노고가 끝나면 편안한 여생을 즐기리라는 뜻으로 이해했지만, 속뜻은 달랐다. "내가 지금 죽는다는 뜻이었어. 죽은 자에게는 노고가 없으니까."

헤라클레스는 아들에게 자신을 장작더미에 올리고 불을 붙이라고 명령하지만, 아들은 아버지를 제 손으로 죽일 수는 없다고 거부한다. 아버지는 다시 모든 사건의 원인이 된 여인, 에우리토스의 딸 이올레를 신부로 맞으라고 아들에게 강요하고 끝내 승낙을 얻어낸다. 평생을 고통 속에 살았던 헤라클레스가 죽음의 고통마저 이를 악물고 버티겠다고 다짐하면서 비극은 끝난다.

소포클레스가 작품에 담지 않은 뒷얘기가 두 가지 더 있다. 헤라클레스가 누운 장작더미에 불을 붙인 사람은 필록테테스다. 감사의 뜻으로 헤라클레스가 자신의 활을 선물한 이 젊은이는 소포클레스의 다른 작품 〈필록테테스〉의 주인공이다. 필록테테스의 도움으로 드디어 고통에서 해방된 헤라클레스는 장작이 타면서 내뿜는 연기와 함께 하늘로 승천해 신의 반열에 오른다. 하지만 소포클레스는 이 대목을 쏙 빼고 작품을 마무리했다. 신이 아닌 인간의 운명을 노래하고 싶었기 때문이 아닌가 싶다.

밖으로 도는 남편

헤라클레스는 고대에 알려져 있던 세상 모두를 돌아다녔다. 지중해의 서쪽 끝 지브롤터 해협의 이름은 '헤라클레스의 기둥'이다. 헤라클레스는 오늘날의 조지아(지중해 동쪽 끝을 지나 흑해 너머의 땅)에 있는 코카서스산에 매달려 있던 프로메테우스를 구해주기도 했다. 세상을 구하느라, 영웅 행세하느라 바쁜 헤라클레스는 늘 밖으로 나돈다. 기본적으로 외향적이라는 뜻이다. MBTI로 보자면 첫 글자 E(extroversion, 외향성)에 해당한다. 사주에서는 양(陽)*의 기운이 강하면 외향성이 두드러진다. 집 안에서 꼼지락거리기보다는 밖에서 뛰어다니기를 선호하고, 차분히 생각을 정리하기보다는 일단 행동에 나선다. 매사에 앞장서며 사람들을 이끌기도 한다. 그래서 곧잘 지도자의 자질로 평가받기도 하고, 권력 지향 성향이기도 하다.** 영화 속 영웅들은 대개 양의 성격을 보인다. 뭘 해도 튀고, 남들은 주저할 때 혼자 앞장선다. 영화 속에서는 참 멋진데, 현실에서 그랬다가는 대책 없이 저질러놓고 후회하기 일쑤다. 남들 보기엔 멋지지만 실속 없는 인생이 되기 쉽다. 헤라클레

---

* 오행으로 보자면 화(火)와 목(木)이 양이고, 천간으로 보자면 갑(甲), 병(丙), 무(戊), 경(庚), 임(壬)이 양이다. 지지는 성분이 복잡해서 그때그때 음양의 쓰임이 바뀌는데 계절을 중심으로 인(寅), 신(申), 사(巳), 해(亥)가 양의 역할을 할 때가 많다.
** 인(寅), 신(申), 사(巳)는 권력 지향 성향이기도 하고 동분서주하며 사방팔방 돌아다니는 역마의 기운이기도 하다.

스가 딱 그렇다.

남편을 기다리다 지친 데이아네이라는 말했다. "그이는 잠시 집에 들렀다가 금세 길을 떠나곤 하지요. 남의 밑에서 봉사하려고." 남자들은 곧잘 무시하지만, 가장 가까운 사람이 가장 정확히 본다. 혼자 바깥일 한답시고 잘난 척하지만, 남자들의 일이란 결국 남 좋은 일인 경우가 대부분 아니던가. 아닌 게 아니라 헤라클레스를 가장 유명하게 만든 열두 과업은 사촌인 에우리스테우스를 위해 한 일이었다.

헤라클레스는 저승 문을 지키는 개 케르베로스를 데리러 갔다가 잠들어 있던 테세우스를 깨워서 데려온다. 저승사자를 때려눕히고 남편 알케스티스를 대신해서 죽은 아드메토스를 구해내기도 한다. 좋게 말하면 세상의 빛이요, 나쁘게 말하면 오지랖 '끝판왕' 이다. 하고 싶은 일, 해야 하는 일이 있으면 앞뒤 가리지 않고 덤비고, 싸움이 일어나면 절대 포기하지 않는다. 칼이 들어가지 않으면 몽둥이로 패고, 발을 땅에 딛고 있는 한 절대 쓰러지지 않는 상대는 허공에 들어 올려 허리를 부러뜨린다. 최후의 순간까지 자신을 불사르며 싸우는 헤라클레스는 병화(丙)를 닮았다.

헤라클레스는 여덟 살 어린 나이에 체벌을 한다는 이유로 스승을 때려죽였다고 알려져 있다. 자신을 고통에 빠뜨린 데이아네이라의 선물을 가져왔다는 이유로 부관 리카스를 다짜고짜 바위에 던져 두개골을 박살 냈다. 헤라클레스는 첫 번째 부인 메가라와의 사이에서 낳은 친자식들을 제 손으로 죽이기도 했다. 헤라가 보낸 광기 때문이었다고 하지만, 그 광기란 우리 모두 살면서 느끼는 '욱' 하는 기분이다. 그 순간을 어떻게 다루느냐가 대개 인생을 결정한다. '참을 인(忍) 세 번이면 살인을 피한다'는 말이 괜히 나오지 않았다. 참을 인 세 번에 평생 무시당하며 사는 사람도 있긴 하지만, 헤라클레스는 참았어야 하는 사람이었다.

아테네의 적국인 스파르타의 선조로 꼽히는 헤라클레스는 그리스 비극에서 곧잘 악역으로 등장한다. 하지만 비극보다 훨씬 앞선 시대에 만들어진 《일리아스》에서도 아프로디테 여신이 헤라클레스를 두고 악담을 한다. "고약한 자 같으니. 자신의 난폭한 짓들은 생각지 않고 뻔뻔스럽게도 올림포스에 사는 신들을 활로 괴롭히다니."(《일리아스》 5권) 아리스토텔레스도 "창조물 중에 가장 부정하고 야만적인, 최악의 존재"라고 평가한 적이 있다. '가장 힘센 자'인 동시에 '가장 난폭한' 헤라클레스는 성격만큼이나 평판도 극단적이었다.

이런 극단적인 성격은 불로 가득 찬 사주에 물이 없을 때 곧잘 나타난다. 화(火)는 기본적으로 옳고 그름이 분명하고 적극적이면서도 인정 많고 예의 바르다. 다만 감정 기복이 심하다. 이때 불을 끄는 물이 없다면 감정 조절이 안 된다. 화가 끓어오를 때 참지 못하는 분노 조절 장애다. 여기에 불의 땔감이 되어줄 나무(木)까지 있다면 격분 상태에서 어떤 짓을 저지를지 모를 만큼 위태롭다.

군대는 뭉쳐 있을 때 힘이 강하다. 대신 구성원의 개성을 말살한다. 오행의 기운도 뭉쳐 있으면 특별히 강력한 힘을 발휘한다.

대신 일부 오행은 기능을 상실한다. 화에 해당하는 계절은 여름이다. 사주에 여름을 구성하는 사(巳), 오(午), 미(未)가 함께 있으면 어마어마하게 뜨거운 불바다를 만든다. 이때 미는 토(土)의 기능을 잃고 화로 작동한다(방합).* 이보다 더 극적인 변화는 전혀 다른 오행이 하나의 힘으로 뭉칠 때다. 초봄인 인(寅), 한여름인 오(午), 늦가을인 술(戌)이 함께 있으면 역시 강력한 불바다가 된다(삼합).** 겨울이 끝나고 이제 막 도는 온기나 겨울을 목전에 두고 마지막 불꽃을 태우는 온기나 한여름의 열기라는 같은 꿈을 꾸기에 기꺼이 자신의 성질을 버리고 화에 힘을 보탠다. 애틋했던 연인과 과거 첫 만남의 추억이 현재의 사랑을 키워주고, 미래에 서로 의지하는 노년 부부의 꿈이 권태로운 부부에게 현재 사랑을 다시 일깨우는 이치다.

타고난 사주에 삼합이 있으면 성격이 강할 뿐 그러려니 하고 살기에 큰 문제가 없다. 문제는 대운이나 세운에서 합이 이뤄질 때다. 나무의 성질을 가진 인(寅)은 원래 불을 키우는 땔감이지만, 대

---

* 같은 계절을 구성하는 세 글자가 어우러진 모습을 '방합(方合)'이라고 한다. 계절을 방위와 연관 지어 생각하기 때문에 붙은 이름이다(봄[목]은 동쪽, 여름[화]은 남쪽, 가을[금]은 서쪽, 겨울[수]은 북쪽). 봄을 구성하는 인묘진(寅卯辰)은 강력한 목 기운을 형성하고, 여름을 구성하는 사오미(巳午未)는 화, 가을을 구성하는 신유술(申酉戌)은 금, 겨울을 구성하는 해자축(亥子丑)은 수 기운을 형성한다.

** 서로 다른 계절을 구성하는 세 글자가 하나의 힘을 만드는 모습을 '삼합(三合)'이라고 한다. 봄-여름-가을이 뭉친 인오술(寅午戌)은 화, 여름-가을-겨울이 뭉친 사유축(巳酉丑)은 금, 가을-겨울-봄이 뭉친 신자진(申子辰)은 수, 겨울-봄-여름이 뭉친 해묘미(亥卯未)는 목 기운을 만든다.

운이나 세운에서 오(午)를 만나면 땔감이 아닌 불 자체가 된다. 헤라클레스가 병화(丙) 일간을 가졌다면, 약한 사람을 도와주던 모성 본능과 힘든 일에도 과감하게 도전하는 모험심을 상실하고 자기밖에 모르는 고집불통이 되는 순간이다.

헤라클레스는 다 죽어가는 판국에 아들에게 부탁한다. "남들 눈에 보이지 않는 곳으로 나를 옮겨다오." 헤라클레스는 자신이 죽는다는 사실보다 고통에 괴로워하는 모습을 남들에게 보인다는 사실이 더 싫다. 남들을 배려해서가 아니다. 남들에게 완벽한 영웅의 모습만을 보이고 싶은 탓이다. 자존심의 상징, 비겁(比劫)의 힘이다. 타인의 시선을 의식한다는 건, 지독하게 자기중심적인 성격의 다른 단면이다. 남들에게는 철저하게 숨긴 이기적인 본성은 집 안에 들어가서 드러난다. 밖에서는 '사람 좋다', '능력 좋다'는 소리를 듣지만, 정작 배우자에게는 아무런 배려도 하지 않는다. 그저 자기밖에 모른다. 영웅의 아내 노릇을 하느라 데이아네이라가 어떤 마음고생을 하는지는 신경도 안 쓰는 헤라클레스처럼.

여자 없이 못 사는 남자

처음으로 자신의 이름을 세상에 알린 키타이론산의 사자* 사냥

---

* 열두 과업 중 하나인 네메아의 사자 사냥과는 별개 사건이다.

때 50명의 여인들과 동침한 것을 시작으로 헤라클레스는 숱한 여인들과 인연을 만들었다. 테바이에서는 메가라와 결혼해 자식을 낳았고, 속죄를 위해 종살이하러 간 리디아에서도 옴팔레 여왕과 염문을 뿌렸다. 가는 곳마다 여자가 끊이지 않는다. 이런 남자가 사주를 보러 가면 '여자 없이는 못 살 팔자'라는 말을 듣게 될지도 모른다.

남자 사주에서는 돈과 여자를 똑같이 본다. 자신이 극하는 대상, 재성(財星)이다. 돈도 자신이 통제할 수 있어야 좋지, 통제를 못하면 오히려 돈이 주인이고 사람이 노예가 된다. 여자 역시 마찬가지다. 적지 않은 (아마 대부분의) 유부남들은 아내를 극하기는커녕 떠받들고 살지 싶다. 여자가 떠받들고 살 대상이라면 하나도 버겁다. 하물며 가는 곳마다 여자에 치인다면, 그 인생이야말로 고해가 아닐는지.

방합과 삼합을 설명하면서 군대와 비교했는데, 사실 전통적으로 합을 설명할 때 비교 대상은 결혼이다. 결혼은 강력한 결속이자, 동시에 구성원의 변화를 동반하기 때문이다. 유부남이 되는 순간, 매일 같이 새벽까지 술 마시며 클럽에서 여자들을 유혹하던 총각 시절의 자유를 잃어버린다. 불의에 타협하느니 사표를 던지는 패기도, 위험한 임무에 자원하는 용기도, 명절 근무를 자청해서 떠맡는 희생도 사라진다.

부부는 일심동체라는 말처럼, 결혼이란 배우자를 자신과 떼어 놓고 생각할 수 없는 결속이 아닌가 싶다. 이 무시무시한 결속력이 사주의 주인공인 일간에 직접 작용하면 그 결과는 어마어마하다.* 일간이 재성과 합을 이루고 있다면 '재물복이 있으시네요'라는 사주풀이를 들을 수 있다. 돈이 사주의 주인공과 딱 붙어 떨어지지를 않으니 돈복이라고 말할 수도 있다.

하지만 주인공의 본성까지 변화시키는 결속이다. 돈이 주인공과 떨어지지 않으려는 정도로 끝나면 좋겠지만 주인공 역시 돈과 떨어지지 않으려고 한다. 돈에 대한 집착이다. 이런 마음가짐이라면 돈을 벌 수는 있을지 몰라도 쓸 줄을 모른다. 금고에 억만금을 쌓아놓고도 난방비 아끼느라 담요 뒤집어쓰고 벌벌 떨면서 한겨울을 버틴다. 돈을 행복의 도구로 쓰지 못하고, 돈 자체를 목적으로 삼는다.

남자에게 재성은 돈인 동시에 여자다. 일간이 재성과 합을 이루고 있다면, 여자 역시도 집착의 대상일 뿐이다. 평생 연애 한 번 못해본 사람들에겐 너무나도 부러운 '여자 꼬이는 팔자'일지 모르지만, 실제로는 여자와 함께 있어도 또 다른 여자가 그리운 불행한 팔자다. 바로 옆자리의 여자를 행복하게 해주지 못하면서 어느 여자를 행복하게 해줄 수 있을까. 그저 여자 없이는 못 사는 불행한 남자일 뿐이다.

---

* 일간에 직접 작용하는 합은 천간합(天干合)이다. 갑목(甲)과 기토(己), 을목(乙)과 경금(庚), 병화(丙)와 신금(辛), 정화(丁)와 임수(壬), 무토(戊)와 계수(癸)가 각각 합을 한다. 합은 서로 정관-정재인 천간끼리 이뤄진다. 남자의 입장에서 재성은 여자, 여자의 입장에서 관성은 남자이니까, 정관-정재의 합이란 말 그대로 결혼이 되는 셈이다.

최악은 집착이 '여자 일반'이 아닌 '특정한 한 여자'에게 가해질 때다. 이때 집착은 스토킹의 형태로 나타난다. 헤라클레스가 이올레에게 하는 짓이 딱 그렇다. 헤라클레스는 에우리토스의 딸 이올레를 차지하려다 거절당하자 앙심을 품고 에우리토스의 아들을 죽이고, 속죄를 끝내자마자 다시 에우리토스에게 쳐들어가 기어이 도시를 파괴하고 이올레를 잡아온다. 심지어 죽어가는 마당에도 아들에게 이올레를 데리고 살라는 말도 안 되는 명령을 내리면서까지 끝없는 집착을 보인다. "소녀가 헤라클레스의 욕정에 불을 질렀고, 욕정이 헤라클레스를 집어삼켰어요. 모든 싸움에서 누구보다 강력하던 헤라클레스가 저 소녀를 향한 사랑에는 완전히 나가떨어졌어요."

헤라클레스는 자신의 최후를 어이없어 했다. "수천 번의 싸움이 날 시험했지. 누구도 날 힘으로 누르지 못했어. 하지만 지금, 나는 보이지 않는 적에게 당했구나." 그 적은 이미 오래전에 죽은 괴물 네소스도 아니고, 그저 남편의 사랑을 되찾고 싶었을 뿐인 아내 데이아네이라도 아니었다. 바로 헤라클레스 자신의 욕정이었다.

헤라클레스의 진실을 폭로한 리카스는 변명처럼 말했다. "남자는 (욕정 앞에) 약하답니다." 글쎄, 과연 그럴까? 누구에게나 욕망이 있지만, 누구나 욕망의 지배를 받지는 않는다. 헤라클레스처럼 '여자 없이는 살 수 없는 팔자'는 흔하지 않다. 더구나 대운이나 세운에서 욕망을 강화하는 기운이 작용한다면 그 결과는 파멸에 이르기도 한다.

사주에서 욕망, 특히 성적인 욕망으로 해석하는 글자가 자수(子)다. 자수는 시간으로 보면 밤 11시 30분부터 새벽 1시 30분, 한밤중이다. 휴식의 시간이자, 사색의 시간이자, 사랑을 나누는 시간이기도 하다. 좋게 말하면 다산, 나쁘게 말하면 과잉 성욕을 뜻하는 기호로 쓰이기도 한다. 대개의 명리학 책이 자수를 두고 '잔꾀가 많고 재주는 있으나 색정으로 인한 패가망신을 조심하라'고 경고한다. 가뜩이나 여자라면 사족을 못 쓰던 헤라클레스 같은 사람이 자수 대운을 만난다면 패가망신으로 가는 고속 열차를 타는 셈이다.

자정(子正)이라는 말에서 알 수 있듯, 자수는 날짜가 바뀌어 새로운 하루를 시작하는 때다. 그래서 자수를 대운이나 세운에서 맞이하면 새로운 시작의 기호로 읽기도 한다. 좋게 말해서 새로운 시작이지, 나쁘게 말하면 상황의 급변, 악화를 뜻할 수도 있다. 특히 헤라클레스처럼 강력한 불기운의 힘으로 세상을 사는 사람에게 한겨울의 차가운 얼음물인 자수는 삶의 동력 자체를 꺼뜨리는 결과를 낳을 수도 있다.

기본적으로 물은 불을 끄는(극하는) 힘이지만, 자수가 오화(午)를 만날 때는 더욱 치명적인 결과를 낳기도 한다. 한겨울의 기운과 한여름의 기운이 만난다면, 얼음이 더위를 식힐까, 더위가 얼음을 녹일까? 얼음도 녹고, 더위도 꺾인다. 서로 망가지는 셈이다. 대형 세단과 경차가 정면충돌하면 (경차가 더 많이 부서지긴 하겠지만) 박살 나기는 둘 다 마찬가지인 원리다. 이걸 두고 명리학에서는 '충(冲)'이라고 한다. 상반된 힘이 정면에서 서로 부딪혀 깨지는 상태를 말한다. 봄의 절정(卯)과 가을의 절정(酉)이 부딪힐 때도 마찬가지의 현상이 일어난다.*

명리학자가 마치 점쟁이처럼 사람의 일생을 줄줄 읊을 수 있는 힘은 타고난 사주팔자에다 대운과 세운이 일으키는 합과 충의 작용을 현실에서 일어날 수 있는 사건으로 표현해주기 때문이다. 하지만 그 사건이란, 결국 심리가 작용한 결과다. 자신의 사주를 스스로 보고 해석하는 일은 마음속에서 무슨 일이 벌어지는지 내면의 거울을 들여다보는 일이다.

대운은 월지에서 뽑기 때문에 누구나 50대에 월지에 충을 맞게 되어 있다. 월지는 사회생활을 영위하는 힘이다. 이 힘이 충을 맞았다는 건 사회생활을 해온 동력을 상실한다는 뜻이다. 실제로 대부분 50대에 극심한 심리적 방황을 하고 은퇴를 한다. 하지만 생각을 조금만 바꿔보면 어떨까. 50세까지 사회생활을 이끌어온 힘을 상실했다면, 새로운 힘으로, 새로운 방식으로 세상을 살아가면 되지 않을까? 어쩌면 50대에 겪는 방황이란, 새로운 방식의 삶을 받아들이기를 거부하면서 생기는 부작용이 아닐까?

---

* 충에는 이 밖에도 초봄(寅)과 초가을(申), 초여름(巳)과 초겨울(亥), 늦봄(辰)과 늦가을(戌), 늦여름(未)과 늦겨울(丑)의 충돌이 있다. 천간에서도 초봄(甲)과 초가을(庚), 늦봄(乙)과 늦가을(辛), 초여름(丙)과 초겨울(壬), 늦여름(丁)과 늦겨울(癸) 사이에 충의 작용이 있다.

헤라클레스는 불의 힘으로 평생을 살았다. 그러나 갑자기 찾아온 차가운 얼음물의 힘으로 삶의 동력인 불이 꺼지고 말았다. 그렇다면 삶을 마감해야 하나? 이전까지의 삶이 뜨거운 불의 삶이었다면, 이후의 삶은 미적지근한 물의 삶이 되면 안 되나? 하지만 사람들이 흔히 그러하듯, 헤라클레스도 끝내 자신의 삶의 방식을 바꾸지 않는다.

"갈갈이 물어뜯긴 내 마음이여, 강철 재갈을 문 듯 입을 굳게 다물어, 단말마의 비명조차 새어 나오지 않도록 막고, 이 가혹한 일을 마치 즐거운 일인 듯 해내리라." 주어진 고난에 한 치의 물러섬도 없는 당당한 응전이다. 참을 수 없는 고통에 어쩔 수 없이 터져 나오는 단말마의 비명마저 자신에게 허용하지 않는다. 잔인할 만큼 스스로에게 철저하다. 헤라클레스는 말 그대로 스스로를 불태웠다. 불로 살다가 불로 갔다. 저 한 몸 다 타서 재만 남을 때까지 멈추지 않는 불꽃 같은 인생이다.*

---

* 辛丙丁壬
  酉午巳寅
  가상으로 만들어본 헤라클레스의 사주다. 실제로 임인년에 정사월은 없다. 병오(丙午) 일주에 정사(丁巳) 월주 불기둥이 두 개나 자리 잡고 있다. 연지의 인목(寅)은 일주의 오화(午)와 삼합을 이루면서 불바다를 만든다. 연간에 임수(壬)가 있지만 월간 정화(丁)와 합으로 묶이면서 물로서의 기능을 상실했다. 일간 병화(丙)는 재성인 신금(辛)과 합을 하고 있다. 이 사주에 자수(子) 대운(또는 세운)이 들어온다면 일지의 오화(午)와 충을 일으킨다. 일지의 충은 작용력이 가장 큰 것으로 부부 관계를 위험하게 만든다고 알려져 있다. 대운(또는 세운)에 해수(亥)가 들어온다면 월지의 사화(巳)와 충을 일으킨다. 월지의 충은 사회적 관계에 변화를 일으킨다고 알려져 있다.

집 안에 갇힌 여자

밖으로만 나도는 헤라클레스에 비해 데이아네이라는 오로지 집 안에만 머문다. 집 안에 있으면서도 세상 돌아가는 이야기에 밝은 사람들이 간혹 있지만, 데이아네이라는 그렇지도 않다. 아들은 뻔히 알고 있는 남편의 안부를 아내는 깜깜무소식이다. 바깥출입을 하지 않으니 머릿속으로만 온갖 상상의 나래를 편다. 잘 쓰면 세상에 존재하지 않던 물건을 만들어내거나 뭇사람들을 감동시키는 이야기를 짓는 창조의 힘이 되겠지만, 잘못 쓰면 쓸데없는 망상의 나락에 빠지고 만다. 생각이란 꼬리에 꼬리를 물기 마련이라서 한번 안 좋게 생각하기 시작하면 끝없이 안 좋은 생각만 든다. 걱정은 추측을 거쳐 곧 확신이 된다. "그이는 떠나가며 내게 쓰라린 고통만 남겨놓았어요. 그이는 틀림없이 무슨 사고를 당했어요."

데이아네이라는 자신의 불행을 한탄한다. "죽기 전에는 인생이 행복한지 불행한지 알 수 없다고 하죠. 하지만 나는 이미 알고 있어요. 내 인생은 불운하고 괴롭다는 사실을." 하지만 그 불행을 행복으로 바꾸려는 어떠한 노력도 하지 않는다. 그저 한숨만 쉬고, 동네 여인들을 상대로 신세 한탄을 할 뿐이다. 활동성이 부족한 휴식의 오행은 수(水)다. 의지가 약하고 눈물까지 많다면 수 중에서도 임수(壬)보다는 계수(癸)의 성정이다.

"내 상처의 피를 손으로 모은다면 당신은 헤라클레스의 마음을 사로잡는 마법의 약을 얻게 되오. 그 약만 있다면 헤라클레스가 그대가 아닌 다른 여인을 쳐다보지도 사랑하지도 않게 된다오."

데이아네이라를 겁탈하려다 헤라클레스가 쏜 화살에 죽어가면서 네소스가 한 말이다. 네소스는 데이아네이라에게 호의를 베풀 이유가 없고, 오히려 헤라클레스에게 해코지할 이유만 충분하다. 하지만 데이아네이라는 네소스의 말을 덥석 믿는다.

귀가 얇아 남의 설득에 쉽게 넘어가는 성격은 계수의 특징이기도 하지만, 정인(正印)과 편인(偏印)이 함께 있을 때 나타나는 특징이기도 하다. 데이아네이라는 계수(癸)가 정인인 경금(庚)과 편인인 신금(辛)이 지장간인 유금(酉)을 깔고 앉아 있는 계유(癸酉) 일주의 소유자가 아닐까 짐작하게 된다.

사주는 여덟 글자로 구성돼 있지만 단 두 글자일 뿐인 일주만 봐도 대략적인 성격이 드러난다. 명리학 책들이 말하는 계유 일주는 대개 이렇다. 좋게 말해 감수성이 뛰어나고, 나쁘게 말해 감정적으로 예민하다. 뭔가에 꽂히면 몰입하고 뛰어난 집중력을 보이지만, 평소에는 잡념이나 공상에 빠질 때가 많다. 재주가 많지만 내면은 늘 불안하고 여리다. 외로움을 많이 느끼기 때문에 자칫 우울증의 위험이 있다. 자신의 뜻을 펼치지 못하면 엉뚱한 짓을 벌이기도 하고, 속마음을 털어놓을 누군가를 절실히 필요로 한다. 얼핏 봐도 데이아네이라의 성격과 판박이다.

속마음을 털어놓는다는 행위는 발산을 뜻한다. 응축을 뜻하는 물은 발산을 뜻하는 불이 없으면 고인 물이 된다. 고인 물은 썩는다. 썩은 물이 바로 우울증이다. 의사들이 모든 우울증 환자들에게 공통적으로 하는 조언이 있다. '집 안에 혼자 있지 말고 야외 활동 하시고, 다른 사람들과 많이 어울리세요.' 해를 보는 야외 활동은 말 그대로 화(火) 기운을 보충하는 지름길이다. 사람들을 만나 속 마음을 털어놓는 일 역시 발산의 화 기운이다. 사주에 화 기운이 없거나 부족해서 우울증에 걸렸지만, 야외 활동이나 친구들과의 수다만으로도 없는 화 기운을 만들어 쓸 수 있다. 돈 주고 부적 쓸 필요가 없다. 진짜 부적, 진짜 처방은 생활 속에 있다.

물기운은 과도한데 불기운이 없어 우울증의 위험이 있는 사람에게 줄 수 있는 또 하나의 처방은 화 기운이 강한 사람과 친하게 지내라는 것이다. 물기운이 강한 사람은 혼자 조용히 있고 싶어도 불기운이 강한 사람과 함께 산으로 들로 놀러 다니다 보면 저절로 화 기운을 얻는 결과가 되기 때문이다. 그러고 보면 데이아네이라에게 화 기운이 넘치는 헤라클레스는 좋은 남편이 될 수 있었다. 문제는 함께 지내면서 아내를 밖으로 데리고 다녔어야 할 남편이 저 혼자 싸돌아다니면서 데이아네이라를 혼자 내팽개쳐두는 바람에 화 기운을 전할 기회가 없었다는 사실이다.

헤라클레스가 혹시 함께 바깥나들이를 데리고 다니려 했더라도 데이아네이라와 매번 다퉈야 했을 수도 있다. 수(水) 기운이 강한 사람은 집 안에 조용히 있기를 선호하는 데다 움직이는 자체를 귀찮아하기 때문이다. 사주 구성만 보면 서로의 단점을 보완해주는 좋은 궁합의 부부이지만, 실제로는 밤낮 싸움이 끊이지 않는 가정이 됐을 수도 있다. 삶의 방식이 전혀 다른 탓이다. 부부 싸움을 피하는 게 목적이라면 헤라클레스처럼 아예 밖으로만 나도는 것도 해법이 될 수 있다. 서로 마주칠 일이 없으면 싸울 일도 없어지니깐. 하지만 함께 행복해지려 부부가 됐다면 끊임없이 싸우더라도 함께 사는 법을 배워야 했다. 싸움의 단계를 넘지 못하면 일찌감치 갈라서겠지만, 그 단계를 넘어서면 서로의 인생에 큰 의지가 되는 배우자가 됐을지도 모른다.

일을 하든, 이웃으로 만나든, 살면서 '저 사람은 나와 안 맞아'하고는 누군가와 거리를 둘 때가 간혹, 아니 자주 있다. 자주 볼 사이가 아니라면 마주치지 않는 편이 속 편하게 사는 방법이다. 설령 자주 보는 사이라도 굳이 상대에게 맞춰주느라 헛심 쓰지 말라는 충고도 자주 들린다. 하지만 사주를 공부하다 보면 '나와는 맞지 않아'라고 말하는 그 사람이 어쩌면 내 인생에 가장 필요한 사람일지도 모른다는 생각이 든다.

이제나저제나 남편 오기만을 기다리는 데이아네이라는 《주역》의 수괘(需卦, ䷄)를 유념해둘 만했다. 수괘는 하늘(☰) 위에 물(☵)이 있는 형상이다. 하늘 위의 물, 구름이다. 기다리면 비가 되어 내린다. 당장은 아니지만 참고 기다려야 한다. '괘사'는 이렇게 말한다. "믿음이 있으면 빛나고 형통하다. 바르면 길하다."

'효사'에서는 구체적인 충고를 해준다. '너무 많은 관심을 가지면 심사가 복잡해지니 걱정거리와 적당히 거리를 두되, 여차하면 개입할 수 있도록 충분한 관심은 유지하며 추이를 지켜보라.'* '조급해하지 말고 술 한잔하며 느긋하게 기다려라.'** '최악의 상황도 당당하게 맞서면 반전을 맞이한다.'*** 《주역》의 충고와는 달리, 데이아네이라는 헤라클레스의 소식에 아예 귀를 닫고 살았고, 느긋하게 기다리기보다는 조급하게 아들을 내보내 남편을 찾게 했고, 그 누구보다도 불청객인 이올레가 찾아오는 최악의 상황에서 당당하지 못했다.

남자 꼬이는 여자

처녀 시절 데이아네이라는 아켈로오스와 헤라클레스로부터 동시에 구애를 받았다. 강의 신인 아켈로오스는 때로는 급류처럼 격렬한 황소의 모습으로, 때로는 굽이굽이 휘감으며 움직이는 뱀의 모습으로 변신하며 싸웠는데, 헤라클레스는 뿔을 뽑아 승부를 결정짓고 신부를 차지했다. 자신을 두고 두 남자가 격렬하게 싸울 때 데이아네이라는 누구를 응원했을까? "싸움이 어떻게 진행됐는지는 말해줄 수 없어요. 모르니까요. 난 완전히 겁에 질려 그저 멍

---

* 원문은 이렇다. 需于郊 利用恒 无咎([수우교 이용항 무구], 교외에서 기다린다. 변함없는 마음으로 임하면 이롭고 허물이 없다).

** 需于酒食 貞吉([수우주식 정길], 술과 음식을 먹으며 기다린다. 바르면 길하다).

*** 入于穴 有不速之客三人來 敬之 終吉([입우혈 유불속지객삼인래 경지 종길], 스스로 호랑이굴을 찾아 들어가면 부르지 않은 손님 셋이 찾아온다. 손님들을 공경하면 끝내 길하다).

해 있었거든요. 그때 생각했죠. 내 미모가 나를 죽일 거야."

데이아네이라는 말하자면 예뻐서 괴로운 여자다. 아닌 게 아니라 헤라클레스를 남편으로 받아들인 상태에서도 네소스에게 강간당할 위기를 겪기도 한다.* 가만히 있어도 남자가 꼬이는, 좋게 말하면 남자에게 인기가 많은 여자다. 여자 사주에서 남자는 관성(官星)이다. 관성이 강하거나 일간이 관성과 합을 이루면 남자와의 인연이 유독 강하다. 그래서 예전에는 여자 사주에 관성이 많으면 기생 팔자라고 불렀다.

흥미로운 점은 자신을 두고 싸움이 벌어졌는데 데이아네이라는 싸움의 결과에 관심이 없다는 사실이다. 누가 이기든 그저 승자를 자신의 남자로 받아들일 뿐이다. 애정을 매개로 한 남자가 아니라 힘을 매개로 한 사랑이다. 어쩌면 데이아네이라가 사랑하는 건 남자가 아니라 힘인지도 모른다. 헤라클레스가 첩을 집에 들이려 한다는 사실을 알았을 때, 데이아네이라는 동네 여인들에게 하소연한다. "살아 있는 존재 가운데 가장 위대한 남자를 잃게 될까 봐 두려워요."

남편의 사랑을 되찾으려는 노력이 남편을 죽게 했다는 사실을 알고서 스스로 목숨을 끊기 전에 보이는 데이아네이라의 행동은 더욱 이상하다. 집 안에 모셔둔 제단, 손수 쓰던 세간살이, 남편과

---

* 일부 명리학자들은 여자 사주에서 편관이 있으면 성폭행을 당할 위험 요소로 보기도 한다.

함께 쓰던 침대와 일일이 작별 인사를 고한다. "우리가 사랑을 나눴던 침대여, 이제는 안녕히! 이제 다시는 이곳에 눕지 못하겠구나." 하지만 최후의 순간에 남편을 향해서는 단 한마디도 남기지 않는다. 데이아네이라는 남편보다 집의 안주인이라는 지위에 애착이 더 크지 않았나 싶다.

여자 사주에 관성이 많으면 '남자를 밝히는 여자'가 아니라 '사회적 지위에 욕망에 큰 여자'로 이해해야 한다. 관성 자체가 권력과 명예를 지향하는 힘이고, 조직에 속해 사회생활을 하는 힘이다. 남자들과 적극적으로 경쟁하며 사회생활을 하거나, 직업이 없다면 동네 통반장, 하다못해 동창회 총무라도 해야 직성이 풀리는 여자들이다. 비하하는 뜻으로 기생 팔자라는 말을 했지만, 따지고 보면 과거에 여자가 가질 수 있는 직업의 대표가 기생 아니었을까?

이올레가 헤라클레스의 첩인 줄 모르고 그저 전쟁 포로인 줄로만 알았을 때, 데이아네이라는 깊은 동정을 보인다. "저 포로들, 너무 안쓰럽고 불쌍해요. 아버지도 잃고 집도 잃고 쫓겨났잖아요. 한때는 자유민의 딸이었는데, 이제는 노예로 남은 인생을 보내야 하잖아요." 스스로의 의사와 관계없이 전리품으로 끌려온 포로들을 보며 데이아네이라는 자신의 모습을 떠올렸는지도 모른다. 자신의 의사와는 관계없이 싸움의 승자에게 아내로 선택당했다는 점에서 데이아네이라도 하나의 전리품이었기 때문이다. 나아가 비록 지금은 그리스 최고 영웅 헤라클레스의 아내라는 지위를 누리고 있지만, 한순간에 이올레와 같은 노예 신세로 떨어질 수 있다는 위기감 역시 데이아네이라의 동질감을 자극했다. 하지만 그 동질감 속에 묘한 우월감도 함께 느껴진다. "싸움의 승패를 결정하는 제우스 신이시여, 굽어살피소서. 이 처녀들을 혼내주는 방식으로 내 아이들을 불행에 빠뜨리지는 마소서."

자신과 비슷한 존재와의 비교를 통해 우월감을 느끼고 자존감을 확인한다. 전형적인 비겁의 심리 구조다. 그 과정에서 공감 능력을 발휘하기도 하고, 협력하기도 하지만, 궁극적으로 경쟁 상대보다 더 잘난 나 자신의 모습을 발견하는 기쁨을 누리고 싶어 한다. 경쟁이야말로 비겁을 가진 사람을 성장시키는 가장 효과적인 힘이다.

문제는 그 비겁이 꼭 같은 편이 되어준다는 법이 없다는 점이다. 이올레는 사실 헤라클레스의 첩으로 집에 들어오는 길이었다. "세상에나, 무슨 날벼락인가. 내 손으로 연적을 집 안에 들였단 말인가!" 비겁은 자신의 재산을 놓고도 경쟁을 벌이고, 자신의 지위를 놓고도 경쟁을 벌이고, 자신의 합격을 놓고도 경쟁을 벌인다. 가장 골치 아픈 경우는 자신의 배우자를 놓고 경쟁을 벌일 때다. 데이아네이라 앞에 나타난 이올레가 딱 그렇다. 사주를 놓고 보면 직관적으로 이해가 된다. 일간이 계수(癸)인데 월간이 무토(戊), 연간이 임수(壬)라면, 관성인 무토 남편을 가운데에 두고 똑같은 물인 계수와 임수가 경쟁을 벌이는 모양새가 된다.*

쉽게 이해되기는 하지만, 직관적으로 와닿는 설명이 꼭 본질을 꿰뚫는다는 법은 없다. 해답은 의외로 비겁의 본질에서 쉽게 찾을 수도 있다. 비겁이 작용하는 심리적 특징은 자존심으로 특징지을 수 있다. 비겁이 있으면 여자가 자존심 세우느라 남자의 구애에 뜨뜻미지근하게 대응할 법하다. 비겁의 또 다른 특징은 강한 인정 욕구다. 떠받들어줘야 만족하는 여자다. 고집이 세서 의견 조율 과정에서 물러서지도 않는다. 이런 여자와 하루 이틀, 한 달 두 달을 연애한다면 남자가 가끔 서운해하고 싸우긴 하겠지만 사랑의 힘으로 극복할 수 있다. 하지만 1년, 2년, 나아가 10년, 20년 동안 같은 행태가 반복된다면 어떨까? 남자도 지친다. 남자로서는 탈출구를 찾고 싶어지는 것이다.

남자가 생겨먹기를 바람둥이로 태어났을 수도 있다. 외간 여자 치마폭 들추기가 특기인 헤라클레스가 대표적이다. 배우자가 불륜을 저질렀다면 따지고 말고 할 것도 없이 배우자의 잘못이다. 불륜을 저질렀다면 그 책임은 온전히 불륜 당사자의 몫이다. 하지

---

* 乙癸戊壬
　丑酉辰子
가상으로 만들어본 데이아네이라의 사주다. 천간을 오행으로만 표시해보면 '木水土水'의 구성이 된다. 남편인 토(土) 하나를 사이에 두고 수(水)가 양쪽에서 경쟁하는 모양새가 된다.
지지에서 관성(남편) 역할을 하는 진토(辰)는 자수(子)와 삼합을 하면서 기능을 상실하고, 천간에서 관성 역할을 하는 무토(戊)도 계수(癸)와 합을 하면서 기능을 상실한다. 즉, 남편이 있되 남편 구실을 하지 못한다는 뜻이다.
(신)자진(申子辰) 삼합을 하면 수(水)가 된다. 관성인 토가 비겁인 수로 변한다면, 남편이 동료 같은 역할을 한다는 뜻이다. 무계(戊癸) 합을 하면 화(火)가 된다. 관성인 토가 재성인 화로 변한다면, 남편은 그저 돈 벌어다주는 기계의 역할밖에 못 한다는 뜻이 된다.

만 남 탓만 해서는 아무것도 바꿀 수 없다. 사주를 공부하는 이유는 나 자신의 모습을 솔직하고 꾸밈없이 보기 위해서다. 있는 그대로 자신의 모습을 직시하고 변화를 만드는 '나의 몫'을 찾기 위해서다.

비겁이 강한 여자라고 해서 누구나 배우자의 불륜을 경험하지는 않는다. 상대가 떠받들어주기를 바라기보다 자신이 상대를 떠받들어주는 지혜, 자존심을 내세우기보다는 상대의 자존심을 세워주는 지혜, 자기 생각을 관철하기보다는 상대에게 주도권을 넘겨주는 지혜를 터득한 여자들이다.

"교양 있는 여자가 화를 내면 못쓰죠." 헤라클레스가 첩을 들인다는 사실을 눈치채고 데이아네이라는 하늘이 무너지는 기분이었다. 하지만 겉으로는 화를 내지 않는다. 자신은 '교양 있는 여자'여야 하기 때문이다. 여자 사주에서 남자를 뜻하는 관성은 원래 사회에서 통용되는 가치와 권위를 뜻한다. 데이아네이라는 언뜻 그 가치를 존중하는 모습을 보인다. 하지만 실제로는 남편의 사랑을 되돌리기 위해 사랑의 미약이라는 주술을 쓴다. 관성이 제 기능을 하지 못하는 탓이다. 남편이 남편의 역할에 충실하지 못했듯, 데이아네이라는 사회의 가치를 머리로는 알고 있지만 마음으로 따르지는 않는다.

기능장애에 빠진 관성은 상관(傷官) 대운(또는 세운)을 만나면 결정타를 맞는다. 식상(食傷)이 관성을 극하기 때문이다. 스스로는 사회의 규범을 지키지 않으면서 말로는 입바른 소리만 해댄다.

누구보다 사악한 짓을 저지르면서 자신이야말로 정의의 사도라고 뻔뻔스럽게 주장한다. "악의에 찬 무모한 짓은 저지르지 않기를. 사악한 짓은 아예 배우지도 말기를. 여자가 그딴 짓을 하다니, 난 정말 혐오해요." 데이아네이라는 최악의 순간에도 '교양 있는 여자' 노릇을 하려 든다. 겉 다르고 속 다른, 말 따로 행동 따로인 이중인격, '내로남불'이다.

재미있고 말발 센 데다 강자에겐 저항을, 약자에겐 연민을 보이는 상관은 분명 매력적인 십성이다. 하지만 관성과 함께 있으면 상관의 순기능은 사라지고 역기능이 살아난다. 명리학 격언에 '상관이 관성(정관)을 보면 100가지의 불행이 닥친다(傷官見官 爲禍百端[상관견관 위화백단])'고 한다. 과거에는 관성을 극하는 상관을 가장 흉하게 봤다. 벼슬길에 오르는 것만이 유일한 출셋길이었기 때문이다.

상관은 특히 여자 사주에 있을 때 흉하게 보는 경우가 많다. 그도 그럴 것이, 남편 자체가 이미 관성인 탓이다. 즉, 남편 이겨먹는 여자인 셈이다. 특히 사주에 상관과 관성이 함께 있는 여자가 아들을 얻으면 남편과 이별한다(得子夫別[득자부별])는 말도 있었다. 상관인 이들이 관성인 남편을 잡아먹는다는 무시무시한 저주다.

똑같이 상관이 관성을 극하더라도 편관(偏官)을 극할 때는 '상관대살(傷官帶殺)'이라고 해서 정관을 극하는 상관견관(傷官見官)과 구별한다는 점도 유념할 만하다. 편관은 폭압적인 독재 권력이나 폭력 남편에 비길 만하다. 상관을 나쁘게만 본다면 남편이 폭력을 쓰더라도 그냥 순종하며 맞고 살라는 말밖에 안 된다.

하지만 살(殺)로 표현되는 편관을 바로잡는 근본 처방은 상관
대살이 아니라 식신제살(食神制殺)이다. 말로만 '독재 권력 물러가
라' 골백번 외쳐봤자 물러날 턱이 없다. 얕은 말재주로 민심을 선
동하는 데에도 한계가 있다. 독재 권력이 유지되는 구조를 연구하
고 세상의 가치 체계를 바꿔야 권력 자체가 더 나아지도록 만들
수 있다.

상관이 관성을 망가뜨리는 문제를 해결하는 법은 간단하다. 재
성이 하나 있으면 된다.* 재성이 없다면, 만들어 쓰면 된다. 재성은
결과를 예상하는 힘이다. 시원하게 한마디 쏘아붙이기 전에 그 말
한마디가 불러올 결과를 한번 생각해보는 것으로 충분하다. 그러
면 남에게 상처가 될 말을 그토록 쉽게 하지 못한다. 막상 자신은
실천하지도 못할 명분으로 남들을 쉽게 비난하지 않는다. 책임질
수 있는 말만 하게 된다. 머릿속으로는 말이 되는데 현실에서는
말이 안 되는 논리를 주장하지도 못한다. 데이아네이라의 경우로
본다면, 남편의 사랑을 되돌려준다는 말만 믿고 어처구니없이 남
편을 죽이는 일도 없었을 것이고, 남편 죽일 짓을 저질러놓고 혼
자 고상한 척, 고고한 척하면서 우아하게 구는 일은 더더욱 없었
을 것이다.

---

* 상극 관계는 하나의 매개체만 거치면 상생의 관계가 된다. 상관은 관성을 극하지만,
  중간에 재성을 하나 거치면 전혀 다른 관계가 된다. 상관은 재성을 생하고, 재성은 관
  성을 생하기 때문에, 결과적으로 상관이 관성을 생하게 된다.

명리학에서 가장 복잡하면서도 가장 설득력이 없는 분야가 궁합 이론이다. 궁합 이론의 맹점은 문제를 상대의 탓으로 돌리기 때문이다. 불행을 극복하려면 자신의 문제부터 먼저 찾아 해결해야 한다. 헤라클레스나 데이아네이라나, 상대가 누구였더라도 결혼 생활이 평탄하지는 않았을 법하다. 어느 여자인들 헤라클레스 같은 남자와 알콩달콩 사랑을 이루어가기가 쉬웠겠나 싶다.

일단 헤라클레스는 자신이 누구인지 정확히 알아야 했다. 자신이 상대를 얼마나 힘들게 하는 사람인지 이해해야 했다. 상대를 힘들게 하는 자신의 행동을 고치려 노력해야 했다. 다음은 데이아네이라가 헤라클레스를 이해해야 했다. 여자라면 누구라도 헤라클레스의 행동거지를 싫어하겠지만, 그저 싫어하기만 해서는 종착점이 뻔하다. 헤라클레스가 왜 그런 행동을 하는지 이해해야 했다. 네소스가 건넨 사랑의 미약을 사용하겠다는 건, 자신은 그대로인 채 오로지 헤라클레스만 변화시키겠다는 욕심이 작용한 결과다. 자신도 바뀌겠다는 생각을 가졌더라면 데이아네이라의 선택은 달랐을지도 모른다.

부부가 자신과 서로의 사주를 보고 아는 이유는 '우린 안 맞아'라고 자포자기하기 위해서가 아니다. 상대를 이해하고 맞춰주기 위해서다. 저 하고 싶은 대로만 하고 살면, 부부가 아니라 그 누구와도 함께 살지 못한다.

합(合)		충(冲)	
천간합 (天干合)	甲己合 → 土 乙庚合 → 金 丙辛合 → 水 丁壬合 → 木 戊癸合 → 火	천간충 (天干冲)	甲庚冲 甲戊冲 乙辛冲 乙己冲 丙壬冲 丙庚冲 丁癸冲 丁辛冲 戊壬冲 己癸冲
지지 육합 (六合)	子丑合 → 土 寅亥合 → 木 卯戌合 → 火 辰酉合 → 金 巳申合 → 水 午未合 → 火	지지충 (地支冲)	子午冲 丑未冲 寅申冲 卯酉冲 辰戌冲 巳亥冲
삼합 (三合)	寅午戌合 → 火 申子辰合 → 水 巳酉丑合 → 金 亥卯未合 → 木		
방합 (方合)	寅卯辰合 → 木 申酉戌合 → 金 巳午未合 → 火 亥子丑合 → 水		

7

[육친, 사주와 가족]

끝내 참지 못하는
욕망

〈히폴리토스〉

말로가 비참한 영웅들이 한둘이 아니지만, 대부분 맹렬히 타오르다 운명의 일격을 맞아 자기 자신까지 태워버리는 불꽃같은 인생을 살았다. 반면 말년에 못난 짓만 골라 하다가 자신이 살던 나라에서 쫓겨나 타국 땅에서 비명횡사하기까지 서서히 망가지는 인생도 있으니, 테세우스가 바로 그런 경우였다. 테세우스의 흑역사는 한둘이 아니지만, 비극 작가 에우리피데스는 아들의 죽음을 기원하는 속 좁은 아버지의 모습에 주목했다.

사생아로 태어난 테세우스는 아테네 왕인 아버지 아이게우스를 찾아가면서 산적들을 처단하고, 인신 제물로 바쳐지던 시민들을 대신해 크레타 섬의 미궁으로 제 발로 들어가 미노타우로스를 처단했다. 테세우스는 결혼을 약속하고 미궁을 탈출하도록 결정적인 도움을 줬던 크레타 공주 아리아드네를 버리고 귀국했다. 뭔가 잘못돼 가는 첫 신호였다. 그 뒤로도 여자가 늘 문제였다.

테세우스가 다스리는 동안 아테네는 아마조네스 여인들에게 침공을 받은 적이 있다. 겁탈이었는지, 납치였는지, 사랑의 도피였는지는 설이 분분하지만, 테세우스가 아마조네스의 여왕 히폴리테(어떤 설에서는 여왕의 동생 안티오페)를 아테네로 데려온 탓이었다.* 히폴리테(또는 안티오페)와의 사이에서 아들 히폴리토스를 낳았지만, 아마조네스와의 전투 과정에서 여자는 죽고 만다. 여자라면 사족을 못 쓰는 성격이었던지, 테세우스는 자신의 첫 연인 아리아드네의 동생 파이드라와 또 결혼한다.** 하지만 이 결혼은 비극의 서막이었다. 파이드라는 전처 소생의 아들 히폴리토스에게 반하고 만다.

에우리피데스의 비극 〈히폴리토스〉는 아프로디테 여신이 자신을 홀대하는 히폴리토스를 벌주겠노라고 선언하는 독백으로 시작한다. 파이드라를 사랑의 포로로 만들어 테세우스를 격분시켜 아들을 죽이게 한다는 방법까지도 미리 알려준다. 아울러 자신의 도구가 된 파이드라 역시 죽음을 면치 못하리라고 예고한다.*** 이유는 간단하다. "내 체면을 지키기 위해서." 신이라는 존재가 참 옹졸하다.**** 뒤이어 히폴리토스가 등장해 아르테미스 여신을 향해

---

* 여자 때문에 조국의 위기를 자초한 한심한 왕이 되어버린 테세우스는 그 버릇을 못 고치고 늘그막에 또 당내 최고의 미녀 헬레네를 납치했다가 스파르타의 침략을 자초했고, 결국 왕위까지 빼앗긴다.

** 테세우스는 파이드라와의 사이에서 아들 둘을 낳았고, 이들은 테세우스의 후계자 자격으로 트로이 전쟁에 참전한다.

*** 현대의 관객에게는 시작 부분에 결말을 미리 알려주는 만행이지만, 비극을 노천극장에서 보던 당대의 그리스인들은 어차피 줄거리는 이미 알고 있었다. 비극의 묘미는 서프라이즈가 아닌 서스펜스라는 말이 있다. 익히 알고 있는 결말이 아니라 작가 특유의 방식으로 긴장감 있게 이야기를 풀어나가는 과정이 더 중요한 문제였다.

**** 1세대 비극 작가인 아이스킬로스에게는 상상도 할 수 없는 신성모독이다. 그러나 3세대 비극 작가인 에우리피데스는 극 중에서 신을 향한 조롱이 일상다반사다.

서는 온갖 찬양과 경배를 쏟아내면서도 아프로디테 여신에게는 먼발치에서 고개만 까딱하고 지나친다. 아프로디테가 이를 갈만하다.

파이드라는 상사병에 걸렸다. 의붓아들을 사랑하게 된 자신을 받아들일 수 없어 사흘째 식음을 전폐하고 있다. 다른 누군가에게 고민을 털어놓을 수도 없었다. 하지만 끙끙 앓는 파이드라를 걱정하던 유모에게 들키고 만다. 파이드라는 "수치를 명예로 바꾸려 한다"며 죽음으로 비밀을 지키려 하지만, 유모는 "명성을 뽐내기보다는 행동이 중요하다"며 말린다.

대단한 사랑의 미약이 있는 것처럼 파이드라를 안심시킨 유모는 히폴리토스에게 가서 직접 파이드라의 사랑을 전한다. 하지만 숨어서 지켜보던 파이드라의 말처럼 "뜻은 좋았으나 방법은 나빴다." 히폴리토스는 계모의 사랑 고백에 경멸과 혐오의 감정을 쏟아냈다. "그런 말을 듣는 자체로 나 자신이 더럽혀진 기분이오." 하지만 이 경솔한 유모는 신중하게도 계모의 짝사랑을 발설하지 않겠다는 맹세를 미리 받아뒀다. 히폴리토스는 "내 혀가 맹세했을 뿐, 내 마음은 맹세하지 않았다"고 저항해보지만, 이 맹세는 끝내 히폴리토스의 발목을 잡는다.

유모의 오지랖 때문에 망신을 당한 파이드라는 남은 아들들의 명예라도 지키기 위해 죽음을 선택한다. 하지만 그냥 죽지 않았다. 히폴리토스가 자신을 유혹했다는 편지를 남편 테세우스에게 남겼다. 적반하장의 모함이었다.

테세우스는 집에 돌아와 아내의 시신과 유서를 보고는 길길이 날뛴다. 결백을 주장하는 아들의 말은 듣지도 않고 나가 죽으라는 저주를 퍼붓는다. 이미 의미 없어진 맹세에 입이 묶인 히폴리토스는 변변한 변명도 못 해보고 추방당한다. 그리고 절벽에서 포세이돈이 보낸 파도가 변신한 황소 때문에 마차 사고로 죽음의 문턱에 이른다.

아들의 사고 소식을 듣고 "후련하다"고 말하는 무정한 아비 앞에 아르테미스 여신이 나타나 사건의 본말을 알려준다. 히폴리토스는 죄가 없고, 파이드라의 유서는 거짓이며, 모든 일은 아프로디테의 농간이었다고. 때마침 죽기 직전의 히폴리토스가 실려 오고, 아르테미스는 아들에게도 같은 이야기를 들려준다. 아들은 신의 복수에 동원되어 제 손으로 아들을 죽이게 된 아버지를 용서한다. "저는 저 자신보다 아버지가 더 애통하네요. 이 살인죄에서 아버지를 놓아드릴게요."

이 비극은 현재를 살아가는 우리에게 수치를 감추고 명예를 지키는, 아니 수치를 명예로 바꾸는 죽음이 실상은 남아 있는 사람들에게 얼마나 큰 피해를 입히는지 새삼 일깨워준다. 편협한 가치관을 앞세우는 사람들이 주변인들을 얼마나 힘들게 하는지도 확인시켜준다. 사람이 사랑에 배신당할 때, 질투에 눈이 멀어버릴 때, 얼마나 무자비해지는지, 얼마나 무서운 일을 벌일 수 있는지도 마음에 새기게 된다.

에우리피데스가 〈히폴리토스〉를 통해 당대의 그리스인들에게 하려던 말은 신과 인간의 차이가 아니었을까 싶다. 옹졸한 복수야 말로 신의 몫이고, 용서와 화해가 인간의 몫이다. 이 작품이 아테네 파르테논 신전 기슭의 디오니소스 극장에서 공연된 때는 서기 전 428년이다. 그리스의 패권을 두고 스파르타와 전쟁을 벌이던 와중에 아테네 인구의 30%가 전염병으로 죽어 나가던 때다. 그 어느 때보다 용서와 화해가 필요한 때였다. 하지만 그 전쟁은 이후로도 30년 가까이 이어졌다. 용서와 화해가 가장 필요한 때는 용서와 화해가 가장 귀해지는 때이기도 하다. 지금 우리가 사는 시대 역시 마찬가지다.

안 되는 줄 알지만…

파이드라는 아리아드네의 동생이자 파시파에의 딸이다. 포세이돈이 보낸 황소에게 욕정을 느껴 암소 모형 속에 들어가 관계를 맺고, 반은 인간이요 반은 소인 괴물 미노타우로스를 낳은 바로 그 여인, 애욕의 화신이 파시파에다. 파이드라는 그 피를 물려받았다. "오, 가련한 어머니, 당신의 사랑은 얼마나 대단했던가요!" 역시 어머니의 피를 이어받은 언니 아리아드네는 사랑이 이끄는 대로 테세우스를 따라나섰다가 버림받았다. 이제 자신도 사랑의 굴레에 빠지자 파이드라는 비극적 사랑이 대물림되는 운명이 아닌가 하고 의심한다. "사랑은 오래전부터 우리 가족에게 저주였죠."

파이드라는 어머니 파시파에뿐 아니라 아버지 미노스의 피도 물려받았다. 크레타의 왕 미노스는 살아서는 지중해의 패권자였고 죽어서는 망자들의 심판자였다. 법과 도덕, 관습을 감시하고 집행하는 사람이다. 파이드라에게 도덕률이 미치는 영향은 강력하다. 의붓아들에게 사랑을 느끼는 자신은 "실성했고, 신의 미망에 걸려 넘어졌다"고 말한다. 의붓아들에게 마음을 빼앗겼다는 사실 자체로 명예롭지 못하다고 생각하고, 외간 남자와 침상에서 뒤엉키는 여인은 저주를 받아야 마땅하다고 말한다.

사랑해서는 안 될 의붓아들을 사랑하는 상황은 욕망과 인내, 일탈과 억압의 갈등이다. 욕망과 일탈은 식상(食傷), 인내와 억압은 관성(官星)이다. 사랑을 고백하지 못하고 끙끙 앓는 상사병은 일단 '해서는 안 된다'는 관성이 '하고 싶다'는 식상보다 강하게 작용한 결과다. "나는 광기를 의연히 참고 견디고 자제를 통해 극복하기로 작정했어요." 하지만 본질적으로 식상은 관성을 극한다. 욕망이 인내를 이기기 십상이다. 파이드라도 잘 알고 있다. "우리는 무엇이 옳은지 알고 있지만 실천하지는 못하죠."

사주팔자에서 천간은 남들에게 보이고 싶은(남들 눈에 보이는) 모습이다. 파이드라의 경우 정숙한, 즉 법과 도덕에 충실한 여자로 보이고 싶어 한다. 관성이 천간에 있는 셈이다. 반면 지지는 남들이 보지 못하는 내면의 모습, 남들에게는 보이고 싶지 않은 자신의 현실이다. 예컨대 재성(財星)이 천간에 있으면 부자로 소문났지만 마이너스 통장을 쓰는 사람, 재성이 지지에 있으면 겉모습은 허름하지만 알부자라고 흔히 해석한다. 말하자면 실천의 힘은 지지가 더 강한데, 파이드라는 식상이 지지에 있는 셈이다.

지지에 있는 이 식상이 대운(또는 세운)을 통해 천간에까지 나타나면 내면의 모습이 남들에게도 보이는 모양새가 되니, 숨겨둔 욕망을 드러내는 결과가 된다. 파이드라는 히폴리토스를 향한 사랑을 유모에게 털어놓고 만다. 유모는 혼자 끙끙대지 말고, 도덕 따위는 걷어차고 사랑에 몸을 던지라고 꼬드긴다. "신들조차 사랑의 충동에 순응하는데 마님이 거역한다고요? 신들보다 더 완벽해지려고요? 교만이고 죄받을 발상이죠." 어차피 관성은 식상을 이기지 못한다는 말이다. 세상의 모든 금지와 금기가 깨어지는 이유다.

식상은 여자 사주에서 자식을 뜻하기도 한다. 식상이란 일간이 생하는 대상이니, 말 그대로 여자가 낳은 사람, 자식이 된다. 반면 관성은 여자 사주에서 남편을 뜻하기도 한다.* 신혼일 때에는 남편밖에 모르던 여자가 자식을 낳고 나서는 남편은 안중에 없고 자식만 챙기는 모습을 흔히 본다. 식상이 관성을 극하기 때문에 벌어지는 현상이다. 식상이 많으면 관성이 힘을 쓰기 힘들기에 부부

---

* '여자에게 관성은 남편'이라는 명리학 이론이 남녀평등 시대에는 맞지 않는다는 지적도 있다. 남자가 여자를 극한다는 발상은 과거에나 통용되던 사고방식 아니냐는 지적이다. 여성의 변화된 사회적 지위로 보면 맞는 말처럼 보이는데, 생물학적인 남녀 관계를 떠올려보면 역시 아무리 여성의 위상이 높아지더라도 여전히 남편은 관성이 될 수밖에 없다. 생물학적으로 임신은 남자가 분출한 정액을 여자의 난자가 받아들인 결과다. 남자가 일간이라면 분출이라는 식상의 대상이 여성이라는 재성이 되고, 여자가 일간이라면 남자라는 관성의 정액을 받아들이는 인성의 과정을 거쳐 임신이 되기 때문이다.

사이가 서먹하기 쉽다. 파이드라는 히폴리토스에게 반하기 이전부터 남편 테세우스와의 관계가 서먹했을 가능성이 크다.[*]

사주로 본 자살의 심리학

유모가 파이드라의 사랑을 전달했지만 히폴리토스는 단호하게 거부했다. 파이드라는 유모가 다 망쳐버렸다고 한바탕 원망을 쏟아낸다. 그도 그럴 것이, 이젠 식음을 전폐하고 조용히 죽는다고 없었던 일이 되지 않는다. 히폴리토스가 소문이라도 내는 날에는 '의붓아들을 유혹한 음탕한 여인의 아들'이라는 꼬리표가 평생 자식들을 따라다닐 판이다. 남편 테세우스의 얼굴을 마주할 낯도 없다. 파이드라는 자식들의 명예를 지키고, 사랑에 거부당한 여인의 자존심도 위로하는 방식으로 죽음을 선택하기로 했다. 히폴리토스를 모함하는 편지를 남겨 자신의 사랑을 거부한 대가를 치르도록 계획을 짰다. "나는 잔인한 사랑의 제물이 되겠어요. 하지만 내

---

[*] 己辛丁丙
　　丑亥亥子
　　〈히폴리토스〉에 나타난 성격을 분석해 만들어본 파이드라의 사주다. 일간인 신금(辛)과 합을 이루며 남편 역할을 하는 병화(丙)가 기본적으로 물(子) 위에 있어 힘을 받지 못하는 데다 정화(丁)라는 편관이 중간에 끼어 또 다른 남자의 가능성까지 보인다. 이 정화는 특히 지지의 해수(亥)에 있는 지장간 임수(壬)와 합을 한다. 그 임수는 이 사주에서 식신이다.

죽음은 누군가에게 저주가 되도록 하겠어요. 내 불행을 보고 우쭐대는 꼴은 못 봐주겠거든요. 그 사람도 내 고통을 느껴야죠. 그럼 뭔가 배우겠죠."

스스로 목숨을 끊는 극단적인 선택을 할 때는 저마다의 이유가 있기 마련이다. 문학에서 자주 등장하듯이 실연의 아픔 때문에 극단적 선택을 하기도 하고, 가족 때문에, 직장 때문에 세상살이가 너무 힘들어 인생을 포기하기도 한다. 사신의 죗값을 감당하기 힘들어서, 또는 누군가의 죄를 가리기 위해서, 누군가로부터 받은 모멸감을 견디지 못해 자살을 택하기도 한다. 하지만 본질은 같다. 한마디로 인생의 무게를 버티지 못하기 때문이다.

인생을 비관해 자살에 이르는 유형을 사주로 풀이하자면 우선 신약(身弱)한 경우, 즉 의지가 약하고 주변에 이끌려 다니는 경우가 있다. 사주에 일간과 같거나(비겁) 생하는 기운(인성)이 부족할 때 신약하다고 한다. 일간이 약하다는 뜻이다. 반대로 일간과 같거나 생하는 기운이 많으면 신강(身强)하다고 한다. 신강하면 '남들이 뭐라 하든 알게 뭐야. 난 잘 살고 있어'라고 말하는 자신감을 가질 수 있다.

대부분의 자살은 한순간을 참지 못해 일어난다. 즉, 순간의 감정을 참아낼 능력이 있다면, 설령 어려움이 닥치더라도 자살에까지 이르지는 않는다. 살면서 닥치는 어려움은 관성(직업 활동, 조직 스트레스. 여자의 경우에는 남자)에서 비롯된다. 특히 편관(偏官)이 강하면 삶의 어려움이 커지기 때문에 그 자체로 자살의 요인으로도 꼽힌다. 하지만 일간을 극하는 관성은 인성(印星)을 거치는 순간 일간을 강하게 만드는 원천이 된다(殺印相生[살인상생]). "나를 죽이지 못하는 고통은 나를 강하게 만든다"는 니체의 유명한 말은 명리학의 관점에서 보면 너무나도 지당한 말씀이다. 하지만 인성이 없다면 직접적으로 관성의 극을 당해 버티기 힘들 수 있다.

극단적 선택이 꼭 인생을 비관하기 때문만은 아니다. 자신의 명예나 가족, 자신이 속한 조직, 크게는 국가 같은 무언가를 지키기 위해 스스로 목숨을 끊기도 한다. 자식들의 명예를 지키려 자살하는 파이드라가 이 경우에 해당한다. 그런데 따지고 보면 명예도 관성이요, 조직도 관성이다. 겉으로 드러나는 이유는 다르지만, 명리학의 논리로 보면 같은 이유인 셈이다. 원인이 같다면 처방도 같다. 인성이다.

무엇인가를 보호하기 위해 진실을 은폐하는 방법으로 자살을 감행하는 사람들에게 인성을 기대하기는 어렵다. 인성이란 진실을 받아들이고 수용하는 능력인데, 자살은 진실은 외면하고 은폐하기 때문이다. 인성은 또한 과연 무엇이 진짜 가족과 조직을 위하는 길인지 한 번 더 생각해보는 행위다. 어떤 의미로든 파이드라는 인성이 제대로 작동하지 못했다.*

---

* 임의로 만들긴 했지만, 앞의 주에서 소개한 파이드라의 사주에는 기토(己)와 축토(丑)라는 편인(인성)이 있다. 하지만 지지의 축토는 해수(亥), 자수(子)와 함께 방합을 이루어 토(土)로서의 기능을 발휘하지 못하고 수(水)로 작용하게 된다. 사주에서 인성이 강하면 인생에서 어머니가 차지하는 역할과 의미가 크다는 뜻이다. 아들을 사랑한 파이드라에게 황소의 아이를 낳은 어머니의 의미는 무엇이었을까?

파이드라는 자식을 지키는 수준을 넘어 히폴리토스에게 해코지하는 수단으로 자살을 선택했다. 자신의 명예를 지키겠다고 뻔뻔스러운 거짓말로 타인의 명예를 훼손했다. 아픈 사랑의 주인공인데도 관객의 동정과 연민을 얻기 힘든 이유다. 사랑 고백을 못할 만큼 내성적이면서도 최후에는 살벌한 결정을 내리는 파이드라의 성격은 신금(辛)을 닮았다. 신금은 흔히 보석에 비유된다. 단한 점의 흠집만 있어도 보석의 가치가 크게 떨어지기 때문에 신금은 깔끔하면서도 예민하고 까탈스럽다.** 진열장에서 조명을 받으며 자기 좀 봐달라는 듯 반짝거리는 보석처럼 신금은 인정 욕구와 과시 욕구가 강하다. 자기가 최고라는 자존심은 그 누구보다 강하고, 자기 이외의 누군가에게 칭찬이 돌아가면 질투를 숨기지 못하고, 최고의 자리를 빼앗기 위해 경쟁한다.

보석인 동시에 날카롭게 벼려진 칼이기도 한 신금의 성격에서 가장 무서운 특징은 복수심이다. 누구라도 자신을 건드리면 참지 못한다. 손해를 입히거나 망신을 주면 어떻게든 반드시 갚아준다. 특히 신금이 두 개 연달아 있다면 면도날 두 개가 서로 싸우는 형태로 '못 말리는 잔인한 복수심(伏吟相尅[복음상극])'을 나타낸다. 그래서 '신금 일주와는 웬만하면 싸우지 마라'는 사주 격언이 있다. '내가 망하는 한이 있더라도 너 잘되는 꼴은 못 봐주겠다' 하는

** 신금(辛)은 임수(壬)와 함께 있으면 보석을 물이 씻어주는(陶洗珠玉[도세주옥]) 모양새가 돼 총명한 재능을 충분히 발휘한다고 한다.

사고방식이기 때문이다. 히폴리토스는 신금을 잘못 건드렸다.

위험천만한 외눈박이 신념

파이드라가 욕정에 눈이 멀었던 파시파에의 딸이었던 반면, 히폴리토스는 아마조네스 여인의 소생이었다. 아마조네스는 여인들로만 구성된 전사 집단으로, 활을 쏠 때 방해가 된다고 가슴을 잘라냈다고 한다. 가슴을 제거하는 행위는 여성성을 없앴다는 신화적인 상징이 아닐까 싶다. 아마조네스 여인들은 종족 보존을 위해서 다른 부족의 남자를 데려오긴 했지만, 임신을 하고 나면 돌려보내거나 죽였다고 한다. 남녀 간의 사랑에는 도무지 관심이 없었던 셈이다. 히폴리토스 역시 그랬다.

히폴리토스는 사냥의 여신이자 순결의 여신인 아르테미스를 열렬히 숭배했다. 반면 사랑과 애욕의 여신 아프로디테에게는 경멸을 숨기지 않았다.

하인	왜 도련님은 존귀한 다른 여신에게는 인사드리지 않으세요?
히폴리토스	어느 여신을 얘기하는 건가? 혼나지 않으려면 말조심하게나.
하인	아프로디테 여신 얘기죠. 문 앞에 신상이 있잖습

	니까.
히폴리토스	내 정결함을 지키기 위해서 아프로디테에게는 멀찍이서 인사드린다네.
하인	하지만 그분 역시 이 땅에서 존귀한 여신인걸요.
히폴리토스	딱히 끌리고 안 끌리는 사람이 있듯이, 신도 마찬가지라네.
하인	행운을 빌어요. 도련님에게 필요한 지혜도요.

아르테미스와 아프로디테는 단지 여신일 뿐 아니라 각각의 가치를 상징한다. 아르테미스는 순결, 아프로디테는 애욕이다. 히폴리토스는 "세상에 태어난 그대로 인생을 마감할 수 있기를" 소망한다. 죽을 때까지 순결함을 유지하고 싶다는 말이다. 반면 아프로디테를 "가장 사악한 여신"이라고 부르고, 남녀 간의 애정을 거부하고 결혼도 생각하지 않는다. 히폴리토스는 심지어 여성을 혐오하며 여자가 없는 세상을 꿈꾼다. "오, 제우스 신이시여, 왜 인간들에게 위선적 재앙인 여자들을 세상에 내놓으셨나이까?"

지극히 편협한 히폴리토스의 사고방식은 편인(偏印)과 편관이 결합했을 때 만들어진다. 자기 방식으로 세상을 이해하고(편인) 자신만의 시각을 세상에 강요(편관)한다. 망상(편인)에 빠져 있으면서 과도한 자신감(편관)으로 주변 사람을 무시하고 피곤하게 한다. 광신도들에게서 자주 보이는 사주 구성이다.

사주와 무관하게 SNS를 자주 하거나 유튜브를 자주 보는 사람에게도 같은 현상이 일어난다. 유튜브와 페이스북, 인스타그램의 알고리즘은 사용자가 본 것과 비슷한 성향의 콘텐츠를 알아서 제공한다. 자신도 모르게 늘 똑같은 말을 들으면서 확증편향에 빠지기 쉽다. 세상이 온통 자기와 똑같은 생각을 가진 듯 보이고, 간혹 다른 생각을 접하면 경멸과 혐오를 거침없이 드러낸다. 세상을 보는 눈이 좁아져 광신도와 유사한 행태를 보인다. SNS 세상이 만들어내는 편인과 편관이다.

히폴리토스는 그러나 스스로 고결하다고 말할 자격이 있다. 자신이 뱉은 말에 끝까지 책임지기 때문이다. 비록 별생각 없이 해준 약속이라도 끝까지 지킨다. 히폴리토스는 억울한 누명을 쓰고 죽을 위기에 처해서도 유모와 했던 약속대로 파이드라의 사랑을 발설하지 않았다. "무엇이 두려워 파이드라가 스스로 목숨을 끊었는지 모르지만, 전 더 이상 말할 수 없어요. 그녀는 신중해서 정결해졌고, 저는 경솔해서 불결해졌군요."

스스로에게 엄격하고, 손해를 입더라도 행동에 옮기고야 마는 성격은 편관의 힘이다. 누명을 쓰고 죽게 생긴 마당에도 "나보다 순결한 남자는 없다"며 잘난 척하는 성격 역시 편관의 작용이다. 편관이 강한 사람은 구질구질한 변명을 하지 않는다. 어차피 말로는 상황을 바꾸지 못한다고 생각하기 때문이다. "설득해봤자 설득되지 않을 테니, 맹세를 어겨봤자 부질없겠죠."

기본적으로 약속에 충실한 원칙주의는 경금(庚)의 특징이다. 강직하지만 융통성이 없어서 위기 대처 능력이 떨어지는 무토(戊)의 힘이 작용한 결과일 수도 있다. 자신은 물론 주변까지 피곤하게 하는 진토(辰)나 유금(酉)의 완벽주의 성향도 히폴리토스에게 엿보인다.*

히폴리토스는 경금의 원칙주의와 무토의 융통성 없음으로 신금(辛)인 파이드라를 상대했다. 신금 자체가 원칙주의자인데, 원칙으로 상대하다가는 둘 중 하나는 죽어야 끝나는 싸움이 일어날 수 있다. 세상에 존재했던 전쟁 중 가장 잔인했던 전쟁은 신념과 신념이 맞붙었던 종교전쟁이었다는 점을 떠올려보면 된다. 사주 격언에 신금이 경금을 만나면 잠자던 호랑이를 깨워 미쳐 날뛰게 만드는 꼴(白虎出力[백호출력])이 된다고 했다.

예민한 신금을 상대하려면 정화(丁)의 온화함이 필요하다. 상대를 인정해주는 자세를 보이면서 냉혹한 마음을 은근하게 풀어주는 방식이다. 티끌 하나도 싫어하는 보석이 불에 그을리는 꼴(燒燬珠玉[소훼주옥])이다. 그 결과, 신금은 특유의 날카로움을 잃게 된다. 다만 주의해야 한다. 그저 그을음만 주려 했다가 자칫 값비싼 보석을 녹여 망가뜨리는 수도 있다.

---

* 庚庚丙癸
  戌辰午酉
  〈히폴리토스〉에 드러난 성격을 기반으로 만든 히폴리토스의 사주다.

있어도 없는 아버지

　태어난 모습 그대로 죽고 싶다는 히폴리토스는 권력에도 관심이 없다. "저는 운동경기에서는 1인자가 되고 싶어도, 나라에서는 고상한 친구들과 행복하게 지내는 2인자로 족해요." 왕자라는 지위를 누리면서 그냥 놀고먹겠다는 뜻이다. 관성(특히 편관)을 권력욕, 명예욕으로 해석한다면, 편관의 영향을 강하게 받는 히폴리토스에게 권력욕이 없다는 말이 좀 어색할지도 모르겠다. 관성은 말하자면 자리 그 자체다. 그 자리에 걸맞은 권한을 행사해 실제로 권력을 누리려면 재성(특히 편재)이 있어야 한다. 재성은 통제와 조절을 통해 실제로 결과를 만들어내는 힘이기 때문이다. 왕위 계승권자가 아닌 왕자의 위상이 딱 그렇다. 위상은 높지만, 실권은 없다.

　남자에게 재성은 여자를 뜻한다. 그래서 남자 사주에 재성이 많으면 흔히 바람둥이라고 해석하기도 한다. 여자와 연애에 관심이 없는 히폴리토스는 재성이 없거나, 있더라도 강한 편관 때문에 힘이 약해지지 않았나 싶다. 그저 관심이 없는 정도가 아니라 혐오로까지 발전했다면 재성이 아예 없을 가능성이 더 크다. 간절히 원하는 대상이 결핍됐을 때, 사람들은 그 대상을 싫어하는 듯 행동하고는 한다. 너무나도 먹고 싶은 포도를 먹지 못하게 되자 신 포도라고 제멋대로 규정하는 식이다.

　재성이 아예 없는 무재(無財) 사주를 흔히 청빈낙도의 팔자로 본다. 돈에 관심 없이 청빈한 생활을 한다는 뜻이다. 하지만 세상과 아예 인연을 끊고 살면 모를까, 세상과 부대끼면서 과연 돈에 관심을 끊고 산다는 게 가능하기나 할까? 이런 사람들은 대운(또는 세운)에서 재운이 들어오기만을 간절히 기다린다. 재운이 들어왔을 때 돈도 벌고 결혼도 한다.

남자 사주에서 재성은 아버지를 뜻하기도 한다. 아버지 없이 태어나는 사람은 없으니 재성이 없다면 아버지가 있어도 없는 사람 같다는 뜻이다. 즉, 인생에서 아버지가 미치는 영향력이 작거나 살면서 아버지 덕을 못 본다는 뜻이다. 아버지가 자식에게 해주는 가장 중요한 역할은 물론 가족의 생계를 유지하는 일이다. 아버지 입장에서는 다소 서럽겠지만, 자식 입장에서 아버지란 재성이라는 말 그대로 '돈 벌어다주는 사람'이다.[*]

아버지가 하는 더 큰 역할이 있으니 자식의 사회성을 길러주는 일이다. 아버지는 자녀와 방바닥에서 씨름을 하며 '아무리 이기고 싶더라도 상대를 다치게 하지는 마라', '상대가 항복하면 경기를 멈춰라'와 같은 세상을 사는 규칙을 몸으로 익히게 해준다. 아버지가 술자리를 자주 하면 아들이든 딸이든 '사회생활을 하면 으레 술을 마신나'고 배우기 쉽다. 자식은 아버지를 통해 세상과 사회를 배운다. 아버지가 없다면 자연스러운 배움의 기회가 없다는 뜻

---

[*] 아버지가 재성인 이유는 돈을 벌어주기 때문이 아니라 어머니의 남편이기 때문이다. 인성인 어머니 입장에서 관성(남편)은 자식 입장에서는 재성(아버지)이 된다.

이므로, 사주에서 재성이 없다면 사회성이 부족하다는 뜻이 된다.

사주에서 재성은 흔히 돈, 재운으로 풀이하지만 곧잘 일복, 사교성으로 해석하기도 한다. 돈을 벌자면 당연히 일을 해야 하고, 그러자면 다른 사람들과 어울려야 하기 때문이다. 재성이란 쉽게 말해 거친 세상과의 직접 만남이다. 무재 사주란, 좋게 말해서 청빈낙도의 삶이지 나쁘게 말해서 자기만의 세상에 갇혀 있는 삶이다. 일도 하지 않고 친구들도 마음 맞는 몇몇하고만 어울린다.

재성은 인성을 극한다. 학생이 친구들과 놀기(재성) 좋아하면 공부(인성)와는 거리가 멀어진다. 일(재성)에 푹 빠진 직장인에게 공부(인성)까지 기대하기는 현실적으로 어렵다. 아내(재성) 뒤꽁무니만 졸졸 쫓아다니면 어머니(인성)를 서운하게 만든다. 일(재성)을 하다 보면 딴생각(인성)이 없어진다. 히폴리토스에게 일 욕심(재성)이 있었다면 편협한 사고(편인)에 빠질 위험이 적어졌을 수 있다.

히폴리토스가 최후를 맞이할 때 아르테미스 여신이 위로한다. "너의 고결한 영혼이 네 파멸을 불러왔구나." 복잡한 세상을 살면서 고결함을 유지하는 일이 과연 가능할까? 세상과 부닥치다 보면 때로는 불의에 타협하고, 때로는 부당한 압력에 굴복하고, 때로는 꼼수를 쓰고, 때로는 뒷돈을 건네고, 때로는 거짓말도 하고, 때로는 자기 잇속도 챙기는 게 인생 아닐까? 죽을 때까지 고결함을 유지한다는 말은, 달리 말하면 세상과 뒤엉키며 제대로 살아보지 못했다는 뜻일지도 모른다.

부질없는 그놈의 인기

히폴리토스가 추방당해 쫓겨나자 동네 여인들이 말한다. "그대가 추방됐으니, 그대를 남편으로 삼으려던 소녀들의 경쟁도 이제 끝났구나." 연애에 관심이 없었다지만 히폴리토스를 흠모하는 동네 처자들은 많았던 모양이다. 왕자님 신분이라서 인기가 많았던 것일까? 사주에서는 일단 편관의 힘이 이성에게 작용하는 성적 매력이라고 해석한다. 편관의 자기 관리 능력에다 편관 특유의 자신만만한 태도가 이성을 매혹하는 능력으로 작용하지 않나 싶다.

전통적으로 사주에서 성적인 의미로 가장 많이 쓰인 개념은 도화살(桃花殺)이다. 무시무시한 살 앞에 꽃 이름을 붙인 이유는 복사꽃(복숭아꽃)의 꽃말이 '사랑의 노예'라는 점만 봐도 알 만하다. 도화살은 과거 호색, 음란한 성격에 주색잡기로 패가망신한다고 해서 남녀 불문하고 결혼 기피 대상 1호였다.

도화살을 뜻하는 글자는 자수(子), 오화(午), 묘목(卯), 유금(酉)이다. 각기 계절이 가장 왕성할 때, 계절의 매력이 가장 돋보일 때를 나타내는 글자다.* 도화살이 있으면 자석처럼 남의 시선을 끌어당겨 자신에게 관심을 집중시키는 힘을 발휘한다고 한다. 면접장에 여러 명이 우르르 들어갔는데 유독 눈에 띄는 딱 한 명의 느낌이다. 예뻐서가 아니라 왠지 모르게 호감 가는 유형이다. 현대

---

*　계절의 기운이 왕성하다고 해서 '왕지(旺地)'라고 한다.

명리학에서는 도화살을 인기살로 이름을 바꿔 부르기도 한다.

히폴리토스는 종교적인 성향이 강했다. 세상 속에서 권력을 누리기보다는 순수 그대로의 초원에서 아르테미스 여신을 영접하기를 즐겼다. 세속을 떠나 출가하는 편이 더 어울리는 성격이다. 명리학은 이런 성격을 '화개살(華蓋殺)'이라고 설명한다. 화려했던(華) 삶을 뒤로하고 뚜껑을 덮는다(蓋)는 뜻이다. 과거 명리학에서는 화개살을 출가해서 승려가 되거나 기생이 될 팔자라고 불렀다. 승려가 되든, 기생이 되든, 가족을 버려야 한다. 즉, 외로움과 고독을 감당해야 한다. 화개살은 '꽃방석살'이라는 별명이 있는데, 승려가 된다는 의미도 있지만, 그만큼 명예를 얻는다는 의미도 담겨있다. 그래서 '명예살'이라고 부르는 사람도 있다.

화개살을 뜻하는 글자는 진토(辰), 술토(戌), 축토(丑), 미토(未)다. 모두 하나의 계절을 마무리하고, 새로운 계절로 이어지는 때를 뜻하는 글자다.* 이미 이룬 성과를 미련 없이 버리고 남들은 범접하지 못하는 분야를 개척하는 힘이다. 개척해서 성공하면 대박이지만 실패하면 쪽박이다. 그래서 사주 지지에 토를 많이 깔고 있다면 인생에 풍파가 많다고 풀이한다.

지지의 토가 갖는 변화의 위력을 극대화시키는 몇몇 천간들이 있는데, 과거 명리학 하던 분들이 이 경우에도 '살'이라는 험악한 이름을 붙여놓았다. 하나는 북두칠성처럼 밝게 빛날 수 있는 괴강

---

* 계절의 기운을 끝낸다고 해서 '고지(庫地)' 또는 '묘지(墓地)'라고 부른다.

살(魁罡殺),** 또 하나는 보통 호랑이에게 물려간다는 백호살(白虎殺)***이다. 이름만 봐서는 괴강살은 좋고, 백호살은 나쁠 것 같지만 천만의 말씀이다. 둘 다 극단적인 길흉의 작용력을 갖고 있다. 잘 풀리면 대박, 안 풀리면 쪽박이다.

히폴리토스에게는 해당되지 않지만, 말 나온 김에 역마살(驛馬殺)****도 함께 비교해볼 만하다. 한곳에 붙어 있지 못하고 이리저리 떠돌아다닌다는 뜻이다. 집 떠나면 개고생이었던 과거라면 몰라도 지구촌 시대가 된 지금은 역마살을 흉한 팔자로 받아들일 이유가 전혀 없다. 역마살을 뜻하는 글자는 인목(寅), 사화(巳), 신금(申), 해수(亥)다. 각 계절을 시작하는 때를 뜻하는 글자들이다. 그만큼 분주하고 역동적이며 활동적이라는 뜻이다.

히폴리토스가 마침 도화살, 화개살, 괴강살이 작용한 흔적을 보이긴 하지만, 사실 최근의 명리학 흐름은 신살에는 큰 의미를 두지 않는다. 사주 전체를 흐르는 오행의 흐름을 봐야 하는데, 신살에 주목하면 한두 글자에 집착하느라 전체를 놓치기 때문이다. 그런데도 많은 명리학 용어 중에 유독 신살의 이름들만 우리 귀에 익숙한 이유는 뭘까? 사주풀이를 하는 사람들이 신살을 앞세워 겁

** 경진(庚辰), 경술(庚戌), 임진(壬辰), 무술(戊戌) 일주가 괴강에 해당한다. 임의로 만들었지만 히폴리토스가 경진 일주, 경술 시주로 괴강살에 해당한다.

*** 갑진(甲辰), 을미(乙未), 병술(丙戌), 정축(丁丑), 무진(戊辰), 임술(壬戌)이 백호에 해당한다.

**** 〈트라키스 여인들〉에서 헤라클레스가 역마살의 성향을 갖고 있었다.

부터 주려 했던 탓이 아닐까 싶다. 명리학을 점술 수준으로 깎아
내리는 행동이다.

영웅의 부끄러운 민낯

테세우스는 파이드라의 시신에서 히폴리토스를 모함하는 편지
를 찾아내자마자 아들을 저주한다. 주변에서 나중에 후회하지 말
고 좀 더 자세히 알아보라고 충고하지만 테세우스는 귀를 닫는다.
아들이 무죄를 주장해도 귀를 기울이지 않고, 추방령 집행을 진상
파악 이후로 늦추자는 주장도 무시한다. "죽은 파이드라보다 더
강한 증언이 어디 있겠느냐?"

테세우스가 진상을 확인하지 않고 성급하게 판단하는 이유는
비뚤어진 자기 확신 때문이다. 편인의 힘이다. 편인을 잘 사용하면
사소한 신호에서 큰 변화를 읽어내기도 하지만, 잘못 쓰면 자기만
의 세계에 갇혀버리고는 한다. 이미 자기 생각에 갇혀버린 다음에
는 누가 뭐래도 귀에 들어오지 않는다.

편인의 기본 동력은 의심이다. 테세우스는 진작부터 아들을 의
심하고 있었다. 파이드라의 편지는 기존의 의심에 확신을 심어줬
을 따름이다. "뭐, 너는 상스러운 인간과 달리 신의 단짝이라고?
네가 순결하고 악에 물들지 않았다고? 네 허풍을 내가 믿을 줄 알
았더냐." 젊은 날 자신의 여성 편력이 화려했기에 테세우스는 더

욱 아들을 믿을 수 없었다. "내 경험으로는 말이야, 사랑이 젊은 가슴을 뒤흔들어놓으면 여자보다 젊은 남자가 훨씬 위험하거든."

아들에게 확실하지도 않은 혐의를 씌우고는 아버지는 다짜고짜 저주를 퍼붓는다. "포세이돈 신이시여, 내 아들을 죽이시어 오늘을 넘기지 못하게 해주소서." 이 미친 행동력은 인생의 매 순간을 결투처럼 살도록 하는 양인(겁재)의 힘이다. 겁재의 힘이 강하면 기분파가 된다. 기분 좋으면 어린아이가 다 쓰지도 못할 만큼 용돈을 주다가도 기분 나쁘면 집 안 세간살이 다 부수며 화를 낸다.

자신의 저주로 마차 사고가 일어나 아들이 죽기 직전이다. 그 아들을 집으로 데려오라며 아버지라는 작자가 하는 말이 가관이다. "그놈을 여기로 데려오너라. 불륜을 부인하던 그 면상에 대고 내가 분명히 말해주겠다. 신의 강림해 혼내줬다는 사실이야말로 그놈에게 유죄를 선고하고 있다고." 다친 아들을 치료하려고, 뒤늦게 아들의 목숨이라도 구해보려고 부르는 게 아니다. 자신이 옳았음을 과시하고 싶어서, 자신이 이겼다는 기쁨을 만끽하기 위해서다.

명색이 아버지와 아들인데 테세우스와 히폴리토스는 어쩌다 이런 관계가 됐을까? 남자 사주에서 자식은 관성이다. 재성(아내)의 식상(자식)이기 때문이다. 세상에서 가장 가까울 듯하지만 실제로는 가장 불편하고 껄끄러운 관계가 아버지와 아들이 아닐까 싶다. 관성은 기본적으로 상극의 관계다. 아버지로선 자신을 이겨먹는 아들이 불편할 수밖에 없다. 게다가 아내의 사랑도 아들에게 빼앗기니 미울 법하다.

관성인 아들은 아버지의 자랑(명예, 체면)이어야 한다. 하지만 아들 입장에서 '아버지의 자랑'으로 살기가 쉽지 않다. 늘 혼나고, 늘 부끄럽고, 늘 미안한 마음뿐이기 쉽다. 가뜩이나 미안한데 콕 집어 지적당하면 울컥 화만 낸다. 아버지는 불편하고, 아들은 미안하고, 그래서 두 사람이 만나면 대화가 없다.

테세우스의 경우에는 관성이 겁재(劫財)와 합을 이루지 않았을까 짐작된다. 즉, 아들을 자신의 경쟁자로 인식한다는 뜻이다.* 남편으로서 테세우스의 경쟁자는 아내를 탐내는 다른 남자이지만, 왕으로서 테세우스의 경쟁자는 왕좌를 노리는 반란 세력이다. 경쟁자인 겁재가 관성과 합을 하고 있다면, 테세우스가 아들에게 가졌던 의심의 실체는 불륜이 아니라 왕위 찬탈의 가능성일지도 모른다.

테세우스는 왕위 계승권자로서 지위를 튼튼히 할 필요가 있을 때 아리아드네의 도움으로 미노타우로스를 처단한다. (그리고 아리아드네를 버렸다.) 여자(재성)의 도움으로 지위(관성)를 얻은 셈이다. 바꿔 말하면 지위를 얻는 도구로 여자를 쓴 셈이다. 테세우스처럼

---

* 壬甲庚乙
子辰戌丑
비극에 등장한 성격을 근거로 만든 테세우스의 사주다. 일간인 갑목(甲)이 아들인 경금(庚)과 충을 이루고 있는 데다 경금은 겁재인 을목(乙)과 합을 이루고 있다.

극단적인 경우는 없겠지만, 재성이 관성을 생하는, 재생관(財生官) 구조를 가진 사주의 남자는 승진을 위해 아내가 도움을 주기를 바라고 기대한다고 한다.

임의로 만든 사주이긴 하지만 테세우스에게는 식상이 없다. 식상(애정 표현)은 일간(나)과 재성(아내)을 연결하는 고리다. 연결 고리가 없다 보니 한 침대를 쓰더라도 부부 사이가 데면데면하다. 심리적 거리가 먼 탓이다. 남자도, 여자도, 함께 있으며 행복을 느끼기 어렵다. 남편이 채워주지 못하는 심리적 만족을 찾다가 파이드라의 눈에 히폴리토스가 들어왔던 게 아닐까?

테세우스 자신도 살면서 여러 여자와 관계를 맺었다. 늘그막에도 새로운 여자를 만나려 헬레네를 납치하기까지 했다. 하지만 식상이 없으면 그 누구와도 행복을 누리기는 쉽지 않다. 문제는 여자가 아니라 테세우스 자신이다. 테세우스 자신이 바뀌지 않으면 그 어떤 여자를 만나도 행복할 수 없다. 테세우스는 새로운 여자를 찾을 일이 아니라 아내에게 애정을 표현하고 적극적으로 사랑하는 법부터 배워야 했다.

"그대는 끔찍한 짓을 저질렀다. 그러나 그 끔찍한 잘못도 용서받을 수 있다." 등장인물들이 다 죽어 나가도록 보고만 있던 아르테미스 여신이 아들을 죽인 아버지에게 한 말이다. 마치 신의 세계에서 테세우스의 죄를 지워줄 듯이. 하지만 잘못을 아들에게 저질렀다면, 용서도 아들에게서 받아야 한다.

아르테미스는 또한 히폴리토스에게도 말한다. "그대는 아버지를 미워하지 마라. 그대가 당한 죽음은 그대 자신의 운명이니라."
아들은 끝내 아버지를 용서한다. "이 살인죄에서 제가 아버지를
놓아드릴게요." 아들의 용서는 아버지에게 잘못이 없기 때문이 아
니다. 운명은 결국 자기 자신의 몫임을 받아들였기 때문이다. 아르
테미스가 말했듯, 히폴리토스를 죽인 건 아버지 테세우스의 저주
가 아니었다. "너의 고결한 영혼이 네 파멸을 불러왔구나." 성격이
운명이다.

──◇ 명리요결 ◇──

십성과 가족

	남	공통	여
비겁(비견, 겁재)	–	형제자매	시댁(시아버지)
식상(식신, 상관)	처가댁(장모)	–	자식
재성(편재, 정재)	아내, 애인	아버지	시댁(시어머니)
관성(편관, 정관)	자식	–	남편, 시누이
인성(편인, 정인)	처가댁(장인)	어머니	–

신살(神殺)

		전통적 의미	현대적 의미
도화살 (桃花殺)	子, 午, 卯, 酉	색정 사건에 휘말린다	인기가 많다
역마살 (驛馬殺)	寅, 申, 巳, 亥	정처 없이 떠돌며 산다	넓은 지역을 무대로 활동한다
화개살 (華蓋殺)	辰, 戌, 丑, 未	꽃방석살, 출가할 팔자	고독한 창조력, 집중력
괴강살 (魁罡殺)	壬辰, 庚辰, 庚戌, 戊戌	우두머리가 될 팔자	총명하고 극단적인 성패
백호살 (白虎殺)	戊辰, 丁丑, 丙戌, 乙未, 甲辰, 癸丑, 壬戌	호랑이에 잡아먹힐 팔자	총명하고 극단적인 성패

[관성의 꼰대 VS. 식상의 MZ]

출세하면
행복한가?

〈안티고네〉

그리스 비극 가운데 지금도 가장 많이 공연되고 읽히는 작품은 단연 〈안티고네〉와 〈오이디푸스〉다. 개인적으로도 이 두 작품을 가장 좋아하는데, 〈오이디푸스〉는 나이가 좀 들어서 인생을 사는 법을 되새기게 한다면, 〈안티고네〉는 젊은 날 가슴을 뜨겁게 했던 작품이다. 〈안티고네〉는 2,500년 전 아테네 관객들에게도, 현대의 독자들에게도 부당한 권력에 맞서는 힘없는 소녀의 용기가 가장 먼저 눈에 들어온다. 하지만 그새 나이가 든 탓일까? 명리학의 관점에서 비극을 풀어 쓰려고 다시 보니, 여전히 재미있고 감동적이지만 작품의 선악 구도가 그리 단순하지 않다.

소포클레스가 쓴 〈안티고네〉는 아이스킬로스의 〈테바이를 공격한 일곱 장수〉가 끝난 지점부터 시작한다.[*] 오이디푸스가 아버지를 살해하고 어머니와 결혼했다는 비참한 운명을 깨닫고 스스

---

[*] 현재 전해지는 〈테바이를 공격한 일곱 장수〉는 폴리네이케스 매장 금지령에 안티고네가 반발하는 장면을 보여주면서 끝나는데, 이는 소포클레스의 〈안티고네〉가 성공한 이후에 누군가 덧붙인 내용이다. 앞서 〈테바이를 공격한 일곱 장수〉를 소개하면서도 이 대목은 제외했다.

로 눈을 찌르고 조국을 등진 후, 두 아들 에테오클레스와 폴리네이케스는 권력투쟁을 벌였다. 폴리네이케스는 적국의 군대를 이끌고 조국을 공격했고, 에테오클레스는 이들을 물리쳤지만 최후의 결투에서 형제는 서로를 죽이고 말았다.

왕위에 오른 오이디푸스의 처남 크레온은 포고령을 내린다. 에테오클레스는 조국을 위해 싸우다 죽었으니 성대한 장례를 치러주지만, 폴리네이케스는 조국의 배신자이니 시신을 들판에 버려둬 새와 짐승들의 먹잇감이 되도록 하라고. 안티고네는 조국을 배신했어도 오빠는 오빠이니 폴리네이케스를 묻어주자고 동생 이스메네에게 제안한다. 권력에 맞설 용기가 없는 동생이 말리고 나서지만, 안티고네는 혼자서라도 오라비의 시신을 매장하겠으며, 그래서 죽임을 당한다면 "아름다운 일"이라고 고집을 부린다.

곧이어 크레온의 궁정에 누군가 폴리네이케스의 시신을 매장하려 했다는 소식이 전해진다. 누구의 소행인지 알 수 없어 파수병만 혼쭐이 나서 돌아갔다가, 안티고네가 정식으로 매장을 시도하다 현행범으로 붙잡혀 온다. 안티고네는 너무나도 당당하게 자신의 행동이 정당하고, 크레온의 포고령이 잘못됐다고 주장한다. 왕으로서의 권위에 도전받았다고 생각한 크레온은 "여자에게 질 수는 없다"며 안티고네는 물론 매장에 가담하지도 않은 이스메네에게도 사형을 명령했다.

뒤늦게 안티고네의 약혼자이자 크레온의 아들인 하이몬이 달려온다. 처음엔 아버지 기분을 맞춰주면서 마음을 돌리라고 설득해보지만, 크레온이 '애송이가 어른을 가르치려 든다'고 반발하면서 부자 사이의 언쟁으로 번진다. 국가 운영에서 통치자의 역할을 무엇인지를 말하면서 크레온은 국민의 목소리에 귀 닫은 독재자 본성을 드러낸다. (이 비극을 정치적인 관점에서 읽는다면 조연에도 끼지 못하는 하이몬에게 가장 중요한 대사를 맡긴 셈이 된다.)

이제 죽음을 피할 수 없게 된 안티고네는 지하 감옥으로 끌려간다. 결혼도 못 하고 죽는 자신의 처지를 한탄하고, 자신을 죽음에 몰아넣은 자들을 저주한다. 안티고네 자신은 인간의 법을 어겼을지언정 신의 법을 따랐고, 그러니 정당하다고 믿기 때문이다. 스스로 '정의로운 피해자'임을 선언하는 셈이다.

이어서 여자도 아니고 애송이도 아닌 예언자 테이레시아스가 찾아온다. 크레온의 잘못된 결정이 어떤 결과를 초래할지를 경고하며 "누구나 실수는 할 수 있다. 진짜 어리석음은 실수를 고치지 않는 고집"이라고 지적한다. 면전에서는 "예언자들은 돈을 밝힌다"며 고집을 꺾지 않던 크레온은 국가 원로들까지 말리고 나서자 결국 물러나 안티고네를 석방하기로 결심한다.

하지만 역시 여자한테 지는 모양새가 못내 마음에 걸렸을까? 원로들은 "안티고네를 풀어주고, 폴리네이케스를 묻어주라"고 했는데, 크레온은 폴리네이케스를 묻어주고 나서 안티고네를 풀어주러 갔다. 그 작은 순서의 차이는 무지막지한 결과가 되어 돌아왔다. 어차피 죽음을 피하지 못한다고 판단한 안티고네는 그새 목을 매달아 죽었고, 그 모습을 본 약혼자 하이몬은 아버지를 원망하며 역시 스스로 목숨을 끊었다. 이 소식을 듣고 하이몬의 어머니이자 크레온의 아내인 에우리디케 역시 스스로 생을 끝마쳤다. 크레온은 통치자 역할에 충실하다가 인간으로서의 행복을 모두 잃고 말았다. 하루아침에 가족 모두를 잃은 크레온은 절망했다. "쌍날칼로 내 가슴을 찔러줄 자 아무도 없느냐!" 행복을 나눌 사람이 모두 사라진 가운데 재산이 무슨 소용이고, 권력이 무슨 소용인가.

고백하자면, 줄거리가 아닌 비극 작품 자체를 처음부터 끝까지 읽어낸 첫 작품이 〈안티고네〉였다. 비극이라는 형식에 익숙하지 않아도 쉽고 자연스럽게 몰입할 만큼 재미있다. 이야기 구조는 아귀가 딱딱 맞아떨어지고, 대사는 너무나 찰지면서도 가슴을 파고든다. 〈안티고네〉가 공연된 시기가 정확하게 알려져 있진 않지만, 탁월한 이야기꾼인 소포클레스의 작가적 역량이 최고조에 달했을 때 썼다는 사실은 분명하다. 혹시 누군가가 고대 그리스 비극에 관심을 갖는다면 속는 셈 치고 〈안티고네〉를 한번 읽어보라고 권하고 싶다. 〈안티고네〉를 읽고 나면 아마도 다른 비극 작품을 읽어볼 마음이 생기리라 믿는다.

'통치자' 크레온의 실수

폴리네이케스가 끌고 온 아르고스의 군대를 물리치고 새로이 왕이 된 크레온은 궁정 회의에서 "국가의 적은 내 친구가 될 수 없다"고 분명히 선언한다. "조국보다 친구를 소중히 여겨서는 안 된다"고도 한다. "국가에 충성하는 자만 존중하겠다"고도 한다. 타국의 침략을 받은 직후 통치자가 당연히 해야 할 말이고 지켜야 할 원칙이다. 폴리네이케스의 시신 매장을 금지한 조치도 같은 맥락에서 나왔다.

문제는 그 명령을 다른 사람이 아닌 폴리네이케스의 동생 안티고네가 어기면서 발생했다. 조국의 배신자이지만, 어쨌든 가족이기 때문이다. 잡혀온 안티고네는 항변한다. "나는 당신의 포고령을 어겼어요. 한낱 인간에 불과한 당신의 포고령이 절대 틀리는 법이 없는 신들의 불문율보다 강력하지는 않으니까요." 작품 속에서 언급된 '신들의 불문율'이란 시신을 짐승의 먹잇감이 되도록 방치하지 말라는 당대의 풍습을 가리킨다. 하지만 가족 간의 인지상정이라고만 생각해도 무리는 없다.

크레온	애국자가 배신자보다는 나은 대접을 받아야지.
안티고네	애국이든 매국이든 죽은 자에게 중요한 문제일까요?
크레온	죽었다고 적이 친구가 되진 않지.
안티고네	저는 미워하기 위해서가 아니라, 서로 사랑하려고 태어났어요.
크레온	그럼 죽은 오빠들에게 가서 실컷 사랑하려무나.

겉보기에 비극 〈안티고네〉는 국가 질서와 가족 윤리의 충돌을 다루고 있다.[*] 국가와 가족은 서로 없어서는 안 될 존재이지만, 때로는 가치의 충돌을 일으킨다. 말하자면 충(忠)이 먼저인지 효(孝)가 먼저인지 따지는 일이다. 서울 진공 작전을 벌이던 의병장이 아버지 장례를 치르려고 낙향하는 일이 불과 100여 년 전에 벌어졌다. 21세기 대한민국에도 불고지죄(不告知罪)[**] 논란이 여전히 존재한다.

국가와 가족의 충돌은 동시에 실정법과 자연법의 갈등이기도 하다. 당대 그리스인들에게 '죽어서 땅에 묻힐 권리'는 하늘이 부여한 인권이었다. 낯모르는 사람이라도 길을 가다 시신을 발견했을 경우 단 한 줌이라도 흙을 덮어주지 않으면 죄받을 짓이었다. 소포클레스가 살던 시대에 '배신자는 아테네 땅에 묻힐 수 없다'는 법이 실제로 있었다고 한다. 바꿔 말하면 '영토 밖에 묻어야 한다'는 법이었다. 배신자라 하더라도 매장 자체를 금지하지는 않았던 셈이다.

크레온이 포고령을 전하면서 엄격한 집행을 도와달라고 하자 원로들은 마뜩잖은 반응을 보인다. "그런 짐이라면 좀 더 젊은 사

---

[*] 몇몇 유력 친족집단이 모여 폴리스라는 정치집단을 형성한 고대 그리스에서는 국가 질서와 가족 윤리라는 주제가 현대인의 짐작보다 심각한 문제였다. 당시에는 친족이 국가 권력을 독점하기도 했고, 친족이 국가를 전복하기도 했다.

[**] 반(反)국가 활동을 한 사람을 알고 있으면서도 수사기관이나 정보기관에 신고하지 않은 죄.

람들에게 지우시지요." 이해하지만 동의하기 어렵고, 반대는 하지 않겠지만 적극 나서지도 않겠다는 뜻이다. 제아무리 합당한 법과 명령이라도 국민감정과 상식에 어긋나면 휴지 조각이 되고 만다. 통치자로서 크레온이 저지른 첫 번째 실수다.

크레온은 민심을 읽지 못했다. "죽기를 원할 바보가 어디 있나요?"라는 원로들의 말속에 담긴 불만에 둔감했다. 말을 하지 않을 뿐 모두가 포고령에 불만이라고 말하는 안티고네에게 크레온은 자신 있게 말했다. "오직 너만 불만이야. 너는 지도자를 따르지 않는 짓이 부끄럽지도 않냐?" 크레온은 독단으로 포고령을 발표하고 원로들에게 통보했다. 의견 수렴과 동의 절차까지 생략해 스스로 정당성을 깎아먹었다.***

진짜 실수는 따로 있다. 크레온은 안티고네의 명령 위반을 자신에 대한 도전으로 이해하고 대응한다. "내가 살아 있는 한, 여인이 나를 지배하지는 못한다." 스스로 국가 질서 수호자의 자리를 버리고 어린 조카와 자존심 싸움을 벌이는 꼰대이길 자처했다. 그 바람에 반역죄를 저지른 안티고네는 괘씸죄의 희생양이 됐다. "그녀가 처벌받지 않는다면 내가 아니라 그녀가 남자일 것이오"라는 크레온의 말은 "그녀가 처벌받지 않는다면 국가 질서는 무너지고 말 것이오"가 되었어야 한다.

*** 고대 아테네에서도 의견 수렴과 동의 절차를 거친 '법'과 통치자가 독단으로 발표한 '명령'은 구분되어 있었다.

민심에 귀 닫은 권력

크레온은 아르고스 군대의 침략을 물리치는 과정에서 아들 메가레우스*를 잃었다. 당시 테바이가 승리하려면 왕족의 핏줄이 희생해야 한다는 예언에 따라 성벽에서 스스로 몸을 던진 탓이다. 크레온은 조국을 지키기 위해 아들을 희생시켰던 셈이다. 대단한 애국이고, 대단한 희생이다. 조국을 위해 몸 바치는 편관(偏官)의 힘이다.

크레온은 포고령을 발표하면서 "불복종의 대가는 죽음"이라고 선언한다. 아들 하이몬에게는 "불복종보다 더 큰 악은 없다. 불복종은 국가와 집을 파괴한다"고 가르친다. 하이몬에게 안티고네를 용서할 수 없는 이유도 설명한다. "시민들 앞에서 거짓말쟁이가 될 수 없다." 사람들 앞에서 체면을 구기기 싫다는 뜻이다. 권력과 권위, 명예와 체면에 집착하는 편관의 힘이다.

일간을 극하는 힘인 편관의 영향을 받으면 자기 자신에게 엄격하다. 스스로 흐트러진 모습을 용납하지 않고, 약속을 했으면 손해를 보더라도 지켜야 하고, 해야 하는 일이라면 어떻게든 해내야 한다. 직진 인생이고, 타협은 없다. 전부가 아니면 전무다. 옆에 도끼 한 자루 놓고 '내 말을 들어주든지, 아니면 도끼로 내 목을 치

---

* 아이스킬로스의 작품에서는 세 번째 성문을 지킨 장수로 나온다. 에우리피데스의 작품에서는 '메노이케우스'라는 이름으로 등장한다.

라' 하며 상소를 올리는 꼬장꼬장한 선비의 모습이다.

하지만 자신에게 이토록 엄격하다면, 남들에게는 얼마나 더 엄격할까? 좋게 말해 솔선수범이지, 자기부터 주저 없이 희생한다면, 남들에게는 얼마나 더 큰 희생을 요구할까? 남들에게 끝없이 지적질이고, 자기 생각을 강요하다 보면 주변 사람들을 피곤하게 만든다. 남들을 구속하고 억압한다. 꼬장꼬장한 선비들의 세상이 타협의 정치보다는 사화(士禍)를 통한 싹쓸이의 정치판이 될 수밖에 없는 이유다.

"조국은 우리를 안전하게 지켜주는 배와 같소. 그 배 안에서만, 그 배가 잘 항해하도록 돕는 사람들 사이에서만, 우리는 진정한 친구를 만들 수 있소.' '나라가 잘돼야 나도 잘된다', '나라가 있어야 나도 있다'는 사고방식이다. 잘 쓰면 조국을 위해 목숨을 던지는 애국지사가 되지만, 잘못 쓰면 권력자에게 빗나간 충성을 바치게 만드는 생각이다. 그 자신이 권력자라면 '짐이 곧 국가'라고 당당하게 선언하는 힘이기도 하다. 국가 질서에 대한 도전을 자신을 향한 도전으로 받아들인 크레온이 딱 그렇다. 조직과 자신을 동일시한다. 일간과 관성(官星)이 합을 이루면 나타날 수 있는 현상이다.

아들과의 언쟁에서 말발이 달리자 아버지는 안티고네를 끌어내 당장 처형하려 한다. 시시비비를 따지다가 승산이 없으면 주먹이 나가는 모습은 비겁(특히 겁재)이 강한 사람들의 특징이다. 겁재(劫財)는 재물을 빼앗아가는 존재이기도 하지만, 권력을 빼앗아가는 존재이기도 하다. 권력을 빼앗길 수 있다는 일상적인 위기감이 크레온을 폭주하게 만든다. 안티고네는 물론 죄 없는 이스메네까지 싸잡아 처형하도록 명령하는 무리수를 남발하게 한다.

크레온은 의견 수렴과 동의 절차 없이 멋대로 포고령을 발표했다. 자신의 생각을 강요하는 편관이 통제와 관리를 뜻하는 편재(偏財)의 힘으로 실행된 셈이다. 편관과 편재가 결합하면 독재자가 되는 바탕이 된다.

크레온   내가 국민들의 뜻에 따라야 한다고? 내가 나라를 다스리는데?

하이몬   한 사람이 소유했다면 국가가 아니죠.

크레온   통치자가 곧 국가의 주인이 아니라는 말이더냐?

하이몬   아무도 없는 사막에서나 왕 노릇 하시죠.

절차를 건너뛰었다는 사실은 과정을 뜻하는 식상(食傷)이 없다는 뜻이다. 과정은 빼고 결과만 추구하는 셈이다. 이런 사람들이 우물에서 숭늉 찾는다. 성격이 급하고, 그래서 경솔한 결정을 내린다. 또는 노력 없이 결과만 바라기 때문에 한 방에 인생 역전을 꿈꾸기도 한다. 여행을 준비하는 과정의 재미는 느끼지 못하고, 여행지에 가면 사진만 한 장 찍고 다음 목적지로 향하는 사람들이다. 밥 먹으면서 이야기꽃을 피우기보다는 배를 채우기 위해 밥을 먹는 사람들이다. 소개팅 한번 하면 연애 건너뛰고 결혼 생각하는 사람들이다. 재성(財星)만 있고 식상이 없으면, 한편으로는 헛심 쓰지 않고 될 일만 하는 능률을 보이기도 한다. 일은 잘하지만, 사는 재미를 느낄 줄 모르는 사람들이다.

하이몬은 논쟁 끝에 아버지에게 말한다. "저와 이야기하고 있지만, 제 말을 듣지 않으시는군요." 크레온은 다른 사람의 말을 들어줄 마음이 없다. 안티고네는 여자라서, 하이몬은 애송이라서 자신을 가르칠 자격이 없다고 생각한다. "예언자란 본시 돈만 밝히기 마련"이라서 테이레시아스의 충고도 무시한다. 자신이 내린 판단에 새로운 변수를 고려하고 싶지 않기 때문이다. 크레온은 귀가 꽉 막혔다. 소통이라고는 모르는 불통의 대명사다. 누군가의 생각을 듣고 받아들이는 행위는 인성(印星)의 작용이다. 크레온은 인성이 약하거나 고장 난 사람이다.

인성이 없으면 관성은 일간을 직접 공격한다. 관성은 원래 일간을 극하지만, 인성이 있으면 관성이 인성을 생하고, 인성이 일간을 생해서, 결과적으로 관성이 일간을 생하는 힘이 된다. 기본적으로 일간을 괴롭히는 힘인 관성이 인성의 도움을 받아 일간이 세상에서 기를 펴고 살 수 있도록 해주는 셈이다. 인성이 없는 관성이란, 민심에 귀 닫은 권력, 소통할 줄 모르는 권력과 같다. 민심에 귀 닫고 소통할 줄 모르는 권력의 말로가 어떠한지는 우리가 익히 아는 대로다.

크레온에게 인성이 있긴 있다. 누군가 폴리네이케스의 시신을 매장하려 했다는 보고에 덮어놓고 파수꾼이 매수당했다고 의심하고, 시신 매장을 허락하는 테이레시아스의 충고도 곧이곧대로 듣지 않는다. 매사 색안경을 끼고 보는 편인(偏印)의 힘이다. 편인은 물론 안티고네 처형을 만류하는 민심을 전하는 하이몬의 의도를 꿰뚫어 보는 힘이기도 하다. "못난 녀석, 한낱 계집에게 굴복하다니. 네 말은 모두 그 계집을 위한 것이다." 하지만 있는 그대로의 진실은 받아들이지 못한다. 자기가 보고 싶은 세상만 본다.[*]

사랑이라는 이름으로

안티고네는 폴리네이케스의 매장을 금지한 포고령을 어긴 혐의로 잡혀와서 순순히 자백한다. 금지령을 알고도 무시했다고 자랑하기까지 한다. 인간의 법이 신들의 불문율을 이길 수 없다며 처벌로 죽음을 맞더라도 전혀 두렵지 않다고 당당하다. 안티고네는 법을 어기더라도 "가족을 존중하는 일은 부끄럽지 않다." 설령 범법자라도, 매국노라도, 가족이라는 사실은 달라지지 않는다. 안티고네에게는 '어떤 행동'을 했느냐는 중요하지 않다. '누가' 했느냐가 중요하다.

안티고네는 남편이나 자식이 배신자로 죽었다면 시신을 매장

---

[*]　甲己乙戊
　　子卯酉子
　　비극에서 보이는 성격에 기반해서 만든 크레온의 사주다.

하려 법을 어기지는 않았을 것이라고 말한다. "남편이 죽으면 결혼을 새로 하면 되고, 자식이 죽으면 또 낳으면 된다." 하지만 형제는 다르다. "이미 부모님이 돌아가신 마당에 내 오라비는 다시 태어날 수 없어요." 오빠를 향한 사랑이 남편이나 자식을 향한 사랑을 능가한다는 말이다. 하지만 남편과 자식보다 형제를 더 소중히 여긴다고 했던 안티고네는 자신의 범행에 동참하지 않는다는 이유로 동생 이스메네를 매몰차게 내쳤다.

안티고네	마음을 정하거라. 나와 행동을 함께하겠니? 짐을 나눠 지겠니?

(중략)

이스메네	(중략) 우린 여자잖아요. 어떻게 남자들과 싸워요? 그들이 더 강해요. 우리는 받아들여야 해요. 설령 더 나쁜 일이라도. (중략) 이건 불가능을 시도하는 미친 짓이에요.
안티고네	그렇다면 난 네게 부탁하지 않으마. 네가 마음을 바꾸더라도, 네 도움 따윈 안 받겠어. (중략) 넌 잘 먹고 잘 살아라. 신들이 정한 법을 거역하면서.
이스메네	신을 거역하자는 게 아니라, 힘이 없으니 국가를 거역하지 못한다고요.

안티고네	네 핑계일 뿐이야. 나는 사랑하는 오빠를 위해 땅 속의 안식처를 마련해줄래.
이스메네	언니가 너무 걱정돼요.
안티고네	걱정은 접어둬. 네 인생이나 똑바로 살아.

　이스메네가 언니 혼자 감행한 범행의 책임을 함께 지겠다고 뒤 늦게 나섰을 때도 안티고네는 동생에게 주저 없이 상처를 준다. "나는 말로만 하는 사랑을 원치 않아. 너는 살기를 택했고, 나는 죽기를 택했지." 어쩌면 안티고네는 동생의 목숨을 보호하려 하는 지도 모른다. 하지도 않은 일 때문에 동생이 죽기를 원치 않기 때 문이다. "나와 함께 죽으려고 들지 마. 나 혼자 한 일을 네가 도왔 다고 하지도 마."

　"네가 나와 함께 처벌받으려는 짓은 정의가 용납하지 않아." 안 티고네가 이 말을 크레온에게 했다면 죄 없는 동생까지 덩달아 처 벌하면 부당하다는 항의가 된다. 즉, 안티고네는 동생을 살리려 애 쓰는 중이라는 뜻이다. 그런데 안티고네의 이 말은 크레온이 아닌 동생에게 향한다. 이 대목에서 안티고네의 의도가 살짝 의심스러 워진다. 혹시 동생과 선을 긋는 안티고네의 속내는 '오빠를 위해 죽음을 무릅쓰는 사람'이라는 영예를 나누지 않으려는 욕망이 아 닐까?

　크레온의 명령으로 지하 감옥에 끌려가면서 안티고네는 결혼 도 못 해보고, 자식도 못 낳아보고, 외로움 속에 죽는 자신의 신세를 한탄한다. "울어주는 이 없이, 친구도 없이, 축혼가도 없이, 가련한 나는 죽으러 가고 있어요. 내 운명을 위해 울어줄 눈물도, 슬퍼해줄 친구도 없구나." 애도 대상이 모두 사라지고 나니 스스로 자기 자신을 애도한다. 안티고네가 가장 불쌍하게 여기는 사람, 안티고네가 가장 사랑하는 사람은, 결국 자기 자신이다.

가족애로 포장된 자기애

원로들은 안티고네를 두고 "불행 앞에 굽힐 줄 모른다"고 혀를 찬다. 크레온도 처음에는 안티고네를 타이른다. "지나치게 완고한 마음이 가장 쉬이 꺾인다. 노예가 주인집에서 우쭐대다간 큰코다치는 법이다." 차라리 부러질지언정 굽히지 않는 안티고네의 성격은 갑목(甲)을 닮았다. 갑목은 태양을 향해 높이 솟아오르는 나무다. 관심사는 오로지 높이 오르는 것뿐이다. 목표를 향해 돌진하고 포기를 모른다. 목표에 집중하느라 주변을 배려하지도 않는다.

햇빛을 받으려면 다른 나무보다 빠르게 높이 올라야 하기 때문에 선두에 서고 싶어 하고 지기 싫어한다. 자신이 높이 솟았다는 자부심과 자존심이 있고, 자신이 높이 솟았음을 남들도 알아주기 바라는 인정 욕망이 강하다. 남의 평판에 신경 쓴다는 뜻이다. 자존심과 인정 욕망은 부끄러움을 참을 수 없게 만든다. 안티고네의 성격도 딱 그렇다. "내 고생은 아무래도 좋아. 나는 치욕스럽게 죽고 싶지 않아."

갑목은 땅을 뚫고 나오는 새싹이기도 하다. 새로운 시작이고, 삶에서 급격한 방향 전환이기도 하다. 일을 저지를 때 주저함이 없다. 순수한 열정이지만, 남들이 보기엔 돌발 행동이고 객기다. 한마디로 기분파다. 감정을 행동 논리로 사용한다. 또 감정이 맞는 사람들과 강한 유대감을 갖는다. 사랑을 위해 법을 어기고, 사랑하는 가족을 위해 목숨을 거는 안티고네의 모습이 딱 그렇다.

오이디푸스가 스스로 눈을 찌르고 해외로 추방됐을 때, 아들들은 권력투쟁에 몰두했지만 딸인 안티고네는 눈먼 아버지를 따라나섰다. 오이디푸스도 눈을 찌른 직후 아들이 아닌 딸을 찾았다. 원로들도 안티고네의 막무가내 성격을 두고 "아비를 닮았다"고 한다. 안티고네는 아버지와 강한 심리적 애착을 형성하고 있다. 하지만 막상 눈이 먼 아버지는 아버지로서 역할을 하지 못한다. 오히려 안티고네가 오이디푸스의 보호자 역할을 해야 했다. 팔자에서 아버지는 재성을 뜻하는데, 아버지와 강한 심리적 애착은 일간이 재성과 합을 이룬 영향일 수 있다. 하지만, 합이 되면 오히려 기능을 상실하고 만다.

아버지가 사망한 후 아비를 향한 애착은 오빠에게 옮겨갔다. 가족을 위해 법을 어길 수 있는 이유, 오라비가 남편이나 자식보다 더 소중한 존재가 된 이유다. 오빠를 비롯한 형제자매는 사주에서 비겁(比劫)에 해당한다. 때론 '내 것'을 빼앗아가기도 하지만 비겁은 본질적으로 '또 하나의 나'다. 가족 사랑이라는 껍데기를 쓰고 있지만 알맹이는 자기애라는 뜻이다.

안티고네는 어쩌면 오라비의 죽음을 슬퍼했다기보다 오라비를 잃은 자기 자신을 불쌍히 여기지 않았나 싶다. 안티고네의 영웅적인 행위는 어떤 결과를 낳았나? 오라비는 땅속에서의 영면을 얻었는가? 아니다. 결과물은 그저 '안티고네가 사랑하는 오라비의 시신을 묻어주려다 죽게 생겼다'는 사람들의 입방아다. 안티고네를 향한 관심이고, 안티고네의 명성이다. 비견(比肩)이 집착하는 인기와 관심과 칭찬이다.

'고집'이라는 단어로 흔히 표현되는 비겁의 특징은 '내 인생은 내가 결정한다'는 주체성이다. 하지 말라고 하면 더 하는 사람들이 비겁이다. 비겁이 강하면 자기 스스로 자신의 법과 정의가 된다. '치욕스럽게 죽고 싶지 않다'는 안티고네의 말은 스스로에게 당당한 삶을 살겠다는 선언이다. 안티고네가 지하 감옥에서 스스로 목숨을 끊은 이유는 끝내 운명의 주도권을 타인에게 양보하지 않겠다는 마음 때문이다. (크레온에게 지지 않겠다는 경쟁 심리와 승부 근성 역시 비겁의 작용이다.) 타협과 포기 가능성을 봉쇄하는 극단적인 행동이다.

안티고네는 세상과 불화한다. 지는 법을 모르기 때문이다. 세상을 살다 보면 힘이 없어서 질 때도 있고, 일부러 져줄 때도 있다. 하지만 안티고네는 굽히느니 꺾이는 쪽을 택한다. 하이몬이 아버지 크레온에게 한 말은 안티고네에게도 똑같이 유효하다. "사막에 가서 혼자서 왕 노릇 하시죠." 안티고네처럼 권력이 없다면 산속에 들어가 자연인을 해야 하려나.

만약 안티고네가 하이몬과 결혼했다면 행복했을까? 안티고네는 지하 감옥에 끌려가면서 '결혼도 못 하고 죽는다'고 비탄하지만 약혼자 하이몬을 거론하지는 않는다. 하이몬과 결혼하지 못해서 슬프다기보다는 그저 결혼을 못 하고 죽는 자신이 불쌍할 뿐이다. 사주풀이에서 강한 비겁은 보통 험난한 결혼 생활을 뜻한다. 자기애로 똘똘 뭉친 비겁은 배우자를 위해 양보하고 희생하는 법을 모르기 때문이다.

대개 비겁이 강하면 인간관계가 좋다. 남들에게 인정받고 싶은 마음에 칭찬받을 착한 짓, 관심 끌 멋진 짓을 많이 하기 때문이다. 그래서 밖에서는 '사람 좋다'는 말을 듣는다. 어딜 가든지 '친한 형'이나 '아는 동생'이 널려 있다. 하지만 이 모두가 배우자의 희생 위에 만들어진다. 남자에게 배우자는 재성이다. 비겁은 재성을 극한다. 비겁이 강하다면 재성(배우자)은 그 자체로 괴로운 인생을 사는 셈이 된다.

여자에게 배우자는 관성이다. 기본적으로 관성이 비겁을 극하지만, 비겁이 강하면 관성이 무력화된다. 도끼가 나무를 베지 못하고 도끼날이 부러지는 격이다. 그래서 여성의 사주에서 비겁이 강하면 남편이 제 역할을 못 하거나, 여성이 남편을 무시한다고 흔히 풀이한다. 비겁은 특히 재성을 극한다. 여자에게 재성은 관성(남편)을 생하는 존재이기 때문에 시어머니가 된다. 여자 사주에서 비겁이 강하면 고부 갈등의 신호라고 보는 이유다.

안티고네 사주의 일간이 갑목이라면* 비견 또한 갑목이다. 두 개의 갑목이 붙어 있으면 '갑갑 병존(甲甲 竝存)'이라고 해서 갑목의 성격이 극단적으로 나타난다. '갑갑하다'는 말이 갑갑 병존의 성격에서 나왔다는 설이 있다. 말귀라고는 꽉 막힌 답답한 성격, 남들이 뭐라 하든 콧방귀도 안 뀌는 옹고집, 세상을 자기 기준으로만 보는 사람이 바로 갑갑 병존이다.

욕망에 충실한 삶

안티고네는 오라비의 시신을 묻어주겠다며 이스메네에게 말한다. "난 명예롭게 행동하고 죽겠어." 크레온이 사형 선고를 예고하자 안티고네는 지체 없이 죽이라고 오히려 다그친다. "뭘 망설이세요? 제가 당신 말을 따르기를 기다리나요? 그런 일은 절대 없어요." 안티고네는 죽음이 눈앞에 닥쳐와도 자신의 욕망에 충실하다. 세상의 규범에 주눅 들지 않고 자신의 욕망대로 산다. 식신(食神)의 모습이다.

식신은 무언가에 관심이 꽂히면 깊이 파고들어간다. 완전히 헤집어 바닥까지 봐야 직성이 풀린다. 자신이 꽂힌 대상을 제외하고

＊ 甲甲己乙
 　午寅亥巳
 　〈안티고네〉에 묘사된 성격에 기반해서 만들어본 안티고네의 사주다.

는 그 어떤 것에도 관심이 없다. 어린아이가 TV를 보느라 집중할 때 옆에서 불러도 듣지 못하는 딱 그 모습이다. 남들이 뭐라 하든 상관하지 않고, 세상의 규칙에도 아랑곳하지 않는다. 세상 사람들과 도무지 섞이지 않는 괴짜들이다.

식신은 흔히 연구와 창조력의 원천이라고 풀이된다. 영화에서 보는 천재 과학자들의 기이한 행색, 정장이라고는 입을 줄 모르는 방송사 PD, 공식 회의 자리에서도 햄버거로 식사를 대신하던 빌 게이츠나 어디서나 터틀넥만 고집한 스티브 잡스가 식신을 쓰고 사는 사람들의 모습이다.

식신이 강하면 하고 싶은 일이 있으면 어떻게든 해야 하고, 남들이 시키는 '해야 하는' 일에는 관심이 없다. 내키면 겁 없이 덤벼들어 팔을 걷어붙이지만, 싫으면 때려도 안 하고 버틴다. 듣는 사람 기분 따위는 생각하지 않고 하고 싶은 말은 해야 하고, 마음에 없는 말은 죽어도 못한다. 마음 상하는 순간 동생 이스메네에게도 '넌 빠지라'고 하는 안티고네처럼 일 처리도 감정적이다.

식신이 자신의 욕망에 충실하느라 남들에게 신경을 쓰지 않는다면, 상관(傷官)은 자신의 욕망을 충족하기 위해 남들을 이용한다. 상관의 가장 큰 특징으로 흔히 사교성을 꼽는다. 사람을 이용해야 하니, 당연히 사람을 가까이 둬야 한다. 이야기를 들어줄 누군가를 찾아 자신이 먼저 사람들에게 다가간다. 어쩌면 이야기를 들어줄 사람 하나 없는 지하 감옥에 가둔 크레온의 조치야말로 상관의 지배를 받는 안티고네에게 가장 무서운 처벌이 아니었나 싶기도 하다.

상관에게 사람이란 이용 대상이기 때문에 내 편인지 아닌지가 가장 중요하다. 그래서 상관은 질문이 많다. 몇 살인가요, 학교는 어디 나오셨나요, 고향은 어딘가요 등등. 상대에게는 이런 질문조차 친해지려는 노력으로 받아들여진다. 하지만 그렇게 '족보 파악'이 끝난 다음, 내 편이 아니라고 판단되면 태도는 돌변한다. 자기편이 아니라고 확인하는 순간 동생 이스메네에게조차 싸늘해지는 안티고네처럼.

반면 '내 편'에게는 한없이 관대한 것 역시 상관의 특징이다. 안티고네는 반역자인 폴레네이케스의 시신이 동물의 먹잇감이 되는 꼴을 두고 보지 못한다. 안티고네에게는 폴리네이케스가 '뭘 했냐'는 중요하지 않고 오로지 폴리네이케스가 '누구냐'가 중요하다. 흔히 오지랖, 약자에 대한 연민이라는 말로 상관의 특징을 표현하지만, 상관의 또 다른 특징인 까칠함과 양립할 수 없는 단어들이다. 핵심은 스스로 돋보이고 싶은 욕망이다. 시신 매장 계획을 비밀에 부치겠다는 이스메네의 말에 안티고네는 화를 낸다. "안 돼. 가서 사람들에게 소문내. 네가 동네방네 떠들고 다니지 않는다면 난 네 침묵을 (네 비협조보다) 더 미워할 거야." 자신의 욕망 충족에 도움이 되는 내 편에게는 친절과 은혜, 연민을 보내지만, 남의 편에게는 엄중한 정의감과 까칠함을 돌려주는 힘이 바로 상관이다.

상관은 기본적으로 관성을 극하는 힘이다. 관성은 세상 사람들의 관습이고, 법률이고, 또한 현실적인 조직이고, 권력이다. 식신은 자기 욕망에 충실하느라 법이나 권력에 신경 쓰지 않는다. 휴대전화를 보며 걷느라 신호등이 빨간불인 줄 모르고 길을 건너는 격이다. 반면 상관은 욕망을 위해 법을 어기고, 나아가 법을 고친다. 교차로를 빨리 건너가기 위해 신호등이 빨간불인 줄 잘 알면서도 무단횡단하거나, 심하면 신호를 조작하는 격이다. 시신 매장 금지령이 내려졌다는 사실을 잘 알면서도 일부러 어긴 안티고네가 바로 상관이다.

흥미롭게도 법을 어기는 상관이 '법대로 하라'는 말을 입에 달고 산다. 법을 어기기 위해 법을 공부하고, 법의 허점을 이용해 빠져나간다. 법을 무시하고 조롱하기 위해 노력을 아끼지 않는다. 좋게 말해 용의주도하다. 자신이 법을 어겼다는 사실을 뻔히 알면서 난데없이 '신들의 불문율'을 들고 나오는 안티고네가 딱 그렇다. 범죄 사실이 명백할 때조차 '내가 뭘 잘못했나?', '나는 억울하다' 식으로 나오는 태도 역시 상관의 모습이다.

출세와 행복 사이 어딘가

자신의 잘못된 결정으로 아들과 아내를 잃은 크레온은 절망에 빠졌다. 차라리 죽고 싶다. "쌍날칼로 내 가슴을 찔러줄 자 아무도 없느냐!" 안티고네는 스스로 목숨을 끊는 방식으로 자신이 운명의 주인임을 선언했지만, 크레온은 자신의 죽음마저 남들의 손에 맡기려 한다. 죽음은커녕 잠시의 휴식조차 남들의 손에 맡기려 한다. "애들아, 나를 남들 눈에 띄지 않는 안으로 데려가라."

크레온은 그저 다가올 운명이 두려울 뿐이다. "다음엔 운명이 내게 무슨 벌을 줄까!" 차라리 운명으로부터 도망치고 싶다. "내가 내일 새벽을 보지 않기를!" 하지만 궁정의 원로들은 절망에 빠진 권력자가 감상에 젖을 여유조차 주지 않는다. "그건 나중의 일입니다. 우리는 시급 당장의 일을 처리해야 해요." 크레온은 다시 현실로 돌아오고 만다. "그저 내 바람을 기도했을 뿐이오."

비극의 주인공들은 설령 잘못됐다 하더라도 자신의 선택을 끝까지 밀고 나가고 결과에 책임을 진다. 설령 그 결과가 파멸이라 하더라도. 크레온은 자신의 선택을 중간에 바꾼다. 어쩌면 영웅의 자질이 부족하다고 할 수도 있겠다. 영웅이란 보통 사람이 못 하는 일을 해냄으로써 위안을 주는 인물이니까. 대신 크레온은 다른 역할을 수행한다. 관객과 똑같은 사람으로서 공감을 불러일으킨다. 세상이 요구하는 매일매일의 일상에 얽매여 허덕이는 보통 사람으로서 고통에 휘둘린다. "인간은 삶의 무게와 고통을 얼마나 견디고 버텨야 하는지!"

국가를 위해 헌신하고, 국가의 논리로 일을 하는 크레온은 관성으로 살아간다.* 세상이 원하는 삶을 산다는 뜻이다. 직장에 다닌

---

* 기명종살(棄命從殺). 일간이 신약하면 아예 관성에 순응해 사는 쪽이 속 편하다. 기명종재(棄命從財)는 신약한 일간이 재성에 순종하며 산다는 뜻이다.

다면 직장인으로서의 삶에만 충실하다는 뜻이다. 퇴근도 없고, 주말도 없이 일만 한다. 가족과 함께, 연인과 함께, 친구와 함께 저녁 시간을 보내겠다고는 상상도 못 한다. 그 덕분에 출세할 수는 있겠지만, 어느 순간 '나 뭐 하고 살고 있나' 싶은 생각이 든다. 자기 자신이 삶에 없기 때문이다.

"세상에 놀라운 존재들이 많지만, 인간보다 더 해괴망측한 존재는 없다."* 원로들의 말처럼, 사람들은 잘 먹고 잘 살자고 직장에 다니고 출세하려 한다. 하지만 직장에서 승진하기 위해, 출세하기 위해 잘 먹고 잘 살기를 포기한다. 생명체 중에 가장 똑똑하다는 인간이 수단을 위해 목적을 희생하는 미련한 짓을 저지른다.

우리 아버지들의 삶이 그랬다. 세상도 관성이 지배했고, 개인의 삶도 관성이 지배했다. 국가는 독재 권력이 철권을 휘둘러 통치했고, 기업이 무슨 사업을 할지도 국가가 허가해줬고, 은행이 어느 기업에 대출해줄지도 국가가 결정했다. 밤톨만 한 권력이라도 손에 쥐고 있으면 갑질이 겹겹이 이어졌다. 직장에서는 야근이 일상이었고, 주말은 반납하기 일쑤였고, 휴가를 내려면 회사 눈치를 봐야 했다. 학교에 입학하면 선배들과의 첫 만남은 군기를 잡는 시간이었다. 관성이 지배하던 시대에 대한민국은 고도성장을 달성할 수 있었지만, 과로사는 사회현상이었고, 아버지들은 집에 돌아

---

* 〈안티고네〉에서 가장 유명한 문장 가운데 하나인데, '해괴망측한'이라고 번역한 부분이 논란거리다. 천병희 선생은 '무서운'이라고 했는데, 임철규 선생은 '이상한'이라고 번역했다. 유명한 해외학자들도 이 부분의 번역이 제각각이다.

가면 겉돌았다. 사회 구성원 모두가 인내와 희생을 강요당했다. 억압과 통제가 삶을 지배했다. 개인의 욕망이 설 자리는 없었다. 크레온의 권력 행사는 물론 부당하지만, 결국 크레온 자신도 그 희생자가 되고 만다.

시대가 바뀌었다. 독재자는 암살당했고, 권력은 국가 재정을 무너뜨려서라도 국민들에게 현금을 퍼주기 바쁘다. '저녁이 있는 삶'이 대선 공약이 됐고, 개인의 삶의 질이 최고 가치가 됐다. 비겁과 식상의 시대다. '욜로(YOLO, You Only Live Once)'라는 말처럼, 인생은 참고 견디는 대상이 아니라 즐기는 대상이 됐다. 직장에서 갑질이 발붙이기 힘들어지고, 직원들은 윗사람의 눈치를 보지 않는다. 자칫 갑질로 몰릴까 봐 상사가 부하 직원을 질책하기도 조심스러운 직장 문화가 만들어졌다. '워라밸(일과 삶의 균형)'을 지향하면서 기피 대상이 된 야근은 아예 법으로 금지하는 상황이 됐다. 욕망을 가로막는 모든 것은 악이 되고 말았다. 반역자를 처벌하는 포고령마저 악으로 만든 안티고네가 그랬던 것처럼.

사주팔자를 구성하는 오행은 일간을 중심으로 흐른다. 비겁이 약하면 중심이 흔들린다. 특히 일간을 극하는 힘인 관성이 강하다면 중심은 붕괴 위기에 처한다. 삶의 중심이 약하고 흔들리니 남들이 이끄는 대로, 세상이 시키는 대로 이리저리 끌려다니다가 어느 순간 '헛살았다'고 한탄하게 된다. 비겁이 강하다면 물론 삶의 주인 노릇을 할 수 있다. 하지만 자칫 다른 오행을 희생하고 자기애에 가득 찬 고집만 부릴 수 있다.

식상은 일간이 생하는 기운이고, 관성은 일간을 극하는 기운이다. 일간에서 식상으로의 흐름은 자연스럽고, 그래서 편하고 쉽다. 그저 하고 싶은 대로 말하고 행동하면 된다. 욕망에 충실한 삶이다. 일간과 관성의 관계는 힘들고 불편하고 고달프다. 온갖 법규와 금기를 지켜야 하고, 직장 생활의 스트레스를 견뎌내야 한다. 세상이 정해주는 대로 사는 삶이다.

"타인은 지옥"이라는 사르트르의 말처럼 자기 안의 세계에서 우리는 속 편히 행복을 누릴 수 있다. 신혼여행 동안 신혼부부는 서로를 향한 사랑 말고는 아무것도 생각하지 않는다. 하지만 신혼여행에서 돌아오자마자 시댁 또는 처가댁이라는 낯선 관계를 맞닥뜨린다. 출근도 다시 해야 하고, 일도 다시 해야 한다. 집에는 신혼의 단꿈과 함께 공과금 고지서라는 현실도 공존한다. 이 번거롭고 불편한 바깥세상을 거부하고 24시간 내내 붙어서 사랑만 나누고 싶다면, 집에 쌀이 떨어지는 상황에 직면하게 될지도 모른다.

외부 세계(관성)와 접촉 없이 자기 세계(식상)에서만 살 수는 없다. 비겁(일간)은 식상을 생하고, 식상은 재성, 재성은 관성, 관성은 인성을 생한 후에 인성은 다시 비겁을 생한다. 나라는 존재는 세상 사람들과 부대끼면서 한 단계 성장하는 법이다. 그 부대낌이 불편하다고 그냥 편하게만 살겠다는 말은, 성장을 포기한 채 아집만 남은 꼰대가 되겠다는 선언이다. 관성(직장 상사)을 두고 꼰대라고 욕하면서, 실은 그 관성보다 더 꼰대스러운 짓을 하는 셈이다. 크레온더러 귀를 막은 독재자라고 욕하면서 그 자신 역시 누구의 말도 듣지 않는 고집불통인 안티고네처럼.

'군대 갔다 오면 철든다'는 말이 있었다. 익숙한 부모의 품을 떠나 무자비한 관성의 세상을 경험하는 계기가 바로 군 복무라는 뜻이 아니었을까 싶다. 대한민국 남성들에게 '타인은 지옥'이라는 말보다 더 쉽게 공감할 수 있는 말이 아마 '군대는 지옥'일 테니까. 요새는 군 장병이 훈련 빡세다고 엄마한테 일러바치고, 엄마는 중대장에게 전화해서 호통을 친다고 하니, '군대 갔다 오면 철든다'도 옛말이지 않을까 싶다.

식상이 많아 버릇없는 '요즘 것들'이나 관성이 많아 재미없는 꼰대들이나 해법은 같다. 인성을 기르면 된다. 인성은 식상을 극하고, 관성과 일간의 연결 고리가 되어주기 때문이다. 가정교육(인성)을 받으면 어린아이들이라도 식당에서 천방지축(식상) 날뛰지 않는다. 울컥 화가 나 한마디(식상) 쏘아붙이려다가도 한 번 더 생각(인성)하고 참는다. 꼰대(관성)들 역시 눈치(인성)를 챙기거나 좀 더 넓게 이해(인성)하려는 마음을 갖는다면 젊은 친구들과 훨씬 좋은 관계를 맺을 수 있다.

안티고네에게 인성(특히 정인)이 있었다면 통치자로서 단호한 조치를 취해야 하는 크레온의 입장을 이해하고 배려했을 수도 있다. 반역자였던 오라비의 시신 매장을 포기하거나, 혹은 매장했더라도 크레온의 체면을 살려주는 방법을 찾았을 것이다. "너는 반역자의 시신을 매장하지 말라는 포고령을 몰랐느냐?"고 물었을 때 "몰랐다"고만 했어도 크레온은 무시당하는 기분을 느끼지도 않고, 난데없이 이스메네까지 도매금으로 죽이려 들지도 않았을 것이다.

크레온 역시 인성(특히 정인)이 있었더라면 온 가족을 잃은 안티고네의 상실감에 공감해줄 수 있었다. 포고령 집행을 명했을 때 "젊은이들에게 맡기라"고 하는 대답에서 원로들의 부정적인 기류를 눈치챌 수도 있었다. 시신 매장을 허용하라는 테이레시아스의 충고도 선입견 없이 들을 수 있었고, 안티고네의 죽음을 안타까워하는 시중 여론을 전하는 하이몬의 말에도 귀를 기울일 수 있었다.

"당신은 올바른 행동 방침을 깨달았군요. 하지만 너무 늦었어요." 원로들의 말에 크레온은 답한다. "이번에 인생의 교훈을 배웠지. 너무나도 뼈저린 방식으로." 테이레시아스의 말대로 "인간은 실수하기 마련이다." 실수는 고치면 된다. 문제는 고집을 부리다가 일어난다. 인생의 교훈을 뼈저린 방식으로 배우기 전에, 너무 늦기 전에 행동 방식을 바꾸면 된다. 사주팔자 타고난 대로 살 필요 없다. 없는 오행은 만들어 쓰면 되고, 없는 십성도 만들어 쓰면 된다. 명리학을 공부하는 이유는 결정되지 않은 미래를 미리 알기 위해서가 아니라, 내 부족함을 알고 채우기 위해서다.

[실전 사주풀이]

내 운명은
내가 결정한다

〈오이디푸스〉

비극 〈오이디푸스〉는 테바이 시민들이 진염병으로부터 구해달라고 탄원하는 장면으로 시작한다. 오이디푸스는 시민들의 고통에 공감하며 이미 해결책을 찾기 위해 델피에 신탁을 구하러 사람을 보냈다는 사실을 알린다. 크레온이 받아온 신탁은 선왕 라이오스를 죽인 범인을 찾아내야 전염병에서 벗어나리라는 것이었다. 오이디푸스는 범인을 저주하며 색출을 다짐한다.

범인을 찾기 위해 예언자 테이레시아스가 불려온다. 하지만 기대와는 달리 범인 색출에 협조를 거부한다. 오이디푸스는 격분해서 테이레시아스가 크레온과 공모해 라이오스 왕을 죽였다고 모함한다. 화가 난 예언자는 오이디푸스가 범인이며 곧 비참한 신세로 전락하리라고 대꾸했다. 두 사람의 언쟁은 오이디푸스와 크레온의 갈등으로 이어졌다. 오이디푸스의 아내이자 크레온의 누나인 이오카스테가 중재에 나서 남편을 말리면서 던진 한마디로 상황은 새로운 국면을 맞는다.

이오카스테는 라이오스 왕은 아들의 손에 죽는다는 신탁을 받았지만 삼거리에서 도둑들에게 죽었다며 "예언자의 말이란 믿을

게 못 된다"며 오이디푸스의 화를 풀려 했다. 하지만 오이디푸스의 귀에 '삼거리'라는 단어가 꽂혔다. 그 자신이 과거 삼거리에서 노인을 죽인 적이 있기 때문이다. 정확한 장소, 시점, 피해자의 용모를 하나씩 따져보자 모두 자신이 과거에 저지른 살인과 일치했다. 단 하나 다른 점은 라이오스 왕은 여러 명에게 살해당했는데, 자신은 혼자였다는 사실뿐이었다.

당시 생존자를 찾으러 사람을 보낸 사이, 코린토스에서 누군가 찾아와 오이디푸스의 아버지인 코린토스 왕 폴리보스가 죽었다는 소식을 전했다. '아버지를 살해할 운명'이라는 신탁을 듣고 고향을 등졌던 오이디푸스는 부친의 사망 소식에 오히려 안도의 한숨을 내쉬었다. 이제 장례도 치르고 왕위에도 올라야 하지만, 오이디푸스는 고향에 돌아가기를 꺼린다. '어머니와 결혼할 운명'이라는 신탁이 여전히 남아 있는 탓이다. 불안해하는 오이디푸스에게 심부름꾼이 새로운 사실을 알려준다. 오이디푸스는 사실 폴리보스의 아들이 아니며, 심부름꾼인 자신이 양치기를 하던 시절 산에서 '선물'로 받아 폴리보스에게 바친 아이라고. 심부름꾼에게 아이를 선물한 사람은 때마침 라이오스 왕 살해 현장의 생존자이기도 했다.

이제 생존자가 도착하면 라이오스의 살인범도, 오이디푸스의 부모도 분명히 알 수 있을 터였다. 그런데 이오카스테가 갑자기 수사 중단을 요구했다. 하지만 오이디푸스는 자신의 근원을 알아내겠다며 멈추지 않는다. 이오카스테는 절망에 빠진 채 사라진다.

오이디푸스는 남편의 출신이 비천한 것으로 드러나면 왕비의 체면이 깎일까 봐 이오카스테가 수사를 막는다고 가벼이 여겼다.

이윽고 살해 현장의 생존자이자 유아 유기의 실행자가 도착하고 모든 진실이 밝혀진다. 라이오스는 아들 오이디푸스를 버렸고, 아들은 아버지를 죽이고 어머니와 결혼해 자식까지 낳았다. 오이디푸스는 미친 듯이 궁전으로 뛰어들어갔다가 스스로 목을 매 죽은 이오카스테를 발견한다. 오이디푸스는 이오카스테의 옷에 꽂혀 있던 브로치로 자신의 눈을 찔렀다. 어머니가 어머니인지도 알아보지 못한 자신의 눈을 원망하며.

눈이 먼 오이디푸스는 자신을 추방시켜달라고 요구하며, 다만 마지막으로 딸들을 만나게 해달라고 애원한다. 딸들을 만난 오이디푸스는 근친상간으로 태어났다는 손가락질을 받으며 살게 될 딸들의 불행을 슬퍼하며 자신의 고통이 딸들에게는 대물림되지 않기를 기원한다. 최고 권력자의 자리에서 하루아침에 나락으로 떨어진 오이디푸스를 보며 원로들은 말한다. "삶이 끝나 고통에서 해방될 때까지 인간 그 누구를 두고도 행복하다고 미리 말해서는 안 된다."

아리스토텔레스는 《시학》에서 비극이 짜임새 있으려면 급반전과 몰랐던 사실의 발견이 필요한데 〈오이디푸스〉야말로 가장 훌륭한 사례라고 격찬한다. 등장인물 모두가 자기 몫의 최선을 다하는데 결과는 엉뚱하다. 당장 오이디푸스부터가 시민들을 위해 살인범 색출에 나섰지만, 결국 살인범은 그 자신이었다. 아내 이오카스테는 남편을 안심시키려 라이오스 살인 사건을 들먹였다가 도리어 오이디푸스의 불안감에 불을 붙인다. 코린토스에서 온 심부름꾼 역시 오이디푸스의 불안감을 달래려는 의도로 주워온 아이라는 사실을 밝히고 만다. 의도와는 정반대의 결과를 낳는 인물의 행동이 관객을 몰입시킨다.

〈오이디푸스〉는 아리스토텔레스 이래 현대에 이르기까지 최고의 비극 작품으로 꼽히지만 최초 공연 시기가 정확하지 않다. 도시에 전염병이 창궐한 시기가 배경이고 극 중에서 전염병의 참상을 실감나게 묘사한다는 점에서 펠로폰네소스 전쟁 발발 2~3년 후가 아니겠냐고 추측만 한다. 당시 아테네의 지도자는 민주정치를 완성하고 조국에 지중해 세계의 패권을 쥐어준 페리클레스였다. 인품도 훌륭하고 능력도 출중했지만, 국민을 전쟁에 휘몰아 넣었고 그 자신도 전염병에 희생돼 죽었다. 국민에게 진심이었고, 일할 때 열심이었다. 하지만 진심과 열심이 꼭 좋은 결과를 약속하지는 않는다.* 〈오이디푸스〉는 작가 소포클레스가 자신의 친구이기도 했던 페리클레스에게 바치는 진혼곡이었는지도 모른다.

---

* 인품과 능력, 불행한 최후까지 판박이였던 오이디푸스와 페리클레스는 아들과 사이가 좋지 않았다는 점까지 똑같았다.

잘나서 외로운 사람

이미 서문에서 간단히 살핀 적이 있는 〈오이디푸스〉를 이번 장에서는 살짝 다른 방식으로 다뤄보려 한다. 지금까지 다룬 비극 작품들은 등장인물의 성격을 꼼꼼히 따져서 사주의 어떤 기운이 해당 성격을 만들었는지를 분석했다. 하지만 실제로 '사주를 본다'고 하면 여덟 글자의 사주를 놓고 해석하는 경우가 내부분이다. 제아무리 사주를 공부한들 일상의 언어로 풀이(통변)하지 못한다면 말짱 헛일이다. 그래서 이 책의 마지막 장에서는 (비록 가상으로 만들었지만) 오이디푸스 사주를 놓고 성격과 운명을 실제로 풀이하는 과정을 밟아볼 참이다.

壬丙己庚
子寅巳午**

일단 일간이 병화(丙)다. 누가 시키든 말든, 누가 꺼리든 말든 세상을 비추는 태양과 같다. 홀로 세상을 밝게 하는 책임을 지는 권력을 지향하면서도 희생과 봉사, 헌신의 기운을 갖고 있다. 전염병 퇴치를 탄원하는 시민들에게 "무엇이든 기꺼이 도와주겠다"고

** 이는 어디까지나 가상의 사주다. 경오(庚午)년에는 기사(己巳)월이 없다. 경오년의 사(巳)월은 신사(辛巳)월이다.

공언하는 오이디푸스의 모습이다. 자신의 목숨 때문이 아니라 국민을 위해 슬퍼한다고 말하는 모습이기도 하다.

하지만 태양은 상대가 빛을 좋아하는지 싫어하는지는 개의치 않는다. 그래서 곧잘 안하무인의 자세를 보이기도 한다. 빛은 직진한다. 목표를 향해 돌진한다. 성급하고 조급하다. 단순 명쾌하다. 뒤끝도 없다. 오이디푸스는 그 자신이 범인인 줄도 모르고 살인자를 향해 저주를 뿜어낸다. 테이레시아스가 살인범 찾기에 협조를 거부하자 망설임 없이 "몹쓸 악당"이라고 악담을 퍼붓는다.

오이디푸스 사주의 일주는 병인(丙寅)이다. 인목(寅)은 물론 갑목(甲)의 특징이 두드러지지만 무토(戊)와 병화(丙)도 지장간으로 담고 있다. 병화의 신속함이 갑목의 추진력을 만났는데, 여기에 무토의 고집이 더해진 모양새다. 맡은 일은 기필코, 그것도 빠른 속도로 해낸다. 다만 그 과정에서 자신의 권위를 내세우고 남들을 무시하고 억압할 가능성이 있다. 그래도 윗사람이 보기엔 믿고 일을 맡길 만한 인물이다. 아마 '일은 참 잘하는데 잘난 척하는 게 흠이야' 정도의 평가를 받지 않을까 싶다.

화가 난 테이레시아스가 살인범으로 자신을 지목하자 오이디푸스는 말한다. "스핑크스가 나타났을 때 테이레시아스 당신은 왜 침묵했지? 스핑크스를 때려잡은 사람은 나였소. 싸구려 예언술이 아니라 나 자신의 재치로 말이오." 유능한 자신이 무능한 당신의 말을 들을 이유가 없다는 뜻이다. 실제로 유능하고 잘났지만, 적이 많을 법한 언행이다.

인목은 병화에게 편인(偏印)이 된다. 편인은 망상을 만드는 힘이지만, 동시에 독창적이고 기발한 발상을 만들어내기도 한다. 수수께끼나 난센스 퀴즈를 푸는 데 최적화된 힘이기도 하다. 스핑크스는 사람의 얼굴에 사자의 몸을 가진 괴물이었다. 행인에게 '아침엔 네 발, 점심엔 두 발, 저녁엔 세 발인 존재'가 무엇인지 묻고는 맞히지 못하면 죽였다. 오이디푸스가 '사람'이라는 정답을 맞히자 괴물은 절벽에 스스로 몸을 던져 죽었다. 오이디푸스는 스핑크스를 퇴치한 공로로 때마침 라이오스의 죽음으로 공석이었던 테바이의 왕이 되었다.

편인은 또한 외롭다. 아마 어마어마한 추진력의 부작용으로 남들에게 상처를 입히고 과시욕 때문에 잘난 척한 결과가 아닐까 싶다. 고독을 벗어나기 위해 '나 좀 봐달라'며 업무 성과를 만들어내고 잘났음을 증명하려 들겠지만, 그럴수록 더욱 외로움은 심해질 수밖에 없다.

편인의 본질은 존재에 대한 근본적 불안감이다. 집에서 사랑을 충분히 받지 못하고 '내 엄마가 맞나? 나는 다리 밑에서 주워온 자식이 아닐까?' 하는 의심이다. 실제로 계모 밑에서 자랐느냐는 중요하지 않다. 콩쥐팥쥐나 신데렐라와 달리 현실의 계모는 친엄마보다 더 지극정성인 경우가 대부분이기 때문이다. 오이디푸스의 양부모 역시 주워온 아들을 부족함 없이 키웠다. 오이디푸스 자신도 이들을 친부모라고 생각하고 살았다. 하지만 취객의 술주정 한마디에 친부모가 누군지 신탁을 통해 확인하려 했다. 그 자신도 의식하지 못했지만, 불안했던 셈이다.

병인 일주는 활활 타오르는 불이 장작을 깔고 있는 모양새다. 일간이 인성(印星)을 깔고 있으면 힘이 부족해서가 아니라 힘이 넘쳐서 문제다. 한마디로 의욕 과잉이다. 특정한 생각에 꽂히면 강한 결단력과 왜곡된 실천 의지를 보인다. '아버지를 죽이고 어머니와 동침한다'는 신탁을 듣자 그 길로 집을 떠나는 오이디푸스가 딱 그렇다. 모두가 말려도 살인범 색출 작업을 멈추지 않는 모습도 마찬가지다. 차라리 의욕이 약했더라면, 주변의 말에 휘둘리는 사람이었다면, 오이디푸스의 인생은 덜 불행했을지도 모른다.

불을 조절하는 두 가지 방법

오이디푸스의 사주 여덟 글자 중에 세 글자가 불이다. 화(火)의 기운으로 세상을 산다는 뜻이다. 화는 발산과 확산의 힘이다. 맹렬하고 폭발적이다. 삶에 열정이 가득하다. 외부의 개입이 없다면 그 자신이 소멸할 때까지 불타오른다. 오이디푸스는 기어이 살인범이 누군지 밝혀낸다. 그 결과가 자신의 파멸임을 직감하면서도 결코 멈추지 않는다. 실제로 불기운이 강한 사람들은 열정적으로 자신의 모든 것을 쏟아붓고는 갑자기 픽 쓰러지는 경우가 자주 있다.

매사가 그렇지만 불은 특히 조절이 생명이다. 고기를 굽더라도 처음에는 강불로 표면을 익히고, 다음엔 중불로 내부까지 골고루 익힌 후, 끝엔 약불로 양념을 배게 하는 법이다. 무작정 강불을 쓰면 다 태워먹고, 약불만 쓰면 잘 익지도 않을뿐더러 육즙이 다 빠져나가 맛이 없다. 불 조절의 방법은 두 가지다. 나무 장작(木)을 더 넣으면 불이 강해지고, 장작을 빼면 불이 약해진다. 목의 기운으로 불기운을 조절하는 방법이다. 물(水)을 사용하는 좀 더 과격한 방법도 있다. 효과는 더 빠르지만, 자칫 불을 아예 꺼뜨리는 수가 있다. 인성을 사용해 의욕을 조절하고, 관성(官星)을 사용해 행동을 조절하는 방식이다.

오이디푸스에게 화는 비겁(比劫)이다. 월지의 사화(巳)는 비견(比肩), 연지의 오화(午)는 겁재(劫財)다. 월지는 사주 전체를 지배하는 글자라고 해도 과언이 아닐 만큼 영향력이 막강하다. 월지가 비견이라면 비견의 힘으로 세상을 살아간다고 해도 절반 이상 맞는다. 비견은 한마디로 강한 자기주장이다. 비견의 자존심과 고집은 우주 최강이다. 인정 욕구가 강해 칭찬에 예민하면서 다른 사람의 의견은 무시하기 일쑤다. 그럼에도 주변에 친구들이 많은데, 칭찬받기 위해 남들에게 잘해주기 때문이다.

비견의 또 다른 특징은 말보다 주먹이 먼저 나가는 행동력이다. 나만 중요하고, 나만 옳다고 믿기 때문에 상대가 마음에 안 들면 곧장 윽박지르고 주먹을 날린다. 오이디푸스는 불확실한 추측만으로 크레온에게 모반의 혐의를 씌워 사형시키려 들고, 자신을 산에다 버린 목동이 진실을 밝히지 않으려 하자 주저 없이 고문으로 협박한다. 하긴 길에서 자신을 떠밀어냈다고 주먹을 날리고, 몰이 막대기로 자신을 때렸다고 살인을 저지른 사람이 오이디푸스다.

연지는 일간에서 가장 멀리 떨어져 있는 글자다. 그래서 영향력이 가장 작다고 보기도 한다. 하지만 오이디푸스의 사주에서 연지는 겁재다. 십성 중에서 힘이 가장 큰 존재다. 겁재는 기본적으로 내 돈 빼앗아가는 존재다. 겁재가 있으면 집 안에 든 도둑을 잡는 마음으로 세상을 산다. 여차하면 때려잡고, 몸싸움도 불사하고, 그러다 사람까지 잡는 수도 있다. 그리고, 싸우다 자신이 죽을 수도 있다.

어마어마한 경쟁과 전투 심리인 겁재에서 주의해야 하는 점은 자기 파괴 경향이 숨어 있다는 점이다. 보통 사람에게는 자기 팔뚝에 스스로 주사기를 꽂는 일조차 상상보다 훨씬 어렵다고 한다. 하물며 자기 눈을 스스로 찌르는 자해라니. 그것도 한 번이 아니라 여러 번 찌른다. "피가 방울방울 떨어지는 게 아니라 소나기처럼 쏟아져 내리도록" 찌른다는 건 보통 사람으로서는 상상하기 어려운 일이다. 스스로에게도 이런 일을 할 수 있는 사람이 남들에게는 무슨 짓인들 못할까? 그게 바로 겁재의 전투력이다.

오이디푸스의 사주 일간 바로 옆 시주에는 임자(壬子)라는 강력한 물기둥이 서 있다. 병화(丙)라는 불 옆에 물이 있는 모양새이지만, 물이 좀 다르다. 병화가 임수(壬)와 함께 있을 때는 강물 위에 떠 있는 해를 생각할 수 있다(江暉相暎[강휘상영]). 강물이 빛을 반사해 더욱 눈부셔진다. 물이 불을 끄기는커녕 외려 돋보이게 만드는 셈이다.* 반면 자수(子)의 주성분인 계수(系)는 빗물이다. 비 오는 날 해가 떠 있는 형국(黑雲遮日[흑운차일])이니, 햇빛이 힘을 쓰지 못한다.

병화를 기준으로 임수는 편관(偏官), 자수는 정관(正官)이다. 흔히 편관을 '칠살(七殺)'이라고 부르며 꺼리고 정관은 좋은 뜻으로 이해하지만, 꼭 그런 일이 아니다. 병화는 말하자면 100미터를 10초 안에 달릴 수 있는 축구 선수다. 공을 몰고 돌진하면 누구도 막을 수 없다. 하지만 자칫 상대편이 아닌 우리 편 골대로 공을 몰고 올 때도 있다. 병화의 폭발력에 방향을 잡아주는 힘이 통찰력의 임수다. 포레스트 검프에게 공을 쥐어주며 "뛰어"라고 말하는 그 목소리다. 병화의 속도에 임수가 방향을 지정해주는 셈이다. 성능 좋은 엔진에 핸들과 브레이크를 달아주는 격이다.

일반적으로 편관은 즉각적인 행동을 만드는 힘이라고 풀이한다. 남들은 생각만 하고 있을 때 편관은 이미 행동을 하고 있다. 남들이 전염병 퇴치 방법을 몰라 발만 동동 구를 때 오이디푸스는 이미 델피에 신탁을 구하러 크레온을 보냈다. 살인범을 찾기 위해 예언자의 도움을 받으면 어떠냐고 남들이 말할 때 오이디푸스는 이미 테이레시아스를 부르러 사람을 보냈다. 망설임이 없다. 병화 자체가 급한 성격의 대표인데, 오이디푸스는 병화 일간에 편관까지 갖고 있다. 이 정도면 생각도 하기 전에 행동을 먼저 할 사람이다.

---

* 병화가 임수와 함께 있으면 속칭 '출세할 팔자'로 본다.

정관은 쉽게 말해 정답 인생, 모범생 인생이다. 사람이 반듯하지만 재미는 없다. 거짓말도 못 하고 요령도 못 피운다. 친구들끼리 싸움이 나면 잘잘못을 가리는 심판으로 소환되지만 친구들끼리 불량식품 먹으러 갈 때는 초대받지 못한다. 전염병 퇴치를 위한 탄원을 받는 자리에서 오이디푸스는 말한다. "이런 탄원에 연민의 정을 느끼지 않는다면 인정머리 없는 사람이 되겠지." 연민을 보이는 일조차 마땅히 해야 하는 일이기 때문인 듯 보이는 말이다.

사주에서 연간은 사람의 첫인상을 좌우한다. 오이디푸스의 사주에서 연간은 경금(庚)이다. 딱 보면 단호하고 원칙적이고 고집 좀 있어 보이는 인상을 준다. 경금이 오이디푸스에게는 편재(偏財)다. 딱 붙는 정장을 갖춰 입은 펀드매니저가 떠오르는 모습이다. 일에는 완벽주의 성향이면서 더할 나위 없이 매너도 좋지만 어쩐지 바늘로 찔러도 피 한 방울 안 나올 것 같은 인상이다.

월간은 세상을 살고 싶은 방식을 뜻한다. 오이디푸스 사주의 월간은 기토(己)인데 상관(傷官)이다.* 기토는 원래 주어진 상황을 수용하지만, 상관은 태생부터 반골이다. 말 잘 듣는 착한 어린이로 살지 꼬박꼬박 말대답하는 문제아로 살지가 태생부터 헷갈린다. 사주팔자만 놓고 봐서는 어떤 인생을 살 수 있는지 예단할 수 없

---

* 병화(丙)가 기토(己)를 만나면 태양이 농사가 잘되도록 논밭을 비추는 모양새가 돼 학술과 종교, 교육에 자질에 탁월하다고 본다.

다. 결국 개인이 선택할 몫이다. 어차피 운명 자체가 그러하듯이.

사주로 보는 내 남편, 내 아내

사주를 상담하러 갈 때 사람들이 궁금해하는 점은 대개 몇 가지 범주 안에 있다. 첫째는 '부자 될 팔자인가요?', '이번에 승진하나요?', '합격하나요?', '사업 시작하면 대박 날까요?' 계열이다. 성격이 운명이라는 관점에서 사주를 분석하면 '용하다'까지는 아니더라도 대충은 쉽게 짐작할 수 있는 내용이다.

둘째는 '이 사람과 궁합이 좋나요?', '제 남편 바람피우나요? 이혼해야 할까요?', '올해는 자식 보나요?' 계열이다. 가족에 대한 얘기다. 일간을 중심으로 오행의 관계를 파악하면 가족관계 역시 어느 정도 짐작할 수 있다. 하지만 과거부터 사람들이 가족에 대한 궁금증이 컸던 때문인지 단지 오행의 상극을 넘어서는 이론들도 꽤 있다.

일단 배우자의 자리는 일지로 본다. 말 그대로 인생의 반려자로서, 일간과 가장 가깝고 떨어질 수 없는 관계이기 때문이다. 예컨대 일지가 인성이라면 엄마 같은 배우자를 의미한다. 마치 아이를 대하듯이 이것저것 열심히 챙겨준다는 뜻이다. 사주 상담을 가면 '당신은 엄마처럼 살뜰하게 챙겨주는 배우자를 만나겠군요' 하는 예언 같은 말을 들을지도 모른다. 하지만 속뜻은 자신이 엄마 같은 배우자를 원하고 좋아하고 선택한다는 뜻이다. 운명은 어디까지나 자기 몫이다.

병화(丙) 일간인 오이디푸스에게 인목(寅) 일지는 편인이다. 엄마 같은 여자로 살뜰하게 챙겨주는 배우자인데,* 그 와중에 오이디푸스 자신은 외로움을 느끼는 모양새다. 배우자에게 기대가 끝도 없는 사람이다. 배우자가 아무리 잘해줘도 '더 많이'를 원한다. 아무리 엄마처럼 챙겨주더라도 배우자는 엄마가 아니다. 언젠가는 감정이 폭발할 테고, 싸움이 일상이 될 수 있다. 그래서 일지가 편인인 경우는 결혼 생활이 썩 평탄하지 않다고 흔히 본다.

그럼 일지가 편인이면 무조건 불행한 결혼 생활을 피할 수 없을까? 물론 아니다. 편인은 기본적으로 엄마처럼 챙겨주는 배우자다. 그 마음 씀씀이에 감사할 줄 안다면 결혼 생활이 삐걱거릴 이유가 없다. 상대의 넘치는 사랑에 감사할 줄 모르고 '더 많이'를 원하기 때문에 문제가 발생한다.

일지 비겁도 대개 결혼운이 좋지 않은 사주로 꼽힌다. 배우자 자리에 비겁이 들어왔으니 '친구 같은 아내(남편)'가 되는 셈이다. 문제는 일지가 비겁이면 사주 전체로도 비겁이 강한 사주라는 점이다. 매사 자기중심에 고집불통, 게다가 왕자병(공주병)의 싹도 안고 있다. 결혼 생활이 순탄할 턱이 없다.

사주를 공부하는 이유는 '나'를 직시하기 위해서다. 결혼 생활

---

* 오이디푸스의 경우엔 실제로 엄마가 곧 아내(배우자)였다.

이 불행하면 흔히 상대를 먼저 탓하게 된다. 성인군자가 아니라면 누구라도 마찬가지다. 그러나 사주를 찬찬히 들여다보면 편인 일지, 비겁 일지처럼 문제는 결국 나 자신에게 있음을 발견하게 된다. 나의 변화가 인생을 바꾼다.

배우자 자리인 일지와 별개로 배우자에 해당하는 십성을 분석해 결혼운을 보기도 한다. 남자에게는 재성이 아내, 여자에게는 관성이 남편인데, 각각 재성과 관성이 얼마나 튼튼하고 어떤 역힐을 수행하는지를 보는 방법이다. 남자 사주에 재성이 없으면 '여자 복이 없다', 여자 사주에 관성이 없으면 '남편 복이 없다'는 말도 그래서 나온다.

오이디푸스에게는 연간 경금(庚)이 재성인데 연지 오화(午)의 극을 받으면서 월간 기토(己)의 생을 받는다. 이런 모양이면 (식상의 생을 받아 힘이 있기 때문에) 아내가 제 몫을 다하면서도 (비겁의 극을 받기 때문에) 남편에게 순종한다고 해석한다. 집에서는 남편에게 사랑받으며 남편에게 순종하고, 밖에서는 자기 일에서 성공하는 직장 여성이랄까?

거리가 멀어서 직접적인 상관은 없지만 배우자인 경금은 시간에 있는 관성 임수(壬)를 생하기도 한다.** 재성이 직접 관성을 생하는 구조가 되면, 부인 덕분에 출세하는 팔자가 된다. 사회적 지

** 임수(壬)와 경금(庚)이 함께 있으면 뛰어난 창조력, 기획력으로 나타난다. 금(金)이 수원지가 되어 물(水)을 맑게 해주는 탓이다. 금백수청(金白水清), 금수쌍청(金水雙清)도 같은 맥락에서 우수한 두뇌를 뜻한다.

위와 명예(관성)를 얻는 데 아내(재성)가 동원되는 탓이다. 이오카스테와 결혼해 왕이 됐으니 오이디푸스의 경우에도 아주 틀린 말은 아니다. 다만 오이디푸스는 결혼을 잘해서 왕이 됐다기보다는 자신의 능력으로 왕이 됐고, 왕이 됐기 때문에 이오카스테와 결혼했다고 하는 편이 더 정확하다. 연주의 재성과 시주의 관성이 거리가 먼 탓이라고 풀이할 수 있겠다.

배우자인 경금(庚)의 입장에서 보면 일간인 병화(丙)보다 연지 오화(午)를 더 일찍 만나고 더 가깝다. 월지에도 또 비겁 사화(巳)가 있다. 이런 사주에서는 아내의 복잡한 남자관계를 의심하기도 한다. 이오카스테는 전남편 라이오스와 사별하고 오이디푸스를 만났으니 경우가 다르지만, 중요한 점은 아내의 외도 가능성이 남편의 사주에 떡하니 나와 있다는 사실이다. 외도는 물론 외도한 쪽이 백번 잘못했고 변명의 여지가 없다. 하지만 타고난 사주에 배우자의 외도 가능성이 엿보인다면 자신의 어떤 모습이 문제인지 미리 살피는 기회가 될 수 있다.

사주로 미리 보는 일생

'근묘화실(根苗花實)'이라는 명리학 이론이 있다. 연주를 뿌리, 월주를 싹, 일주를 꽃, 시주를 열매에 비유해 팔자로 일생을 살펴보는 방법이다. 연주를 조상, 월주를 부모, 일주를 나와 배우자, 시주를 자식으로 보기도 하고, 연주를 국가, 월주를 사회, 일주를 사생활, 시주를 미래의 모습으로 보기도 한다. 또 연주를 초년, 월주를 청년, 일주를 장년, 시주를 말년으로 보기도 한다. 어린 시절의 삶은 사실상 부모가 결정하는 몫이 크고 늘그막의 삶은 자식에게 많이 좌우되기 때문에 서로 다른 기준이 함께 적용될 수 있다.

어릴 때는 말 잘 듣고 공부 열심히 하면 최고다. 그래서 연주에 관성이나 인성이 있으면 '좋다'고들 한다. 연주에 재성이 있으면 친구들하고 노는 데 정신이 팔린다는 뜻이니 아무래도 공부와는 담을 쌓게 된다. 말 안 듣고 공부를 안 하면 아버지에게 혼쭐이 나기 마련이라서 그럴까? 연주에 편재가 있으면 아버지와의 인연이 박하다고 한다. 오이디푸스가 딱 그렇다. 오이디푸스는 연주에 비겁도 있는데, 아마 어린 시절 골목 어귀에서 친구들과 놀다가 싸움질도 꽤나 하지 않았을까 싶다.

월주는 청년기에 해당한다. 친구들을 사귀고, 연애하고, 일에 재미를 붙이고, 돈도 벌기 시작하는 시기다. 재성과 식상의 시기다. 오이디푸스는 상관(식상)과 비견(비겁)이 있다. 집을 박차고 나오고, 시비가 붙자 거침없이 주먹을 내지르고, 꾀를 내 스핑크스의 수수께끼를 푸는 힘이 바로 비견과 상관이다. 식상은 일에 몰두하는 힘일 뿐 성과를 만드는 힘이 아니다. 스핑크스의 수수께끼를 풀어낸 집중력이 테바이의 왕좌에 오르는 결과로 이어지는 데에는 대운이나 세운에서 재성이 작용한 결과가 아닐까 싶다.

일주는 장년기에 해당한다. 사회에서 일정한 지위에 오르고 열정적인 노동의 대가로 어느 정도 부를 축적하는 시기다. 말하자면 관성과 재성의 시기다. 오이디푸스는 일간 비겁을 제외하면 인성이 자리 잡았다. 인생의 지혜를 획득해 자기 삶의 주인이 되어야 하는 때에 온갖 잡생각에 발목이 잡히는 형국이다. 하지만 오이디푸스는 그 잡생각과 외로움마저 벗 삼아 자신의 길을 뚜벅뚜벅 걸어간다.

시주는 인생의 말년이다. 자식들이 사회 구성원으로 제 몫을 하는 모습을 보며 자랑스러워하고 후배들과 후손들에게 사랑을 주고 존경을 받으며 사는 시기다. 관성과 인성의 시기다. 오이디푸스의 시간은 편관, 시지는 정관으로 시주가 관성으로만 이뤄져 있다. 좋게 보면 말년에 명예가 높다는 뜻이다. 시지는 자식 자리를 의미하니까 자식이 아버지의 자랑거리가 된다는 뜻이기도 하다. 하지만 관성은 늘 양날의 칼이다. 아차, 하는 순간 일간을 공격할 수도 있다. 잘나가는 자식을 자랑스러워할 수도 있지만, 잘나가는 자식의 눈치를 보는 신세로 전락할 수도 있다.

오이디푸스의 사주를 전체적으로 보면 식상(상관)이 재성을 생한다(食傷生財[식상생재]). 일(식상)을 하면 그 결과로 돈(재성)을 번다는 뜻이다. 식상이 없으면 노력은 하지 않고 결과만 바라는 꼴이니 일이 제대로 될 턱이 없다. 하지만 식상이 있으면 노력만큼의 결과가 이어지니 차곡차곡 돈을 벌 수 있다. 다만 비겁이 많으니 그 돈을 나눠 갖는다. 독식하겠다는 욕심만 버린다면 사는 데 필요한 돈은 충분히 만들 수 있다.

오이디푸스의 사주는 또 관성이 인성을 거쳐 작용한다(官印相生[관인상생]). 관성이 직접 극하면 일간이 다치기 쉽지만, 인성을 거치면 관성이 일간을 돕는 힘이 된다. 게다가 비겁이 많다. 일간을 극하는 관성과 맞서 싸울 동맹군이 많다는 뜻이다. 그러니 조직(관성)의 노예가 되지 않고 오히려 조직을 지배하는 힘을 갖게 된다.

일생을 놓고 보면 어릴 적에 부모의 보살핌을 받지 못하지만, 평생 제 성질대로 기죽지 않고 살뿐더러 말년에는 높은 지위까지 누린다. 누구나 부러워할 만한 팔자다. 식상생재로 돈도 벌고, 관인상생으로 출세도 한다. 말 그대로 부귀(富貴)를 누린다. 다만 알 수 없는 외로움과 불안감을 안고 살아가지만, 남들은 내면의 아픔까지 알 턱이 없다.

피할 수 없는 운명의 충격

타고난 사주팔자대로 최고 권력자의 자리에 올랐던 오이디푸스는 한순간에 추락했다. "나야말로 완전히 망했어. 가장 저주받고, 신들에게 가장 미움받는 존재야." 신과 운명을 원망하는 것도 무리가 아니다. "신이시여, 나를 얼마나 멀리 내던지십니까!" 잘 나가던 사람에게 갑자기 불행이 닥친다면 대운과 세운을 먼저 살핀다.

오이디푸스에게 닥친 상황을 생각해보면 신해(辛亥) 대운에 갑신(甲申) 세운을 맞았다고 짐작할 수 있다. 신해 대운의 해수(亥)는 월지 사화(巳)와 충을 일으킨다. 빨갛게 달궈진 쇳덩어리에 갑자기 찬물을 부어버린 꼴이다. 요란한 소리를 내면서 물방울이 사방으로 튀지만, 결국 쇠를 달구던 불의 온도는 크게 떨어진다. 월지는 세상을 살아가는 방식이라고 했다. 불의 힘으로 세상을 살고 있었는데 사회생활의 동력이 꺼지는 셈이다.

누구나 50대에 월지에 충을 맞는다. 바로 그 50대에 대개 인생은 급격한 변화를 겪는다. 직장으로 출근하던 사람이 갑자기 갈 곳을 잃고 은퇴한다. 자식들이 분가해 나가는 터라 집도 크기를 줄여서 이사하는 경우가 많다. 평생 밖으로 나돌다가 갑자기 함께 지내는 시간이 많아진 부부는 갈등이 커져 헤어지기도 한다. 순식간에 몰려드는 불행에 인생에 회의를 느끼기도 한다.

해수(亥) 하나만 갖고도 충격파가 큰데, 신해 대운은 신금(辛)이라는 수원지를 가진 강력한 물이다. 을해(乙亥)나 기해(己亥)라면 해수가 을목(乙)에 기를 빨리거나 기토(己)에 극을 당해 힘이 약하겠지만, 신해는 신금의 생을 받아 힘이 강하다. 똑같이 월지에 충을 때리더라도 위력이 더 강력하다.

게다가 신금은 일간인 병화(丙)의 빛을 흡수한다. 조명을 받아 빛나는 보석을 생각하면 된다. 빛은 그저 보석을 빛내주는 역할을 할 뿐 그 자체로 주목받지 못한다. 오행으로 보면 병화가 신금을 극하지만, 주목받아야 직성이 풀리는 병화로서는 가장 두려운 존재가 신금이다(逢辛反怯[봉신반겁]). 불의 힘으로 살아가던 오이디푸스로서는 월지의 불은 꺼지고, 일간의 빛은 빼앗기는 최악의 상황을 맞이하는 셈이다.

여기에 갑신 세운까지 겹친다면, 월지뿐 아니라 일지도 공격받는다. 갑신 세운의 신금(申)이 병인 일주의 인목(寅)과 충을 일으키기 때문이다. 일주는 그 사람의 정체성과도 같다. 그 정체성을 공격당하는 셈이니 '나는 누구인가'라는 근본적인 회의가 들 수밖에 없다. 건강도 나빠지고 때론 사고를 당할 위험으로 해석하기도 한다. 그래서 사주를 볼 때 가장 조심해야 할 시기가 바로 일지가 충을 맞는 때라고 한다.*

오이디푸스의 최후를 목도하고 원로들은 교훈처럼 되뇐다. "행복은 잠시 보이는가 싶다가 이내 사라져버리는구나. 그 어떤 인간도 행복하다고 칭송하지 말지어다. 그 사람이 인생의 바다를 건너 죽음의 문턱을 넘기 전에는." 우리는 불행하면 불행을 슬퍼하고, 행복하면 행복을 빼앗길까 봐 전전긍긍한다. 인간이라면 누구도 피할 수 없는 근본적 불안이다. 십성으로는 편인이다.

알 수 없는 불안에 시달릴 때 선택은 두 가지다. 대개는 종교에 귀의한다. 인생무상이라는 진실을 직면하면 '인생이란 빈손으로 와서 빈손으로 가는 법'이라는 말이 절로 나오는 법이다. 복닥거

---

* 인생에서 가장 심한 변화(위기)를 맞는 때는 원래 '천극지충(天克地冲)'이라고 해서, 대운이나 세운에서 일간은 극을 받는 동시에 일지는 충을 겪는 시기라고 한다. 병인(丙寅) 일주라면 임신(壬申) 대운(또는 세운)이 천극지충을 일으킬 텐데, 병화와 임수는 강물 위의 태양(江暉相暎[강호상영])처럼 상극이라기보다는 상생에 가까운 특수 관계다.

리는 세상에서 안간힘을 쓰며 살아봤자 다 의미 없다 싶고, 심하면 대인기피증에 시달리며 산으로 들어가버릴 수도 있다. 정반대의 선택도 있다. 무지막지한 실천력으로 불안감을 떨치려는 시도다. 나약한 개인이 강한 군중에 속하면 누구보다도 강경하고 폭력적인 실천가가 되는 이치와 같다.

오이디푸스의 일지 인목(寅)은 편인이다. 하지만 연지의 오화(午)와 함께 인오술(寅午戌) 합을 이룬다. 강력한 불바다 속에서 인목은 불쏘시개로 전락하는 셈이다. 이 상태에서 갑신(甲申) 세운이 오면 인신(寅申) 충이 일어나면서 합이 풀린다. 숨죽이고 있던 편인이 되살아난다. 갑신 세운의 갑목(甲) 역시 편인이다.

부모가 곧 그 사람의 정체성인 시대에 부모가 누군지 모르면 자신이 누군지 모른다는 뜻이었다. 오이디푸스는 내면 깊숙이 존재의 근원에 대한 불안감을 안고 있지만 망설임 없는 단호한 권력자의 겉모습에 숨겨두고 살았다. 하지만 일지에 충을 맞고 편인운을 맞이하면서 유능한 지도자의 가면 속에 감춰둔 불안한 내면이 고개를 내밀었다. 국민을 위해 살인범을 찾으려 했던 노력이 어느덧 자신의 뿌리 찾기로 변질되는 이유다. "내 혈통이 비천할지도 모르지. 그렇다 하더라도, 나는 내가 누구인지 알아야겠소."

일지는 배우자 자리이기도 하다. 일지가 충을 받는다는 건 배우자의 자리가 위태롭다는 뜻이다. 즉, 이혼의 위기를 겪는 때 역시 일지가 충을 맞을 때다. 오이디푸스의 경우엔 배우자가 자살을 했다. 이혼은 아니지만, 이혼보다 더 격렬하게 충격을 받은 상황이다.

운명은 나 자신의 선택

사주에 있던 일지 인목과 월지 사화(巳)에 세운으로 신금(申)이 오면 인사신(寅巳申) 형(刑)이 이뤄진다. 인사신 형은 보통 수술, 사고, 입원, 송사, 감옥행을 의미한다. 마치 사고처럼 닥친 불행에 스스로 눈을 찌르는 오이디푸스의 상황과 딱 맞아떨어진다. 더구나 인목과 사화, 신금 모두 각각 봄과 여름, 가을을 시작하는 기운으로 활발하게 움직이는 역마의 성질을 갖고 있다. 조국에서 추방당해 방랑길에 오르는 오이디푸스의 모습이다. 조국에서 쫓겨나고 시력을 잃게 되리라고 테이레시아스가 예언한 그대로다. 정말이지 오이디푸스의 몰락은 사주팔자에 이미 예정돼 있던 운명처럼 보인다. 과연 그럴까?

흥미롭게도 사고와 감옥행을 뜻하는 인사신 형은 간혹 출세와 승진을 뜻하기도 한다. 인목과 사화, 신금 모두 계절을 시작하는 역동적인 기운이다. 지나치게 역동적이라서 제멋대로 날뛰다가 사고 친다는 게 인사신 형의 뜻이다. 모난 돌이 정 맞는 법이니 나대지 말라는 경고가 담겨 있다. 나서야 할 때를 알고, 덤벼야 할 때를 안다면, 객관적인 실력이 부족해도 의외의 성과를 거둘 수 있다. 다만 나설 때인지 아닌지를 아는 일이 언제나 가장 어려운 법이다.

오이디푸스는 평생 생각의 속도보다 주먹의 속도가 빨랐던 사람이다. 이미 충분히 역동적으로 인생을 살아왔다. 인사신 형에 들었다는 뜻은, 거기서 더욱 적극적으로 나선다는 뜻이다. 앞에서 달려오는 자동차를 보면서도 속도를 줄이지 않고 냅다 가속 페달을 밟는 격이다. 오이디푸스 자신도 사고의 위험을 직감하고 있었다. 하지만 멈추지 않았다. "나는 듣지 않을 수 없고, 그래도 기어이 들어야겠다."

일지 충을 만드는 인목과 신금, 월지 충을 만드는 사화와 해수 모두 역동성의 대표 선수들이다. 다만 역동성의 방향이 다르다. 인목과 신금은 봄과 가을의 충돌이고, 사화와 해수는 여름과 겨울의 충돌이다. 출발 신호가 들리기도 전에 달려 나가는 인목과 출발 신호를 듣고도 땅에 떨어진 돈부터 주우려는 신금, 무작정 열심히 달리려는 사화와 작전 계획 세우느라 정작 달리기는 뒷전인 해수의 충돌이다.

충이란 생활 방식, 사고방식에 오는 충격이다. 월지 충이 사회생활의 방식에 오는 일대 충격이라면, 일지 충은 삶의 방식, 생각하는 방식 자체에 오는 충격이다. 남들은 모르지만 거들떠보지 않던 아스팔트 틈새의 야생초에 눈길이 가는 스스로에 놀라기도 한다. 윗사람에게 고분고분하던 사람이 갑자기 대들기도 하고, 뒤늦게 바람을 피우기도 한다. 평생 안 하던 짓을 한다. 그러다 사고 친다.

누구나 50대에 월지 충을 경험하는 이유는 50대쯤 되면 세상을 사는 방식을 근본적으로 다시 고민해보라는 뜻이 아닐까 싶다. 이미 지난날의 방식은 감당할 수 없다. 젊은 날처럼 제 고집만 내세워서는 살 수 없다. 체력을 믿고 밤새워 일하지도 못한다. 버는 돈보다 쓰는 돈이 많아진다. 달라진 자신을 인정하고 삶의 방식을 바꿔야 한다. 말하기보다는 듣기에 치중하고, 싸우기보다는 양보하는 삶을 살아야 한다. 그러나 오이디푸스는 정반대의 선택을 했다. 집요하게도 과거의 방식을 고집했다. 그 결과는 파멸이었다.

테이레시아스는 오이디푸스에게 말했다. "그대의 말이 그대를 파멸로 이끈다." 파멸이든 성공이든, 운명은 나 자신이 선택한 결과물이다. 오이디푸스가 라이오스를 죽이고 이오카스테와 결혼한 것은 '아비를 죽이고 어미와 동침한다'는 신탁 때문이 아니다. 생각보다 주먹이 앞섰던 오이디푸스 자신의 성격 때문이다.

어머니와 결혼한 오이디푸스에게 테이레시아스는 "그대는 눈이 있어도 보지 못한다"고 훈계했다. "오늘 당신은 태어나고, 또 죽을 것이오." 각성의 순간, 과거의 나는 죽고 새로운 내가 태어난다. 오이디푸스는 어머니를 알아보지 못한 눈을 스스로 찌름으로써 과거와의 단절을 선언했다. 있어도 보지 못하는 눈이 아니라 없어도 볼 수 있는 눈으로 세상을 살아가겠다는 선언이다. 기존의 삶의 방식을 버리고 새로운 방식으로 세상을 살겠다는 선언이다.

과연 파멸을 맞은 오이디푸스는 자신의 선언처럼 새로운 방식으로 남은 생을 살아갔을까? 소포클레스가 백수를 바라보는 나이에 썼다는 〈콜로노스의 오이디푸스〉를 보면 오이디푸스는 명령 대신 부탁을 하고 죽음 앞에 겸손한 노인으로 등장하지만, 여전히 격렬한 분노를 숨기지 못하는 불같은 성격의 소유자다. 사람 참

쉽게 바뀌지 않는다.

아버지가 누군지가 곧 그 사람을 규정하던 과거와 달리 현대는 하는 일로 사람을 규정한다. 아버지를 바꾸지는 못하지만 직업은 마음만 먹으면 바꿀 수 있다. 하지만 현실은 어떤가? 다들 입버릇처럼 말한다. '나는 내 사업을 하고 싶다', '나는 작가가 되고 싶다.' 하지만 말뿐이다. 직업을 바꾸기는커녕 살을 빼겠다는 결심조차 실행하지 못하고, 담배를 끊겠다는 다짐조차 지키지 못한다.

인생을 바꾸고 싶다면 작은 일부터 바꾸면 된다. 살을 10kg 빼겠다는 거창한 목표 대신 지하철 한 정거장 먼저 내려서 걸어서 귀가하는 일부터 시작하면 쉽다. 매일 10km씩 달리겠다고 결심하는 대신 엘리베이터를 타지 않는 일부터 실천하면 된다. '날씬한 사람'이 되려 하기보다 '일단 움직이기', '배부르게 먹지 않기'라는 구체적인 행동을 실행하면 된다. 깨진 유리창 하나가 슬럼가를 만든다. 대대적인 도시 정화 운동을 벌여봤자 소용없다. 작은 행동, 작은 실천이 변화를 만든다.

형식이 실질을 규정한다. 공자가 예절을 강조한 이유다. 깍듯한 예절을 몸에 익히면 공경하는 마음이 자리 잡는다. 행동이 마음을 만든다. 자신에게 없는 오행이 있다면 그 오행에 해당하는 행동부터 몸에 배도록 하면 된다. 어렵게 여길 필요 없다. 금(金) 기운이 없다면 일단 시간 약속부터 철저히 지킨다. 그러다 보면 무리한 부탁을 끊어내는 단호함도 어느 틈에 갖추게 된다. 운명은 성격이다. 성격은 습관이 모여 만들어진다. 습관은 행동이 모인 결과다.

작은 행동의 변화가 운명을 바꾼다.

사주 격언에 '병(病)이 없으면 큰사람이 될 수 없다'고 한다.* 오이디푸스로서는 태생적인 존재의 불안감이 병이었다. 물론 오이디푸스 자신은 인식하지 못했다. 그러나 갑자기 전면적인 불안감에 무너지고 말았다. 병을 앓고 있으면서 병을 모른 채 살아가며 병을 키운 탓이다. '누구나 그림자를 안고 산다. 그 그림자가 의식적 생활에 구현되는 정도가 적을수록 그림자는 더 검고 짙다.'(카를 융) 누구나 멀쩡하다가 갑자기 발끈하는 지점이 있다. 바로 그곳이 그림자요, 사주에서 말하는 병이다.

쿨함이 각광받는 시대다. 어떤 상황에서 쿨하게 대응하면 멋진 사람 대접을 받는다. 하지만 쿨함이란, 어쩌면 냉소의 다른 말이 아닐까? 또한 냉소는 회피의 다른 말은 아닐까? 뭔가를 시도했다가 실패하기 두려워 악다구니 쓰고 덤비기를 피하고, 또는 눈에 띄었다가 웃음거리가 될까 봐 뒤로 숨고 위장한 모습이 쿨함의 본질 아닐까?

"이번엔 안 될 것 같아"라고 말하면 정말로 안 된다. '이건 힘든일'이라고 생각하면 실제로 어려운 일이 된다. 반대로 '나는 할 수 있어'라고 다짐하면 진짜 해내고야 만다. 말과 생각은 자기실현 능력을 가진 예언이다. 우리는 가장 무서운 일을 스스로 만들어낸

---

* 청나라 때 진소암이 《명리약언》에 쓴 말인데, 원문은 이렇다. "병이 있어 약을 얻으니 귀하게 된다. 병이 있고 약을 구할 수 없다면 흉하다. 병도 없고 약도 없으면 평범한 사주다."

다. 애인의 이별 통고가 무서워 매몰차게 굴다가 실제로 걷어차인다. 직장에서 자신만 미움받는 기분에 겉돌다가 실제로 윗사람의 눈 밖에 난다. 최악의 상황은 스스로 만든다.

〈콜로노스의 오이디푸스〉는 자신의 행동을 "내가 한 일이 아닌 당한 일"이라고 말한다. 사람들이 이렇다. 불행을 겪으면 대개 '누군가의 해코지' 아니면 '신의 장난' 때문이라고 생각한다. 사람이든 신이든, 일단 남 탓이다. 하지만 바로 이 버릇 때문에 우리는 평생을 살면서 늘 같은 잘못, 같은 실수를 반복한다.

'네 잘못이 아니야.' 영화 〈굿 윌 헌팅〉의 명대사이기도 하고, 심리학자들이 가장 자주 하는 말이기도 하다. 실의에 빠진 사람에게 이처럼 위로와 용기를 주는 말도 없다. 하지만 그렇게 마음의 평화를 되찾고 나면, 다시 그 순간으로 돌아가도 똑같은 행동을 되풀이한다. 실패할 때마다 남 탓을 하면, 스스로를 피해자로 만든다면, 그저 살던 대로 계속 살겠다고, 별 볼 일 없는 인생을 살겠다고 우기는 꼴밖에 안 된다.

현재는 과거가 만든 결과물이다. 그렇게 만들어진 현재가 미래를 만든다. 일단 과거를 인정하는 일이 먼저다. '운명을 사랑하라 (Amor Fati)'고 한 니체는 '자신의 고통과 몰락마저 사랑하라'고도 했다. 이 구름 잡는 소리를 방탄소년단은 노래 가사로 풀어냈다. '니 삶 속의 굵은 나이테 그 또한 너의 일부, 너이기에 이제는 나 자신을 용서하자 (…) 왜 자꾸만 감추려고만 해 니 가면 속으로 내 실수로 생긴 흉터까지 다 내 별자린데.'(〈Answer: Love Myself〉에서)

부끄러운 과거를 덮어두면 언젠가 다시 드러난다. 부끄러운 나 자신의 모습을 인정하는 데서 변화가 시작된다. 그것이야말로 진정 나를 사랑하고, 운명을 사랑하는 방식이다. 나를 증명하는 것은 언제나 현재뿐이다.

사주를 공부하면 마치 하나의 그림처럼 나 자신을 차분히 들여다볼 수 있다. 스스로를 제3자나 또는 사물처럼 하나의 연구 대상으로 볼 수 있다. 진정한 의미의 객관화가 가능해지고, 그래서 나를 온전히 이해할 수 있다. 다른 사람의 사주 역시 마찬가지다. 선입견 걷어내고 사주를 보면 그 사람을 미워하는 대신 이해할 수 있게 된다. 어쩌면 동감하고 연민을 보낼지도 모른다. '너도 꽤나 힘겨운 삶을 살겠구나' 하면서.

힘든 일을 겪고 나면 굳은 결심으로 삶의 방식을 바꿔보리라 다짐하지만, 얼마 안 가 다시 제자리로 돌아가기 일쑤다. 일부러 되새기고, 누군가 옆에서 일깨워주지 않으면 새로운 생각을 하기보다는 타성에 젖어 '하던 대로' 하고 '살던 대로' 살고 만다. 그래서 사주풀이가 운명의 예언처럼 정확하게 맞아떨어지는지도 모르겠다. 또 그래서 다시 사주를 공부해야 하는지도 모른다. 마치 아침에 집을 나서기 전에 거울 앞에서 매무새를 점검하듯이, 시시때때로 사주를 펼쳐놓고 내 삶의 자세를 반성해야 하는 이유다.

그리스 비극의
속살

아테네 파르테논 신전 산기슭에 디오니소스 극장이 있다. 현재 남아 있는 좌석만 따지면 수백 석 남짓이지만 2,500년 전에는 1만여 명이 모여서 비극을 보던 공간이었다. 매년 봄마다 디오니소스 축제에 때맞춰 비극 대회가 열렸다. 예심을 거쳐 세 명의 작품이 공연됐다. (3등은 참가상인 셈이다.) 작가 한 명이 총 네 작품을 하루에 공연했다. 모든 비극은 기본적으로 3부작이고, 여기에 익살스러운 캐릭터가 등장하는 사티로스극이 함께 무대에 올랐다. 비극한 작품당 두 시간씩 공연한다면, 작가 한 명의 작품을 감상하는 데에만 총 여덟 시간 걸린다. 해가 지면 공연을 할 수 없는 시대였으니 사실상 하루 종일이다.

관객은 뙤약볕에서 여덟 시간 동안 앉아 있어야 했다. 아마도 자리에 앉아 식사도 해결했을 테고, 어쩌면 볼일도 봤을지 모른다. 조명도, 분장술도 없는 데다 심지어 한 명의 배우가 여러 역할을 수행하는 그리스 비극에서는 캐릭터의 특징을 나타내는 가면을 쓰고 공연했다. 가뜩이나 야외 공연인데 가면까지 썼으니 대사 전달이 한층 어려웠을 가능성이 많다. 한마디로 관객의 주의를 집중시키기에는 최악의 상황이다.

사람들은 자신의 이야기에 귀를 기울인다. 비극 작가들은 관객 자신의 이야기를 들려줘야 했다. 그러다 비극 공연 초기에 실제로 있었던 전투를 묘사했다가 관객들이 집단 히스테리를 일으키는 사건이 일어났다. 이후로는 실제 사건을 소재로 한 비극 공연은 금지됐다. 작가들은 어쩔 수 없이 신화에서 소재를 가져왔다. 현대를 사는 우리에게는 비극이 그저 신화의 변형일 뿐이지만, 당대의 그리스인들에게는 자신들의 고통과 고민, 관심사가 담긴 생생한 현실이었다.

비극은 아테네 시민을 괴롭힌 전염병에 대한 공포(〈오이디푸스〉), 조국의 구원자였지만 배신자로 낙인찍힌 전쟁 영웅(테미스토클레스)에 대한 연민(〈아이아스〉, 〈안티고네〉), 스파르타를 향한 뿌리 깊은 반감(〈헤라클레스〉, 〈아가멤논〉), 자신들이 만든 민주정치에 대한 자부심(〈자비로운 여신들〉), 아테네를 핍박받는 이들의 구원자로 여기는 제국주의(〈콜로노스의 오이디푸스〉, 〈메데이아〉)를 담고 있다.

본문에서 등장인물의 성격 분석을 중심으로 분석하다 보니 그리스 비극에서 가장 중요한 존재를 얼렁뚱땅 다루고 말았다. 합창단이다. 〈오이디푸스〉와 〈안티고네〉에서는 테바이 궁정의 원로들이, 〈결박된 프로메테우스〉에서는 오케아노스의 딸들이, 〈트라키스 여인들〉과 〈히폴리토스〉에서는 동네 여인들이 맡았던 역할이 합창단이다. 대개 전쟁에 나갈 수 없는 노인들이나 자기주장을 펼치지 못하는 여인들, 한마디로 힘없고 행동하지 못하는 사람들이다.

합창단은 비극 공연 때도 극이 전개되는 무대에는 오르지 않고 '오르케스트라'라는, 객석과 무대 사이의 원형 마당에서 빙글빙글 돌 뿐이었다.* 이들은 등장인물의 비극적 상황을 안타까워하지만 등장인물의 폭주를 뜯어말리지는 못한다. 고작해야 '저러다 큰일 나는데……' 수준의 우려와 경고가 합창단이 할 수 있는 최대치다.

하지만 무력해 보이는 이들 합창단은 등장인물의 행동에 의미를 부여한다. 등장인물이 파멸이 뻔한 길을 선택하더라도 마음을 다해 응원하기도 하고, 설령 성공으로 가는 길로 보일지라도 마음으로 말린다. 합창단은 누구보다 관객과 함께 호흡한다. 합창단은 관객들의 애통한 마음을 노래로 표현한다. 등장인물의 대사가 사건을 전달하는 서사시라면, 합창단의 노래는 관객의 마음을 표현하는 서정시다. 니체가《비극의 탄생》에서 '아폴론적'이라고 한 대상은 등장인물의 대사요, '디오니소스적'이라고 한 대상은 바로 합창단의 노래다.

비극은 원래 디오니소스 신에게 바치던 찬가였던 합창이 먼

---

* 오늘날 오케스트라의 어원. 오페라에서 오케스트라의 위치도 무대 바로 아래, 무대와 객석의 사이에 있다.

저 생겨났고, 여기에 등장인물의 대사가 붙으면서 점차 발달했다고 흔히들 본다. 그래서 아이스킬로스의 작품에서는 합창의 비중이 거의 등장인물의 대사만큼이나 크지만, 소포클레스의 작품에서는 장면을 구분하는 역할 정도로 비중이 줄어든다. 그러다가 에우리피데스의 작품에서는 사실상 합창단이 유명무실해진다. 대신 등장인물은 고통스러운 순간에 자신이 왜 고통스러운지 너무나도 논리 정연하게 설명한다. 바로 이 점 때문에 니체는 에우리피데스 이후 그리스 비극이 쇠퇴했다고 썼다.

그리스 비극의 황금기는 짧았다. 아이스킬로스가 현재 남아 있는 가장 오래된 비극인 〈페르시아인들〉을 공연한 때가 서기전 472년이고, 현존하는 마지막 비극 작품 〈콜로노스의 오이디푸스〉**는 서기전 401년에 공연했다. 고작 70년 안팎이다. 그 이후로는 새로운 작품을 무대에 올리기보다는 기존 3대 작가의 작품을 다시 공연하는 경우가 많았다. 간혹 새로운 작품이 나왔지만 후대인들이 기록을 남길 정도의 작품성을 보이지 못했다.

아테네가 페르시아의 침략을 물리친 마라톤 전투가 서기전 490년, 아테네가 수세에서 공세로 전환해 지중해를 장악하는 계기가 된 살라미스 해전이 서기전 480년, 페리클레스가 집권해 아테네의 민주주의와 제국주의를 최고조로 올려놓은 때가 서기전

** 에우리피데스가 더 후대 사람이지만 그보다 더 오래 산 소포클레스의 작품이 '마지막' 비극 작품으로 남게 되었다.

450년, 아테네가 스파르타와 그리스 패권을 놓고 펠로폰네소스 전쟁에 돌입한 때가 서기전 431년, 아테네가 스파르타에 항복한 때가 서기전 404년이다. 90년 안팎의 전성기였다. 아테네의 역사와 비극의 역사가 교묘하게 겹쳐진다.

명리학은
어디서 왔나

명리학은 음양 이론과 떼어서 생각할 수 없고, 음양 이론의 결정판은 《주역》이다. 《주역》은 음과 양을 계속 둘로 나눠 소음, 태음, 소양, 태양의 4괘를 만들고, 이를 다시 8괘, 64괘로 세분화시켜 주나라 때(3,000년 전) 확고하게 자리를 잡았다. 그리고 2,500년 전 공자(의 제자들)가 철학을 입히면서 《주역》은 점치는 책에서 일약 '경전'으로 거듭나게 된다. 하지만 일단 경전의 반열에 오르고 나면 일점일획도 건드리지 못해 죽은 학문이 되기 쉽다.

공자의 틀에 얽매이지 않고 재야에서 음양 이론을 발전시킨 사람들이 있다. 이들의 무기는 서역에서 들어온 4원소론(물, 불, 공기, 흙)에서 착안한 오행설이었다. 아무리 잘게 쪼개도 이분법의 한계를 넘지 못하는 《주역》은 실생활의 변화무쌍함을 담기에 모자랐기 때문이다. 전국시대의 귀곡자는 고담준론에 빠진 《주역》을 대신해 사주를 실생활에 적용할 수 있는 명리학을 창시했다. 한나라 때 명리학 체계가 서는 시기와 오행설을 수용한 한의학 고전인

《황제내경》이 만들어지는 시기가 겹친다. 오행설이 체계화되고 적용 범위를 넓혀간 흔적이다.

초창기 명리학은 사주의 특정 오행이 많고 적음만 따져 운명을 분석했다. 그러다 당나라 때 이르러 기준점을 세우면 좀 더 세밀한 분석이 가능하다는 혁명적인 발상이 나왔다. 이허중이라는 인물은 연주(年柱)를 기준으로 사주를 분석하는 당사주를 만들었다. 당사주는 지금도 일부 쓰일 정도로 유용성을 인정받는다.

현재처럼 일간을 중심으로 사주를 풀이하는 방식은 당나라에서 송나라로 넘어가던 시대를 살았던 서자평이라는 인물이 창안했다. 대개 수십 명 안팎이 사는 마을에서 태어나 평생을 살아가던 시대에는 '어느 해에 태어난 아이'라는 말로 개인을 특정할 수 있었다. 연주가 개인의 운명을 판단하는 기준이 될 수 있었던 이유다. 하지만 사회의 규모가 커지면 더 이상 출생 연도만으로는 누가 누군지 구별할 수 없게 된다. 생일이 사주 판단의 기준으로 새로이 자리 잡은 이유다. 서자평이 쓴 《연해자평(淵海子平)》은 명리학 고전 중 맨 앞자리를 차지한다.

명리학을 학문의 경지로 끌어올린 또 한 명은 유백온이다. '유비에게 제갈공명이 있다면 주원장에게는 유백온이 있다'는 평가를 들은 명나라 개국공신이다. 유백온이 쓴 《적천수(滴天髓)》는 민간에서 떠돌던 각종 신살(神殺)을 배제하고 오행의 생극제화에 초점을 맞춰 지금까지도 최고의 명리학 고전으로 꼽힌다. 지금도 널리 읽히는 명리학 3대 고전 중 마지막은 청나라 때 인물인 여춘태가 쓴 《궁통보감(窮通寶鑑)》이다.* 사주에서 조후(調候)의 중요성을 강조한 책이다.

명색이 3대 고전인데 명리학을 접하지 않은 사람에게는 제목조차 생소하다. 하지만 선입견을 걷어내고 차분히 읽어보면 평소 무심코 지나쳤던 자연의 질서와 인생의 지혜를 되새길 수 있는 책들이다.

---

* '난강망(欄江網)', '조화원약(造化元鑰)'이라는 제목으로 불리기도 한다.

평생 해도 명리학 공부에는 끝이 없다고 한다. 불과 2년 남짓 공부해서 사주풀이를 주제로 책을 낸다면 누가 봐도 주제넘은 짓이다. 하지만 불과 몇 달 공부하고 사주 상담을 하면서 악담으로 겁을 주고 부적을 팔면서 남의 인생에 손쉽게 개입하는 사람들도 있다. 사람들이 사주풀이를 미신으로 치부하면서 멀리만 하다가 정작 급하면 도움을 청하기 때문에 얼치기들이 더욱 설치지 않나 싶다.

짧은 지식이지만, 내가 공부한 사주의 사용법은 그런 게 아니다. 사주는 무엇보다 자신을 들여다보는 거울이다. 사주를 본다면 흔히 이런 질문을 할지 모른다. '나는 부자가 될까?', '내가 이번에 출마하면 당선될까?' 사주팔자가 나름의 대답을 줄 수 있지만, 정확한 답은 '너 자신이 하기 나름'이다. 물론 '출세할 팔자'가 있긴 하다. 하지만 마냥 놀고먹어도 저절로 출세하지는 않는다. 적극적으로 생각하고 부지런히 움직이는 성격이기 때문에 출세할 팔자라고 부른다.

자신의 사주를 들여다보면서 던져야 할 질문은 오히려 이런 것들이다. '남들은 그토록 쉽게 윗사람 비위를 잘 맞춰주는데 나는 왜 안 될까?', '남들은 하고 싶은 말이 있어도 잘만 참는데 나는 왜 못 참고 한마디 쏘아붙였다가 혼날까?', '남들이 하면 웃긴 말인데 왜 내가 하면 분위기가 싸늘해질까?'

사주는 자기를 이해하는 도구다. 사주를 보면 평소 느끼던 자신의 성격 결함이 어디서 왔는지 이해할 수 있다. 또한 남들에겐 없는 나만의 장점도 알 수 있다. 결점을 보완하는 쪽이 효율적인지 장점을 살리는 쪽이 효율적인지도 사주를 보면 알 수 있다. 결점이 있다고 기죽을 필요 없다. 자신의 장점으로 세상을 살아가면 된다.

또는 이런 질문도 사주가 잘 대답해줄 수 있다. '직장 생활도 이젠 짜증이 나는데 내 사업 한번 해볼까?', '연예인들은 돈 참 쉽게 버는 것 같은데 나도 한번 해볼까?', '학교 졸업하면 난 뭘 해서 먹고살까?' 사주를 보는 이유는 나 자신을 직시하기 위해서다. 남들이 좋다 하고, 남들은 다 하는 일이라도 내게는 어울리지 않고 맞지 않을 수 있다. 내가 하고 싶다고 생각했지만, 실은 세상이 좋다고 하는 일을 내가 하고 싶은 일로 착각했을 가능성도 있다. 사주는 세상의 바람과 진짜 자신의 바람을 명확하게 구분해준다.

쓰라린 실패를 경험했을 때, 뼈아픈 좌절을 겪었을 때도 사주의 도움을 받을 수 있다. 실패와 좌절을 안겨준 누군가를 탓하고 싶은 그 순간, 사주는 자기 자신에게서 이유를 찾도록 도와준다. 실패를 부른 생활 방식 대신 새로운 삶의 방식을 선택하도록 도와준다. 물론 시시때때로 점검하지 않으면 어느 틈엔가 다시 원래의 모습으로 돌아가 있는 자신을 발견할 가능성이 크다. 우리 인간은 일부러 신경 쓰지 않으면 생긴 대로 살도록 태어났으니까.

여유가 된다면 주변인의 사주를 알아두는 것도 유용할 때가 많다. 사람에 대한 이해가 넓어진다. '저 사람은 왜 저럴까?'라는 의문 중 상당수가 저절로 풀린다. 사주를 통해 그 사람이 일하는 방식은 물론, 감정 처리 방식까지도 알 수 있는 덕에 불필요한 오해와 감정 소모를 줄일 수 있다. 다만 흥밋거리로 취급되는 MBTI와는 달리 사주는 실질적인 내용을 담은 민감한 개인정보인 탓에 묻기도 답하기도 조심스러운 측면이 있다.

사주를 공부해 활용해보고 싶으면《운명의 해석, 사주명리》(안도균 지음),《명리, 운명을 읽다》,《명리, 운명을 조율하다》(강헌 지음)를 우선 추천한다. 완전 초보라면《사주명리학 초보 탈출》(김동완 지음)이 그림과 함께 설명돼 있어 도움이 된다. 개인적으로는 사주를 다룬 책들 중 처음 접한 것은《나의 운명 사용설명서》(고미숙 지음)였다. 사주명리학에 대한 선입견을 없애고 공부를 계속하는 동력이 되어준 책이다. 나름 사주에 대한 생각이 정리된 다음에는《사주심리학 1, 2》(박주현 지음),《나이스 사주명리 고전편》(맹기옥 지음),《과학명리》(김기승 지음)로 생각의 폭과 적용 범위를 넓혔다.《사주명리학 개론》(남창환·최지현·박재열·허옥·황원일 지음)은 학자들의 이견까지 포괄한 요점 정리식으로 서술돼 있어 효과적이지만 초보자가 보기엔 복잡하게 느낄 수 있다.

—◈◈◈—

명리학이라는 옷에 비극이라는 옷을 입히는 방식으로 책을 엮다 보니 그리스 비극을 좀 더 깊게 다루지 못해 아쉬움이 남는다. 특히 〈아가멤논〉부터 〈제주를 따르는 여인들〉, 〈자비로운 여신들〉을 한꺼번에 다루어 비극 3부작 본연의 맛을 느낄 기회를 제공하지 못해서 아쉽다. 비극의 최고봉으로 손꼽히는 〈안티고네〉와 〈오이디푸스〉는 좀 더 꼼꼼하게 작품을 읽는 느낌을 주지 못해서 아쉽지만, 이 두 작품은 워낙 훌륭한 해설서들이 많으니 전문가의 몫으로 넘긴다. 에우리피데스의 작품을 〈히폴리토스〉 하나만 소개한 부분도 아쉽다. 〈메데이아〉까지는 포함시키려 했지만, 부부 관계를 다루는 〈트라키스 여인들〉과 소재가 겹쳐 막판에 제외했다. 비극 공연 자체가 신에게 바치는 제전의 일부였기 때문에 비극은 신과 떼어내어 생각할 수 없다. 즉, 신을 어떻게 이해하느냐가 비극을 감상하는 중요한 관점 중 하나인데, 철저히 인간 중심적인 명리학의 관점에서 비극을 해석하다 보니 이 책에서는 전혀 다루지 않았다. 역시 아쉬운 부분이다. 하지만 고전이란 수많은 관점에서 해독할 수 있기에 고전이다. 혹시라도 이 책이 그리스 비극을 원전으로 읽게 만드는 계기가 된다면 그것으로 만족한다.

그리스 비극으로 책을 쓰면서 우선 천병희 선생에게 특별한 감사를 드리지 않을 수 없다. 천병희 선생이《아이스퀼로스 비극 전집》,《소포클레스 비극 전집》,《에우리피데스 비극 전집 1, 2》으로 현전하는 모든 작품을 번역해두지 않았던들, 비극을 주제로 책을 쓰겠다는 생각은커녕 이 작품들을 읽어보겠다는 엄두도 내지 못했다. 전부 읽으려면 양이 상당하기 때문에 독자들에게는 작가별로 두 작품씩 선별해 모은《그리스 비극 걸작선》도 추천한다. 개인적으로는 소포클레스의 〈아이아스〉와 에우리피데스의 〈히폴리토스〉가 이 선집에 포함되지 않아 조금 서운하다.

본문에서도 여러 번 언급했지만, 그리스 비극은 한글로 적혀 있어도 뜻을 알기 어려운 부분이 적지 않다. 그래서 해설서가 필요한데《그리스 비극의 이해》(천병희 지음, 줄거리를 중심으로 비극 작품을 쉽게 훑어볼 수 있어 초보자에게 추천한다),《비극의 비밀》(강대진 지음, 대표적인 비극 작품을 선별해 텍스트 중심으로 상세하게 풀어냈는데 초보자들이 가려워할 만한 곳을 정확하게 긁어준다),《그리스 비극》(임철규 지음, 간단한 줄거리 소개부터 유명 비평가들의 이론까지 한 권에 담았다. 초보자들이 읽기엔 부담스럽다. 개인적으로는 거의 모든 비극이 소개된 가운데 〈아이아스〉가 빠져 서운했다),《그리스 비극 깊이 읽기》(최혜영 지음, 비극 작품보다는 비극 자체에 대한 책이다. 비극에 대한 관심이 높아지면 읽기를 추천한다),《그리스 비극과 민주정치》(김진경 지음, 훌륭한 저작이지만 그리스 역사에 대한 이해가 없으면 이해하기 어렵다. 게다가 오탈자가 너무 많아서 초보자들은 가뜩이나 어려운 고유명사를 헷갈릴 수도 있다)가 도움이 된다. 비극뿐 아니라 고대 그리스 전체를 다루지만 《그리스인 이야기 1~3》(앙드레 보나르 지음, 양영란·김희균 번역, 강대진 감수)에 대표적인 비극 작품에 대한 해설이 담겨 있는데 잘 읽히고 흥미롭다. 이 책에 실린 안티고네에 대한 도발적인 시선도 앙드레 보나르에게 빚진 측면이 있다.

천병희 선생의 훌륭한 번역을 마음대로 윤색했으니 최소한 근거는 남겨둬야 양심의 가책을 덜 수 있을 듯하다. 아이스킬로스의 작품은 존 스튜어트 블래키, 소포클레스의 작품은 로버트 백과 제임스 스컬리의 영역본을 참고했다. 에우리피데스의 작품은 포가튼북스의 책을 참고했는데, 번역자 정보를 찾을 수 없었다.

비극 작품의 배경이 되는 신화는 《변신이야기》(오비디우스 지음, 이윤기 번역), 《그리스 신화의 이해》(이진성 지음), 《그리스 로마 신화》(토마스 불핀치 지음, 이윤기 편역), 《그리스 로마 신화 사전》(피에르 그리말 지음, 최애리 책임 번역, 강대진 감수)을 참고해 정리했다.

첫 책 《미토노믹스》에서는 그리스 신화와 경제학의 만남을, 세 번째 책 《그때 장자를 만났다》에서는 그리스 철학과 장자의 만남을 시도했다. 그리고 이번 네 번째 책에서 그리스 비극과 명리학의 만남을 엮었다. 자꾸만 등장하는 그리스에 대한 관심의 시작은 이윤기 선생에게 빚지고 있다. 선생과의 인연은 선생 생전에 딱 한 번 전화 통화를 나눈 것이 전부인데, 선생과 소주잔이라도 기울여봤다면 하는 아쉬움이 갈수록 커진다.

오십에 읽는
내 운명 이야기

초판 1쇄 발행 2022년 11월 1일
초판 2쇄 발행 2022년 11월 7일

지은이 강상구
펴낸이 유정연

이사 김귀분
책임편집 조현주 **기획편집** 신성식 심설아 유리슬아 이가람 서옥수 **디자인** 안수진 기경란
마케팅 이승헌 반지영 박중혁 김예은 **제작** 임정호 **경영지원** 박소영

펴낸곳 흐름출판(주) **출판등록** 제313-2003-199호(2003년 5월 28일)
주소 서울시 마포구 월드컵북로5길 48-9(서교동)
전화 (02)325-4944 **팩스** (02)325-4945 **이메일** book@hbooks.co.kr
홈페이지 http://www.hbooks.co.kr **블로그** blog.naver.com/nextwave7
출력·인쇄·제본 성광인쇄 **용지** 월드페이퍼(주) **후가공** (주)이지앤비(특허 제10-1081185호)

ISBN 978-89-6596-537-4 03100